自动控制设备维护

主　　编　梁明辉
副主编　陈　鹏
主　　审　侯晶晶

重庆大学出版社

内容提要

本书涵盖了地铁综合监控系统、BAS 系统、FAS 及气灭系统，涉及从初级工到高级工应掌握的各项知识和技能点。本书图文并茂，通俗易懂，并且对重点内容均配有相应视频讲解。

本书的主要服务对象为轨道交通行业工作人员和职业院校轨道专业在校学生，同时也为热爱轨道交通事业的广大社会人员提供参考。

图书在版编目（CIP）数据

自动控制设备维护/梁明辉主编. -- 重庆：重庆大学出版社，2020.10

ISBN 978-7-5689-1759-9

Ⅰ.①自… Ⅱ.①梁… Ⅲ.①地下铁道—自动控制设备—维修—高等职业教育—教材 Ⅳ.①U231

中国版本图书馆 CIP 数据核字（2019）第 182856 号

自动控制设备维护

主　编　梁明辉

副主编　陈　鹏

主　审　侯晶晶

策划编辑　周　立

责任编辑：周　立　龙　亮　版式设计：周　立

责任校对：张红梅　　　　　责任印制：张　策

*

重庆大学出版社出版发行

出版人：饶帮华

社址：重庆市沙坪坝区大学城西路 21 号

邮编：401331

电话：(023)88617190　88617185(中小学)

传真：(023)88617186　88617166

网址：http://www.cqup.com.cn

邮箱：fxk@cqup.com.cn（营销中心）

全国新华书店经销

重庆俊蒲印务有限公司印刷

*

开本：787mm×1092mm　1/16　印张：13　字数：303 千

2020 年 10 月第 1 版　2020 年 10 月第 1 次印刷

印数：1—3 000

ISBN 978-7-5689-1759-9　定价：45.00 元

编 审 委 员 会 （排名不分先后）

主 任　刘峻峰

副主任　曹双胜　岳 海　袁 媛
　　　　刘 军　卢剑鸿

成 员

丁 杰	王治根
王晓博	元 铭
田威毅	付向炜
刘 凯	刘 炜
刘 煜	毛晓燕
田建德	祁国俊
纪红波	李 乐
李芙蓉	李武斌
杨 珂	张小宏
陈建萍	陈 晓
尚志坚	单华军
赵跟党	禹建伟
侯晶晶	黄小林
梅婧君	梁明辉
廖军生	薛小强

城市轨道交通以其不可替代的优越性正在成为我国城市交通发展新的热点和重点。轨道交通系统设备先进、结构复杂,高新技术应用广泛,要保障这样一个庞大系统安全高效的运行,必须依靠与之相匹配的高素质员工。他们的素质直接关系着企业的生存和发展。因此,培养一批业务过硬、技艺精湛的能工巧匠,是确保城市轨道交通安全运营的重中之重。

该教材根据城市轨道交通机电设备特点,参照国家及轨道行业相关职业标准的要求进行编制,为希望进入轨道交通行业工作的在校学生及广大社会人员提供了较为全面的参考。该教材在内容方面力求全面、完整,涵盖了地铁综合监控系统(ISCS,Integrated Supervision & Control System)、环境与设备监控系统(BAS,Building Automatic System)、FAS及气灭系统,涉及从初级工到高级工应掌握的各项知识和技能点,该教材图文并茂,通俗易懂,并且对于重点内容均配有相应视频讲解。本书的主要服务对象是轨道交通行业工作人员,同时也为在校学生、热爱轨道交通事业的广大社会人员提供参考。

本书由西安市轨道交通集团有限公司运营分公司的专业工程师参与编写,主要参编人员有西安地铁的梁明辉、陈鹏、陈翻番、张心远、段皖秦、薛媛。梁明辉担任主编,陈鹏担任副主编,侯晶晶担任主审。梁明辉负责本书项目1内容的撰写,陈鹏负责项目2内容的撰写,陈翻番、张心远负责本书项目3、项目4内容的撰写,段皖秦、薛媛负责项目5内容的撰写。由于时间仓促,编写人员经验不足,如有不当之处敬请批评指正,提出宝贵意见和建议。

编委会

2020 年 1 月

项目一　自动控制维修工职业描述 ……………………………………………… 1

任务 1.1　职业描述 …………………………………………………………… 1

1.1.1　职业定义 ………………………………………………………… 1

1.1.2　职业等级 ………………………………………………………… 1

1.1.3　职业环境条件 …………………………………………………… 1

1.1.4　职业能力特征 …………………………………………………… 1

任务 1.2　能力分析 …………………………………………………………… 2

1.2.1　初级工 …………………………………………………………… 2

1.2.2　中级工 …………………………………………………………… 5

1.2.3　高级工 …………………………………………………………… 9

项目二　专业工器具及使用方法 ………………………………………………… 13

任务 2.1　Micro Scanner 2 电缆检测仪 …………………………………… 13

任务 2.2　光功率仪及光纤测试工具 ………………………………………… 13

任务 2.3　网线测试仪 ………………………………………………………… 16

项目三　初级工理论知识及实操技能 …………………………………………… 17

任务 3.1　综合监控系统 ……………………………………………………… 17

3.1.1　综合监控系统主要功能 ………………………………………… 17

3.1.2　安防系统主要功能 ……………………………………………… 18

3.1.3　综合监控系统检修 ……………………………………………… 20

3.1.4　Unix 操作系统基本操作 ………………………………………… 20

3.1.5　Linux 操作系统基本操作 ……………………………………… 21

3.1.6　综合监控系统常见故障处理 …………………………………… 22

任务 3.2　BAS 系统 …………………………………………………………… 26

3.2.1　BAS 系统常用硬件配置 ………………………………………… 26

3.2.2　BAS 系统软件知识 ……………………………………………… 31

3.2.3　BAS 系统人机界面操作 ………………………………………… 32

　　　3.2.4　BAS 系统常见故障处理 ……………………………………………… 39

任务 3.3　　FAS 及气灭系统 …………………………………………………………… 44

　　　3.3.1　火灾自动报警系统硬件知识 ……………………………………………… 44

　　　3.3.2　火灾自动报警系统检修及常见故障处理 ………………………………… 47

　　　3.3.3　气体灭火系统操作及日常维护 …………………………………………… 50

　　复习思考题 ……………………………………………………………………………… 51

项目四　中级工理论知识及实操技能 ……………………………………………… 53

任务 4.1　综合监控专业 ………………………………………………………………… 53

　　　4.1.1　设备配置及原理 …………………………………………………………… 53

　　　4.1.2　系统数据知识及结构 ……………………………………………………… 65

　　　4.1.3　报文截取 …………………………………………………………………… 69

　　　4.1.4　数据库应用及维护 ………………………………………………………… 69

任务 4.2　BAS 系统 ……………………………………………………………………… 75

　　　4.2.1　BAS 系统控制权限及数据流 ……………………………………………… 75

　　　4.2.2　BAS 系统主要接口划分 …………………………………………………… 76

　　　4.2.3　BAS 系统模式执行与控制策略 …………………………………………… 82

　　　4.2.4　BAS 系统通信模块及网络组态 …………………………………………… 83

　　　4.2.5　LOGIX5000 软件应用基础 ………………………………………………… 93

　　　4.2.6　BAS 系统 UPS 运行与维护 ……………………………………………… 100

任务 4.3　FAS 及气灭系统 …………………………………………………………… 102

　　　4.3.1　火灾自动报警系统及气体灭火控制系统故障诊断 …………………… 102

　　　4.3.2　火灾自动报警系统及气体灭火系统日常维护和保养 ………………… 112

　　复习思考题 …………………………………………………………………………… 115

项目五　高级工理论知识及实操技能 ……………………………………………… 117

任务 5.1　综合监控专业 ……………………………………………………………… 117

　　　5.1.1　设备高级维护管理知识 ………………………………………………… 117

　　　5.1.2　故障处理知识 …………………………………………………………… 133

　　　5.1.3　Linux 系统安全管理及其开发维护 …………………………………… 140

　　　5.1.4　pgAdmin Ⅲ数据库工具的使用 ………………………………………… 143

　　　5.1.5　权限分离 ………………………………………………………………… 145

　　　5.1.6　事件丢失 ………………………………………………………………… 147

　　　5.1.7　系统命令集 ……………………………………………………………… 150

任务 5.2　BAS 系统 …………………………………………………………………… 154

　　　5.2.1　自动控制 PID 调节算法分析 …………………………………………… 154

　　　5.2.2　BAS 控制器及通信模块选型 …………………………………………… 157

　　5.2.3　LOGIX5000 软件实操应用 ················· 159

　　5.2.4　BAS 系统应用软件排查故障方法 ················· 176

任务 5.3　FAS 及气灭系统 ················· 178

　　5.3.1　火灾自动报警系统安装前的布线检查 ················· 178

　　5.3.2　火灾报警控制器安装要求 ················· 179

　　5.3.3　数据库编辑及联机操作的应用 ················· 180

　　5.3.4　火灾报警控制器编程 ················· 187

复习思考题 ················· 195

项目一　自动控制维修工职业描述

任务 1.1　职业描述

1.1.1　职业定义

城市轨道自动控制维修工是指从事地铁自动化专业设施设备的维修人员,一般为综合监控系统(以下简称 IsCs)、环境与设备监控系统(以下简称 BAS)、火灾报警及气灭系统(以下简称 FAS 及气灭)的施工、大修、维修及巡守的人员。

1.1.2　职业等级

城市轨道自动控制维修工共设五个等级,分别为:初级(国家职业资格五级)、中级(国家职业资格四级)、高级(国家职业资格三级)、技师(国家职业资格二级)、高级技师(国家职业资格一级)。

1.1.3　职业环境条件

城市轨道自动控制维修工职业的职业环境多数为室内、地下、常温环境,但也有个别工作环境位于室外、地面之上。

1.1.4　职业能力特征

城市轨道自动控制维修工的职业能力特征主要有以下几个方面:
1)具备获取、领会和理解外界信息的能力;
2)有语言表达以及对事物的分析和判断的能力;
3)手指、手臂灵活,动作协调性好;
4)有空间想象及一般计算能力;
5)心理及身体素质较好,无职业禁忌症;
6)听力及辨色力正常,双眼矫正视力不低于5.0。

任务 1.2　能力分析

1.2.1　初级工

如表 1-1 所示，为自动控制维修工初级工能力要求分析表。

表 1-1　初级工能力要求分析表

职业功能	工作内容	技能要求	相关知识
（1）施工前的准备	1）领会图纸等技术资料	①能理解电气施工图中常用电气图形和文字符号的含义 ②能看懂一般的现场施工图 ③熟悉施工现场的情况，掌握施工现场的电源及工具、材料存放场所等临时设施的情况	施工材料的基本性能及存放要求
	2）安装设备的清点、检查与编号	①能看懂安装设备的装箱清单 ②能完成安装设备的清点和外观检查，并做详细记录 ③能根据安装要求对设备进行编号	a.设备编号方法 b.电气设备安装要求
	3）安装材料的清点、检查与编号	①能看懂安装材料清单 ②能完成安装材料的清点和外观检查，并做详细记录 ③能根据安装要求对材料进行编号	a.材料编号方法 b.材料缺陷知识
	4）准备安装工器具	①能正确使用与保养万用表、网线测试仪、测电笔等电气测量仪表 ②能正确使用与保养压接钳、剥线钳、扳手等安装工器具	测量仪表和工器具使用方法及其安全操作注意事项
（2）自动化各设备安装	1）网线线路施工	①能完成网线的详细检查，进行网线通断检测 ②能完成网线线路施工前的放线安装和网线接头的制作 ③能参与完成网线沿配线架敷设	a.网线通断试验和水晶头的制作 b.网线敷设的基本要求和安全注意事项
	2）安装各柜体	①能完成基础柜体的安装 ②能完成配电柜盘安装	柜（盘）安装的操作方法及允许偏差
	3）安装各设备	①能完成各设备的对地绝缘 ②能完成各设备的安装矫正、测量、钻孔 ③能完成各设备的固定、螺栓连接、涂漆	a.绝缘、人身与设备安全知识 b.各设备安装说明和颜色要求

职业功能	工作内容	技能要求	相关知识
(2)自动化各设备安装	4)对点调试	①能识别现场设备与图元的对应关系 ②能清楚现场设备的状态及图元的状态及对应关系 ③能了解现场设备的基本作用 ④能知道事件信息	设计中图元的说明
(3)自动化通用基础知识	1)通信传送方式	①知道通信方式的分类 ②知道三种通信方式的区别	通信方式基础知识
	2)串行通信接口	①知道串行与并行的差别 ②知道 RS232、RS422、RS485 的作用及区别	a.计算机通信原理 b.通信接口的概念 c.通信接口的差别
	3)计算机网络基础	①知道计算机网络的概念与分类 ②知道网络协议、操作系统与应用服务 ③知道网络适配器、连接设备、工作站级服务器的作用	a.网络基础知识 b.网络硬件与软件的基本组成
	4)网络标准化	①知道网络标准与参考模型 ②理解数据的封装与拆分	a.网络参考模型的知识 b.数据的封装与拆分原理
	5)报文捉取软件的基本使用方法	①会安装报文捉取软件 ②会在该软件下捉取报文	a.报文捉取软件的使用方法 b.报文的捉取方法
(4)ISCS专业知识与技能	1)各硬件设备专业知识	①掌握综合监控系统工作站的组成 ②掌握接口转换器的作用 ③会使用综合后备盘(以下简称IBP) ④掌握不间断电源(以下简称UPS)的作用及基本操作 ⑤掌握大屏幕显示系统(以下简称OPS)的基本操作与组成 ⑥掌握前端处理器(以下简称FEP)的作用、组成、各部分功能及面板查询操作 ⑦掌握服务器、交换机、可编程控制器(以下简称PLC)的硬件组成、作用及各指示灯含义 ⑧掌握磁带机与磁盘系统的作用 ⑨掌握远程I\O模块、适配器作用 ⑩掌握综合监控系统各个设备的日常维护、保养、检修关键点	a.工控机的定义与作用 b.各转换器的原理 c.IBP的组成与作用 d.UPS与OPS的原理 e.FEP的原理与组成 f.服务器、交换机、PLC的原理 g.远程I\O、磁带机、磁盘阵列的功能
	2)系统主要软件知识	①会使用Linux操作系统 ②掌握数据库的作用 ③知道各接口协议的功能 ④了解各应用软件	a.Linux操作系统的功能 b.各接口协议的定义与作用
	3)人机界面HMI使用	熟练操作人机界面	人机界面的组成与功能

续表

职业功能	工作内容	技能要求	相关知识
(6)FAS 及气灭系统专业知识与技能	1)各硬件设备专业知识	①掌握探测器的工作原理、接线方式 ②掌握手报、消火栓按钮接线方式 ③掌握报警控制盘的作用、指示灯含义 ④掌握消防电话主机的作用、指示灯含义 ⑤掌握消防广播的组成、操作 ⑥掌握 FAS 工作站的操作 ⑦掌握钢瓶控制盘的组成、作用及各指示灯含义 ⑧掌握气灭系统的组成、作用	a.探测器原理、接线 b.手报、消火栓按钮接线 c.报警控制盘作用、指示灯含义 d.消防电话主机作用、指示灯 e.消防广播组成、操作 f.钢瓶控制盘组成、作用、指示灯含义 g.气灭系统组成、作用
	2)工作站使用	熟练操作工作站	工作站的组成与功能
(7)系统接口	1)接口基础	①知道局域网接口的功能与支持的协议 ②知道串行数据接口的功能与支持的协议	各接口的作用与原理、支持协议
	2)ISCS 监控对象	①掌握 ISCS 对各子系统的监控对象 ②知道各子系统的作用	a.ISCS 的监控范围 b.各子系统简介
(8)系统故障处理	1)交换机与服务器	①掌握设备基本故障的判断与处理 ②掌握设备基本的维修方法 ③掌握设备的正常运行指标	a.基本故障的判断与处理手册 b.设备维修手册 c.各指示灯含义
	2)FEP、UPS、工控机、PLC	①掌握设备基本故障的处理 ②掌握设备基本的维修方法 ③掌握设备的正常运行指标	a.基本故障的判断与处理手册 b.设备维修手册 c.各指示灯含义
	3)探测器、手报等外围设备	①掌握设备基本故障的判断与处理 ②掌握设备基本的维修方法 ③掌握设备的正常运行状态	a.基本故障的判断与处理手册 b.设备维修手册 c.各指示灯含义
	4)消防立柜、钢瓶控制盘	①掌握设备基本故障的处理 ②掌握设备基本的维修方法 ③掌握设备的正常运行指标	a.基本故障的判断与处理手册 b.设备维修手册 c.各指示灯含义
	5)通信适配器、光电转换器、串口以太网终端服务器	①掌握设备基本故障的判断与处理 ②掌握设备基本的维修方法 ③掌握设备的正常运行指标	a.基本故障的判断与处理手册 b.设备维修手册 c.各指示灯含义

职业功能	工作内容	技能要求	相关知识
(9)通用安全知识	1)消防安全	①掌握员工的消防安全职责 ②掌握灭火器的使用与基本的灭火方法	消防的基础知识
	2)电气安全	①掌握基本的接地安全、人身与设备安全 ②掌握触电急救的方法	通用设备电气安全规则
	3)施工安全	①会正确使用基本的施工设备 ②会登高作业	a.施工安全规定 b.登高作业安全规定

1.2.2 中级工

如表 1-2 所示,为自动控制维修工中级工能力分析表。

表 1-2 中级工能力分析表

职业功能	工作内容	技能要求	相关知识
(1)施工前的准备	1)领会图纸等技术资料	①能看懂 ISCS、BAS、FAS 设计平面图,弄清导线的规格、根数及线路配线方式、线路用途 ②能核对电缆敷设图纸,弄清电缆的型号、规格、长度、支架形式及电缆路径 ③能领会技术、安全交底的所有要求	相关技术文件、安全要求
	2)准备施工条件、施工器具	①能对施工设备、材料进行一般性检查 ②能进行现场临时施工用电的安装布置 ③能完成各种电气安装工程施工条件的检查 ④能提出简单工程的施工器具计划	a.施工临时用电要求 b.各种电气工程施工条件要求 c.施工器具计划编制要求
(2)自动化设备安装	1)电缆线路施工	①能根据现场情况,在施工前将线缆的排列用表或图的方式画出来 ②能完成干包式终端制作 ③能完成室内外壳式终端制作 ④能完成交联聚乙烯绝缘电缆热缩接头制作	a.施工器具的使用方法 b.各种电缆终端和接头制作工艺 c.电缆终端和接头的质量标准
	2)安装 ISCS 各设备与检测	①能在指导下配合安装各设备 ②能正确检测各设备的运行状态	各设备的安装要求检测方法

续表

职业功能	工作内容	技能要求	相关知识
（3）通用基础知识	1）通信与网络基础知识与技能	①掌握串行接口标准的作用 ②掌握网络七层参考模型的作用 ③掌握以太网 IP 编址和子网划分、MODBUS 协议、报文的分析	a. 网络基础知识 b. 子网的划分原则及报文的分析原理
	2）电池放电仪与内阻测试仪的使用	①能正确接线 ②能正确设置参数 ③能正确判断电池的好坏	放电仪的操作手册、内阻测试仪操作手册及电池的原理
（4）综合监控专业知识	1）OPS 的结构与作用	①掌握多屏图形处理器的作用 ②掌握显示单元的作用与控制 ③掌握控制 PC 用于显示墙的管理和控制 ④掌握 OPS 系统的数据流走向及各设备结构	OPS 的组成原理与组成
	2）交换机的功能	①掌握交换机的硬件功能 ②掌握帧交换、地址学习、路由选择、流量控制等的原则 ③掌握虚拟局域网（以下简称 VLAN）的划分方法	a. 网络数据交换基本原理 b. VLAN 的划分原理
	3）UPS 与 FEP 的原理与结构	①掌握 UPS 的原理与结构 ②掌握 UPS 的开关机顺序与维护 ③掌握 FEP 的硬件结构与安装 ④了解 FEP 的应用软件 VxWorks 的使用	UPS 与 FEP 基础知识与组成原理、作用
	4）服务器的内部结构	①掌握服务器的内部结构 ②掌握服务器各组件的作用 ③掌握服务器的开关机顺序及拆卸方法 ④掌握服务器的基本运行情况的查询方法	服务器的组成原理
	5）操作系统的维护	①掌握文件系统的维护 ②掌握网络系统的维护 ③掌握系统安全性维护	网络维护与安全基础
（6）FAS 专业知识	1）消防立柜组成、接线	①掌握消防立柜组成 ②熟悉消防立柜内接线	消防立柜组成、接线
	2）FAS 及气灭系统设备组成、接线	①掌握 FAS 及气灭系统的组成、接线 ②掌握 FAS 及气灭系统的系统图	a. FAS 及气灭系统组成、接线 b. 系统图
	3）钢瓶控制盘的组成、接线	①掌握钢瓶控制盘的组成 ②掌握钢瓶控制盘的接线方式	钢瓶控制盘的组成、接线

职业功能	工作内容	技能要求	相关知识
(6)FAS专业知识	4)气灭系统的组成、原理	①掌握气灭系统的组成 ②掌握气灭系统的安装注意事项 ③掌握气灭系统的原理	气灭系统的组成、原理
	5)掌握离线编程软件操作	①熟悉离线编程软件界面 ②熟悉离线编程软件的配置 ③掌握离线编程软件的上传、下载	离线编程软件的操作
(7)系统接口	1)FAS与BAS系统	①掌握FAS与BAS系统的各设备作用与整体功能 ②掌握ISCS对FAS与BAS的监控范围 ③掌握BAS的基本故障处理	a. FAS基础知识 b. BAS系统功能、组成与技术规格
	2)信号系统	①掌握信号系统的基础知识 ②掌握ISCS对信号系统的监控范围	信号系统基础知识
	3)广播(以下简写为PA)与视频监控(以下简写为CCTC系统)	①掌握PA与CCTV的作用及分类 ②掌握ISCS对PA与CCTV的监控范围	PA与CCTV基础知识
	4)自动售检票(以下简写为AFC系统)	①掌握AFC系统的各设备及作用 ②掌握ISCS对AFC的监控范围	AFC基础知识
	5)屏蔽门(以下简写为PSD系统)	①掌握PSD系统的各设备作用与状态 ②掌握ISCS对PSD的监控范围	PSD基础知识
	6)其他系统	知道其基本作用与ISCS对其监控的范围	
	7)综合监控系统	①掌握综合监控系统基础知识 ②掌握与综合监控相关的接口知识	综合监控系统相关知识
	8)通信时钟系统	①掌握通信传输系统的基础知识 ②掌握与通信时钟系统相关的接口知识	通信系统基础知识
	9)消防水泵系统	①掌握消防水泵系统火灾时的作用 ②掌握消防水泵系统的控制方法	消防水泵基础知识
	10)AFC闸机系统	①掌握AFC闸机系统火灾时的作用 ②掌握FAS系统对AFC系统的控制方法	AFC闸机系统基础知识
	11)排烟风机系统	①掌握排烟风机系统火灾时的作用 ②掌握FAS系统对排烟风机的控制方法	排烟风机基础知识
	12)防火卷帘、挡烟垂帘	①掌握防火卷帘、挡烟垂帘系统火灾时的作用 ②掌握FAS系统对防火卷帘、挡烟垂帘的控制方法	防火卷帘、挡烟垂帘基础知识
	13)非消防电源切断	①掌握非消防电源切断系统火灾时的作用 ②掌握FAS系统对非消防电源切断的监视	非消防电源切断基础知识

职业功能	工作内容	技能要求	相关知识
（8）系统故障处理	1）工控机	①掌握工控机发生故障时的分析与排除方法 ②会检测与清理磁盘垃圾 ③会硬盘备份与还原	工控机维护手册
	2）UPS	①会操作面板按钮 ②会通过面板指示灯与声音判断故障 ③会切换旁路	UPS 原理与维护
	3）FEP	①会处理 FEP 的死机与通信中断 ②会远程开关与状态查询	FEP 的工作原理与维护
	4）综合监控系统常见故障分析处理	①会查询数据库各点对应状态 ②会判断各子系统通信中断的原因 ③会查看服务器的状态及占用空间	基本故障处理方法
	5）PLC 常见故障分析处理	①会通过面板指示灯与显示判断故障 ②会数据备份与更改 ③会判断总线网络状态，会使用软件 RsNetWorks 软件定网	基本故障处理方法
	6）报警控制盘	①掌握报警控制盘发生故障的分析与排除方法 ②熟悉报警控制盘的操作	火灾报警控制盘维护手册
	7）消防电话主机	①会操作消防电话主机 ②会通过面板指示灯与声音判断故障	消防电话系统维护
	8）消防广播	①会通过指示灯处理消防广播故障 ②会操作消防广播和应急广播	消防广播系统维护
	9）FAS 系统常见故障分析处理	①会处理 FAS 与综合监控通信中断 ②会更换板卡 ③会处理主设备电故障	基本故障处理方法
（9）安全、管理	1）安全	掌握网络与信息安全	网络与信息安全基础知识
	2）管理	了解班组管理知识	

1.2.3 高级工

如表1-3所示,为自动控制维修工高级工能力要求分析表。

表1-3 高级工能力分析表

职业功能	工作内容	技能要求	相关知识
(1)施工前的组织与准备	1)领会图纸等技术资料及工作要求	①能看懂整套施工图纸,掌握、领会大部分施工工艺要求 ②能看懂总体工程施工进度网络图 ③能看懂施工现场总平面图,安装布置图 ④能正确领会本职业有关国家及相关行业颁布的规程、标准、规范中的规定 ⑤能看懂PLC控制系统的输入、输出接口图和程序阶梯图	电气施工图纸的有关知识
	2)准备施工具体措施	①能参与制订本职业简要的施工方案和技术、安全措施 ②能按施工图编制本职业施工项目的工、料预算	a. 施工方案编制的基本要求 b. 工程预算编制的知识
	3)准备施工器具	能正确进行精密仪器的操作、维护与检修	使用精密仪器的注意事项
(2)自动化设备安装调试	1)服务器的安装与检测	①能进行安装前的检查和准备 ②能正确安装服务器 ③能在指导下检测服务器的工作状态	服务器各项性能的测试方法
	2)调试常用继电器	①能进行检验和调整 ②能完成电流、电压继电器的试验	a. 继电器知识 b. 常用继电器的检验、调整和试验方法
	3)安装调试采用计算机监控的电气设备	①能完成各检测点、控制点的布线和连接 ②能在专业人员的指导下完成控制程序的调试	电气布线知识
	4)FEP的安装与检测	①能正确安装FEP及配置软件 ②能正确配置FEP ③能检测FEP的正常工作状态	FEP的安装调试手册
	5)OPS的安装与配置	①能正确安装OPS各设备 ②能正确布线 ③能正确安装控制软件、正确配置各设备参数	OPS的安装、配置与调试手册

职业功能	工作内容	技能要求	相关知识
（2）自动化设备安装调试	6）报警控制盘的安装与检测	①能进行安装前的检查和准备 ②能正确安装报警控制盘 ③能在指导下检测报警控制盘的工作状态	报警控制盘性能的测试方法
	7）系统设计	熟悉自动化各系统的设计思路和原理，设计方案优缺点对比	系统设计原理
	8）钢瓶控制盘安装与检测	①能正确安装钢瓶控制盘 ②能正确配置钢瓶控制盘 ③能检测钢瓶控制盘的正常工作状态	钢瓶控制盘的安装调试手册
（3）设备试运行	1）试运行前的检查、准备	①能对各分项质量验评记录进行检查 ②能看懂一般工程项目的试运行方案，并做好试运行前的准备工作	质量检验的有关知识
	2）试运行	①能参与各设备的试运行 ②能排除试运行中出现的一般故障 ③能按要求填写设备试运行记录	电气设备试运行的方法、程序和要求
（4）全面掌握计算机与网络知识	1）分析、配置网络	①能分析、配置一般的网络 ②能处理一般的网络故障 ③全面掌握国际协议	网络的分析与配置
	2）工控机技能	①能熟练操作 Linux 系统 ②全面掌握计算机知识，会处理计算机故障 ③能熟练操作 ONYXWORKS 系统	a. Linux 基础 b. 计算机知识 c. ONYXWORKS 基础
（5）自动化系统硬件设备故障排查与分析	1）服务器故障诊断及存储系统	①能全面分析和处理服务器硬件故障，能处理一般的软件故障 ②能处理磁盘系统故障 ③能进行数据备份与还原 ④能调出日志文件，查看报警信息	a. 服务器硬件故障处理流程 b. 数据备份与还原工具或操作方法 c. 查看日志与报警方法
	2）C306 故障排查	①能全面分析和处理 C306 硬件故障 ②能分析与处理 C306 接口故障	C306 的故障排查方法
	3）交换机故障排查	①能全面分析和处理交换机硬件故障 ②能查出交换机的系统与配置错误	交换机故障排查方法
	4）PLC 故障排查	①能全面分析和处理 PLC 硬件故障 ②能熟练使用工具 Logix5000 查询 PLC 的系统配置错误	PLC 故障排查方法

职业功能	工作内容	技能要求	相关知识
（5）自动化系统硬件设备故障排查与分析	5）PLC 故障排查	①能全面分析和处理 UPS 硬件故障 ②能查出交换机的系统与配置错误	UPS 故障排查方法
	6）OPS 故障排查	①能排查投影机故障 ②能排查处理器故障	a. 投影机开关过程异常排查方法 b. 处理器故障排查方法
	7）联动程序故障排除	①熟悉 FAS 的联动程序 ②熟练使用离线编程软件 ③熟悉联动程序的编写 ④熟悉联动程序的上传下载	a. 联动程序故障处理流程 b. 数据备份与还原工具或操作方法 c. 联动程序的编写
	8）气灭管网故障排查	①熟悉气灭管网各部件的组成 ②熟悉气灭管网安装注意事项和流程	气灭管网的组成、安装
（6）自动化系统软件故障排查与分析	1）网络配置及管理	①会配置设备文件 ②能熟练配置网络 ③懂网络管理命令，会管理网络	a. 设备文件基础知识 b. 较全面掌握 GB18030 标准 c. 网络配置与管理要求
	2）C306 软件故障	①能用简单命令分析查看 C306 故障 ②能排查 C306 错误配置 ③能获取 C306 日志文件，并在指导下分析故障	C306 使用说明书
	3）系统软件安装及故障处理	①能排查综合监控系统显示数据异常故障 ②能获取服务器日志文件并分析 ③了解系统环境 ④会建立镜像磁盘 ⑤补丁的安装	a. 数据库原理 b. 日志文件的形成及结构 c. 镜像基础知识 d. 软件安装的环境
（7）相关系统的接口协议	1）网络协议	①Modbus 与 NTP 的原理 ②Modbus 与 NTP 的结构 ③Modbus 与 NTP 的工作模式 ④Modbus 协议	各协议标准
（8）各系统报文的全面分析	1）能分析各接口系统的报文	①能准确截取所需报文 ②能全面分析报文 ③能根据报文判断并解决故障	a. 协议结构 b. 报文形成原则
	2）学习并实践	①能根据要求通过自学全面掌握所学知识 ②能根据要求将所学应用于实践	

续表

职业功能	工作内容	技能要求	相关知识
（9）主体系统所用工具的全面使用	1）仪器仪表的使用	会使用所涉及的所有仪器仪表	仪器仪表说明
	2）仪器仪表的定检	全面掌握仪器仪表的定检标准与检修周期	仪器仪表定检标准
（10）安全及其他	1）安全	能严格执行安全技术操作规程	a. 控制理论全面知识 b. 国际 ISO 9000 质量认证基本知识 c. 网络与信息安全法规
	2）传授技能	①能做安全、文明教育工作 ②能对初、中级工示范操作、传授技能 ③掌握自动化技术资料管理知识	

项目二　专业工器具及使用方法

任务 2.1　MicroScanner 2 电缆检测仪

(1)按键介绍(图 2-1)

电缆检测仪是一种适用于电力部门、厂矿企业动力部门、科研单位、铁路、化工、发电厂等,对氧化锌避雷器、磁吹避雷器、电力电缆、发电机、变压器、开关等设备进行直流高压试验的检测仪器。如图 2-1 所示,为 MicroScanner^2 电缆检测仪按键介绍图。

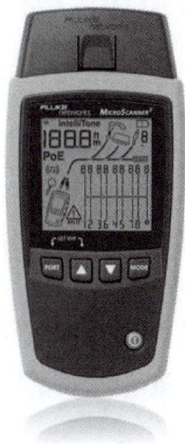

图 2-1　MicroScanner 电缆检测仪按键介绍

(2)测试步骤

1)按电源键启动测试仪。

2)按"PORT"键在双绞线（ ）和同轴电缆（ ）模式之间切换。

任务 2.2　光功率仪及光纤测试工具

(1)光功率仪和光源的功能

光功率仪和光源的功能图如图 2-2 所示。

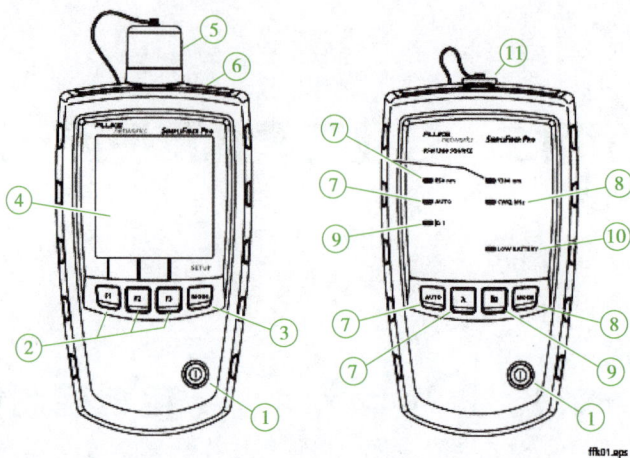

图 2-2　光功率仪和光源的功能图

1）F1、F2、F3 键：软按键，根据当前屏幕显示提供相应功能。功能显示在按键的上方；

2）"MODE"：选择光功率仪测试模式。要进入设置模式，需长按"MODE"键 4 s；

3）液晶显示屏；

4）带有可互换连接适配器的输入端口；

5）用于上传测试记录至个人电脑的 USB 端口；

6）█键：选择自动波长模式。AUTO LED 指示灯点亮。按█键改变波长。波长 LED 指示灯表示波长；

7）"MODE"键：连续波与 2 000 Hz 调制输出信号之间的切换键。当连续输出时，CW/2 kHz 的 LED 指示灯点亮。当调制输出时，LED 指示灯闪烁。当光源同非 SimpliFiber Pro 光功率仪同时使用时，使用这两个模式；

8）█：选择 FindFiber 模式。当光源处于 FindFiber 模式时，IDLED 指示灯点亮；

9）当电池电量低时，LOW BATTERY LED 指示灯连续闪烁。如果自动关机功能关闭，则 LED 指示灯间歇闪烁；

10）带有 SC 型适配器的输出端口。

（2）测量损耗

损耗的测量表明了在链路中光纤与连接器内损失了多少光功率。

设定基准值：

1）清洁光功率仪、光源以及测试基准线上的所有连接器。使用光纤光学溶剂以及光学拭布或者棉签清洁连接器；

2）打开光功率仪及光源并让它们预热 5 min。如果设备储藏于高于或低于周围温度的环境下，那么允许预热更久的时间；

3）如图 2-3 所示进行连接；

⚠ **小心**

设定基准值后请勿将测试基准线从光源输出端端开。

图 2-3　基准连接图

4）如果光源上的 AUTO LED 指示灯没亮，按 ⌨ 键；

5）如果需要光源自动切换波长，按 ⌨ 键直至波长 LED 指示灯交替闪烁。或者按 ⌨ 键来根据需要切换波长；

6）要保存测量值，按下 ⌨ SAVE 键。

测量步骤：

1）清洁链路上待测试的连接器，以及另一根测试基准线上的连接器。使用光纤光学溶剂以及光学拭布或者棉签来清洁连接器；

2）断开测试基准线与光功率仪之间的连接，然后进行连接，如图 2-4 所示；

3）长按光功率仪上的 ⌨ 键直至 LOSS 出现；

4）如果光源的 AUTO LED 没有打开，按下 ⌨ 键；

5）如果需要光源自动切换波长，那么长按 ⌨ 键直至波长的 LED 指示灯交替闪烁；

6）要保存测量值，按下 ⌨ SAVE 键。

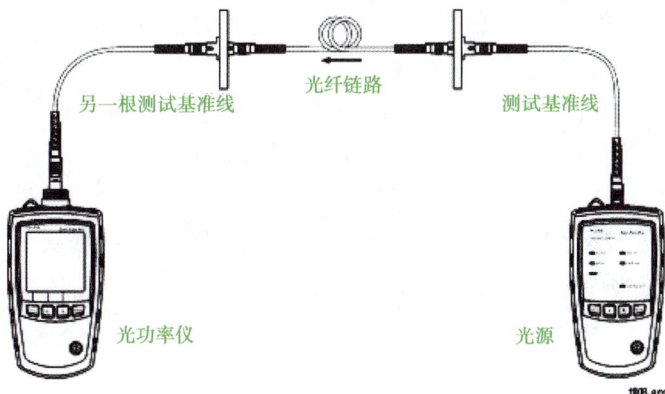

图 2-4　损耗测量连接图

任务 2.3　网线测试仪

(1)网络测线仪

常规接法:橙白 1 橙 2 绿白 3 蓝 4 蓝白 5 绿 6 棕白 7 棕 8;

交叉接法:绿白 3 绿 6 橙白 1 蓝 4 蓝白 5 橙 2 棕白 7 棕 8。

使用方法:

将网线两端的水晶头分别插入主测试仪和远程测试端的 RJ45 端口,将开关拨到"ON"(S 为慢速挡),这时主测试仪和远程测试端的指示灯就应该逐个闪亮。

1)直通连线的测试:测试直通连线时,若主测试仪的指示灯从 1 到 8 逐个闪亮,而远程测试端的指示灯也从 1 到 8 逐个顺序闪亮,则说明直通线的连通性没问题,否则需重新制作;

2)交错线连线的测试:测试交错连线时,若主测试仪的指示灯从 1 到 8 逐个顺序闪亮,而远程测试端的指示灯也是按着 3、6、1、4、5、2、7、8 的顺序逐个闪亮。则说明交错连线连通性没问题,否则需重新制作;

3)若网线两端的线序不正确时,主测试仪的指示灯仍然从 1 到 8 逐个闪亮,只是远程测试端的指示灯将按着与主测试端连通的线号的顺序逐个闪亮。也就是说,远程测试端不能按着(1)和(2)的顺序闪亮。

(2)导线断路测试的现象

1)当有 1 到 6 根导线断路时,则主测试仪和远程测试端的对应线号的指示灯都不亮,其他的灯仍然可以逐个闪亮;

2)当有 7 根或 8 根导线断路时,则主测试仪和远程测试端的指示灯全都不亮。

(3)导线短路测试的现象

1)当有两根导线短路时,主测试仪的指示灯仍然按着从 1 到 8 的顺序逐个闪亮,而远程测试端两根短路线所对应的指示灯将被同时点亮,其他的指示灯仍按正常的顺序逐个闪亮;

2)当有 3 根或 3 根以上的导线短路时,主测试仪的指示灯仍然从 1 到 8 逐个顺序闪亮,而远程测试端的所有短路线对应的指示灯都不亮。

项目三　初级工理论知识及实操技能

任务 3.1　综合监控系统

3.1.1　综合监控系统主要功能

(1)综合监控系统和子系统的接口界面

地铁综合监控的主要功能包括对机电设备的实时集中监控功能和各系统之间协调联动功能两大部分。一方面,通过综合监控系统,可实现对电力设备、火灾报警信息及其设备、车站环控设备、区间环控设备、环境参数、屏蔽门设备、防淹门设备、电扶梯设备、照明设备、门禁设备、自动售检票设备、广播和闭路电视设备、乘客信息显示系统的播出信息和时钟信息等进行实时集中监视和控制的基本功能;另一方面,通过综合监控系统,还可实现晚间非运营情况下、日间正常运营情况下、紧急突发情况下和重要设备故障情况下各相关系统设备之间协调互动等高级功能。

(2)综合监控系统构成

1)系统构成

①硬件构成:ISCS 的硬件分为两层

第一层:中央级综合监控系统。包括冗余的实时服务器、冗余的历史服务器、外部磁盘阵列、磁带机、各种调度员工作站(如电调、环调、行调、维调和总调等)、综合网管系统(以下简称为 NMS)工作站、事件打印机、报表打印机、彩色图形打印机、冗余的带路由功能的网络交换机、FEP、大屏幕系统(OPS)、UPS 等。

控制中心(以下简称 OCC)配置的网络交换机,实现 OCC 所有网络资源的互联。交换机的端口数量和带宽的选择充分考虑 ISCS 和网络通信设备的要求,网络交换机直接连接通信传输网络。

在正常情况下,OCC 的调度员通过调度员工作站,控制和监视各被集成系统。OCC 的命令,通过 ISCS 网络发送到各系统。

实时服务器主要功能是完成实时数据的采集与处理,从 OCC 向分布在各站点的被集成系统发送模式、程控或点控等控制命令。

历史服务器主要功能是完成历史数据的存储、记录和管理等功能。

第二层:车站级综合监控系统。包括冗余的实时服务器、值班站长工作站、事件打印机、报表打印机、冗余的网络交换机、FEP(连接 PA、CCTV 等)、IBP 和 UPS 等。

FEP 处理所有被集成系统的接口,从 FEP 采集的数据通过车站交换机送到车站服务器。车站服务器、车站工作站和 FEP 等与网络交换机相连。

②软件构成:ISCS 的软件分为三层

第一层:数据接口层。专门用于数据采集和协议转换,主要由远程 I/O、传感器及二通阀完成数据的直接采集和控制构成,FEP 对以数字信号接入的监控子系统进行数据交换及协议转换,同时,FEP 负责对 ISCS 与被监控对象的数据进行隔离,从而保证各子系统数据的独立性。

第二层:数据处理层。专门用于数据管理,主要由车站控制器完成底层数据处理(联锁功能)、车站服务器和中央服务器构成,通过实时数据库和关系数据库提供 ISCS 的应用功能。

第三层:人机接口层。专门用于处理人机接口,主要由操作员工作站构成,通过从车站和中央服务器获取数据,在工作站上显示人机界面。

3.1.2 安防系统主要功能

(1)安防系统

安防门禁系统为地铁提供了一个安全、可靠的环境,由门禁控制系统、视频监控系统、入侵报警系统等组成。

安防监控中心一般位置在控制运营中心一层的消防控制室,所有报警装置的动作均会通过警铃或声光报警的形式通知控制室值班人员同时所有报警信息也会在安防监控工作站中进行显示和记录。

(2)门禁系统

1)系统功能

①中央级系统功能

门禁卡授权管理。设置员工卡的安全级别、授权进入的区域、密码等。

车站级限制区域设置。设置需授权进入区域的属性、安全级别,车站的属性和授权控制的区域。

门禁系统参数管理。设置门禁系统的设备控制参数及安全参数。

采集限制区域读卡器的输入数据,并对数据进行存储与处理。

系统报表生成。系统按时生成有关报表,必要时可灵活查询数据及生成临时报表。

②车站级系统功能

实现对车站系统管辖范围内的门禁终端设备的监控,具备系统运作、授权、网络管理、维修管理及系统数据的采集、统计、保存、查询等功能。

监控管辖区域内门禁设备的运行状态,在门禁设备状态变化时可自动接收状态数据,自动查询门禁设备的状态数据。

车站级计算机系统可向管辖范围内的单台、一组、一类或全部门禁设备下达运行控制命令。

③就地级系统功能

就地级控制器为具体动作执行单元,安装在限制区域的门内、门外及门上。

就地级控制器根据指令或权限向电子锁发出动作信号,由电子锁执行门的开启和锁闭操作。检测电子锁及门的开启状态;具有声音提示功能;采用断电释放式的电子锁;开门采用出门按钮及紧急开门按钮。

2)系统运行模式

系统运行模式分为在线、离线、灾害 3 种模式。

①在线模式:正常情况下,系统工作处于在线模式。在线模式下,中央级系统将门禁控制参数和门禁授权信息下发到各个车站的就地级控制器中。各个车站的就地级控制器根据下载的参数和授权信息控制门锁的开闭。

②离线模式:在通信网络中断的情况下,系统工作处于离线模式。当中央级系统与车站级系统通信中断时,车站级系统自动接管本站门禁系统的控制和管理工作,保证本站门禁系统的正常工作并存储通信中断期间的门禁信息。待通信恢复时,车站级系统自动将中断期间的门禁信息上传到中央级系统。

③灾害模式:在火灾及其他紧急情况下,系统工作处于灾害模式。灾害模式下,车站级系统向指定区域或全站的门禁设备发出开门命令,方便消防疏散和紧急救灾。

(3)视频监控系统

1)系统特点

①系统硬件特点:

系统采用多层次多手段的技防措施,实现由外到里、互补复核的布防功能,既提高了系统可行性又降低了工程投资。

系统采用"分类不分区"的防护方式,使得一旦某子系统发生故障或被破坏时,只会造成该区防范能力的减弱而不会影响整个系统。

②系统软件特点:

数据保密,保证数据库的安全。

备份操作,即对软件和数据库定期备份。

具有自动定期检测功能,及时发现问题,把故障消灭在萌芽之中,保证系统的正常运行。

具有约束人为越权、误操作等违规行为的能力。

2)系统组成

①256 路输入、48 路输出的视频矩阵切换控制器一台,放置在运营控制中心消防控制室。

②前端设备配置 226 台半球形摄像机、1 台快球摄像机、6 台电梯专用摄像机。监控范围涉及大楼地上六层及地下一层。

③整个监控系统的前端 233 台摄像机所拍摄的图像统一接入矩阵系统,输出至 9 台彩色监视器上进行显示,同时通过 16 台硬盘录像机进行视频记录,本系统可以实现实时图像显示和录像回放功能。

（4）入侵报警系统

1）系统概述

入侵报警系统是利用传感器技术和电子信息技术探测并指示非法进入或试图非法进入设防区域的行为、处理报警信息、发出报警信息的电子系统。

2）系统特点

根据指挥中心的实际情况，在设计系统时，既考虑满足系统功能要求，又不破坏建筑的风格。系统前端共安装多双鉴红外对射探测器，保证了系统功能。

入侵报警系统选用高性能的霍尼韦尔 VISTA-120 报警系统。系统由通信控制主机、通信键盘，信号传输线、双鉴红外探测器组成。

前端探测器通过信号线将报警或故障信号送达系统通信控制主机。

前端双鉴红外探测器根据实际环境分别选用相应的双鉴红外探测器。

3.1.3　综合监控系统检修

综合监控系统系统检修分为计划性检修和非计划检修。

（1）计划性检修

综合监控系统计划性检修分为日巡检、月检、季检、半年检和年检，不同检修周期的检修内容在检修规程中有具体规定，同时施工作业人员按照检修规程制定的检修记录表对检修内容进行记录。在检修作业内容上，周期长的检修内容包含周期短的检修内容，即月检包含日巡检保养内容，季检包含月检保养内容，年检包含季检保养内容，年检内容最多。

（2）非计划性检修

当需要对综合监控系统进行升级、维护，但未在计划性检修中安排的施工作业，可以申请补充作业，非计划检修的数量应严格控制。非计划性检修分为日补充作业和临时补充作业，日补充作业和临时补充作业区别为，日补充作业需在作业前一天申请并批准，临时补充作业是在紧急情况下当天申请临时补充作业。

非计划性检修一般在填写施工申报时候，施工作业要点应同计划性检修要求一致。

3.1.4　Unix 操作系统基本操作

Unix 系统目录简介

在综合监控系统中，车站和中央的服务器的操作系统均采用 64 位 Solaris UNIX 操作系统，即 Solaris 10。若对 UNIX 的框架有初步的了解，首先需要了解 UNIX 的目录。下面介绍系统正常运转所必需的目录。

/　是系统的根目录；

/bin 目录中包括最常用的 UNIX 命令；

/dev 目录包括控制访问外部设备的特殊设备文件；

/etc 目录中包括各种各样的系统程序和数据文件；

/lib 目录里包括 C 语言以及其他语言程序的运行库文件；

/mnt 目录是一个空目录，是为安装可移动的文件系统保留的；

/opt 目录中包括在所谓的"软件存储目标";

/shlib 目录中包括系统使用的共享库;

/usr 目录中有几个子目录,(/usr/include 目录包括编译 C 语言程序的头文件;/usr/lib 目录包括各种 UNIX 命令使用的更多的库和数据文件;/usr/spool 目录包括各种各样的目录,用于存储那些将被打印、邮寄或通过网络传递的文件;/usr/tmp 目录包括更多的临时文件;/usr/adm 目录包括与系统管理或记账相联系的数据文件;特别地,/usr/adm/messages 和/usr/adm/syslog 文件包括系统错误消息的记录。)

/stand 目录是引导文件系统的安装点,引导文件系统包括安装程序(boot),核心(unix),以及相关的 boot 文件;

/tcb 目录包括所有作为 TCB 一部分的文件;

/tmp 目录 UNIX 系统程序产生的临时文件;

/var 目录包括指定某一单独客户或服务器的非共享 SSO 文件。

3.1.5　Linux 操作系统基本操作

(1)Linux 系统简介

Linux 起源于 Unix。以西安地铁二号线为例,其 Linux 为 Ubuntu,其默认的桌面环境是 GNOME,内核基于 Debian(是 Linux 的一个版本)。下面是 Linux 系统的重要目录:

/根目录,最主要的目录,位于结构树根的目录;

/bin 目录下是基本命令和二进制文件,包含启动系统和用户运行所需的文件;

/boot 目录下是启动引导系统加载的静态文件,所有与系统启动有关的文件都保存在这里;

/dev 目录下是设备文件,包含所有代表外围设备的文件;

/etc 目录下为系统程序和大部分应用程序的全局配置文件;

etc/init.d/目录是 SystemV 风格的启动脚本;

etc/rcX.d/目录下是启动脚本的链接,定义运行级别;

etc/network/目录下是网络配置文件;

etc/X11/目录下是图形界面配置文件;

/home 目录下是 home 主目录;

/home/user/目录下是普通用户的 $HOME 目录;

/lib 目录下是系统程序库文件,共享库和内核模;

/media 目录下是挂载媒体设备;

/mnt 目录下是临时挂载,临时文件系统挂载点;

/opt 目录下是附加软件包;

/proc 目录下是内核与进程镜像,虚拟文件系统的内核和进程信息;

/root 目录下是 root 用户的 $HOME 目录;

/sbin 目录下是管理员系统程序;

/tmp 目录下是临时文件;

/usr 目录下是应用程序;

/usr/bin 目录下是应用程序；

/usr/sbin 目录下是管理员应用程序；

/usr/lib 目录下是应用程序库文件；

/usr/share 目录下是应用程序资源文件；

/usr/src 目录下是应用程序源代码；

/usr/local/soft 目录下是用户程序；

/usr/local/… 目录下是通常使用单独文件夹；

/usrX11R6/目录下是图形界面系统；

/var 目录下是动态数据；

/lost found 目录下是磁盘修复文件。

(2)Linux 常用命令

上一节中 UNIX 常用的命令在 Ubuntu 中通用，本节不再一一列出。

3.1.6 综合监控系统常见故障处理

(1)服务器故障处理

1)硬盘指示灯常亮或熄灭(系统盘损坏)故障处理方法

故障现象:服务器硬盘指示灯常亮,故障原因可能是该服务器全部服务停止,或硬盘损坏。

处理方法:

①重启服务器,查看故障是否能恢复,若故障依旧存在,则需更换硬盘。重启指令:在工作站中打开系统→工具箱→终端

键入服务器 IP 地址 ssh engineer@ IP

用户名 su

密码 root

声明系统环境变量. /etc/stdenv. sh

重启指令 systematics restart

综合监控服务器应用软件的启停步骤

②系统盘损坏更换。

➤ 系统盘损坏应先关闭该台服务器,在工作站中打开系统→工具箱→终端。

➤ 在工作站中打开系统→工具箱→系统状态,查看系统状态 System State 中对应服务器服务是否已停止(state 下框呈现红色表示该服务器服务已经停止)。

➤ 综合监控设备房现场确认电源运行指示灯绿色慢闪烁,硬盘指示灯熄灭,表示硬盘停止读取功能,可以进行设备更换。

③系统盘更换。待服务器停止运行,按下硬盘锁扣按钮将硬盘拉出,再将配置好的硬盘推入插槽,按下硬盘锁扣按钮(注意硬盘正反之分,不可随意推拉硬盘,以防损坏设备)。

④服务器开机。待设备更换安装完毕,服务器面板运行指示灯绿色慢闪后,按下服务器前面板开关按钮,待设备运行正常后确认故障是否已恢复。

⑤设备恢复。查看系统状态"System State"图,图中红色是否消除;设备通信正常,设

备可监控。

2）服务器故障报警处理方法

故障现象："需要维修"指示灯及"TOP FAN"指示灯同时亮起（服务器内风扇故障、电源故障）。

处理方法：

①服务器内风扇故障排查：

将笔记本连至服务器串口/管理口，进入服务器操作软件：

- root（用户名）
- changeme（密码）
- start　/SP/console（登录操作系统指令）
- show　faulty（报警查看指令）
- 查看报警信息，显示为风扇报警：BMO/FM1 或 BMO/FM2。

所以打开服务器盖板进行风扇更换，步骤如下：

➤　双手同时推拉服务器两边绿色锁扣开关按钮，向上慢慢拉起服务器风扇盖板。

➤　将报故障的风扇向上拔出进行除尘，除尘后再安装到原来位置，5 s 后查看服务器面板"需要维修"指示灯及"TOP FAN"指示灯是否熄灭，如故障灯未熄灭则需进行风扇硬件更换。

②电源故障排查：

➤　将笔记本连至服务器串口/管理口，进入服务器操作软件

root（用户名）

changeme（密码）

start　/SP/console（登录操作系统指令）

show　faulty（报警查看指令）

报警信息显示 Input power unavailable for psu at pso 有一路电源没有输入。

这可能是电源线有问题、电池有问题、电源分配板有问题以及服务器内部其他部位故障导致的（可能性比较小），针对以上四个原因需对其逐一验证：

➤　电源线排查：把上下两台服务器电源线交换之后查看，如还是显示 Input power unavailable for psu at pso，排除电源线故障可能；

➤　电池排查：交换电池后的结果和之前显示一样，说明电池没问题；

➤　电源分配板：把服务器拆开，对电路板进行更换，开机后故障消除。

3）服务器系统报警清除方法

故障现象：服务器面板需要维修指示灯亮起。

处理方法：

①在工作站终端 ping 服务器管理口 IP，查看该站服务器管理口 IP 是否配置，如网络不通，需配置管理口 IP。配置方法如下：系统→工具箱→终端，输入 ping 190.1/2（线）.站名.1/2（服务器）。

②服务器路由配置：

将车站工作更换成超级用户，在终端执行 ifconfig-a 以下命令检查管理口配置是否正常。

③报警信息清除：

• 方法一：

点击 ubuntu 界面上"Firefox Web Browser"火狐浏览器图标，在浏览器地址栏键入该站服务器管理口 IP 地址，在服务器管理口登录界面输入用户名、密码，在弹出页面点击 Components 组件选项卡。在弹出界面 Filter 过滤下拉下单选择"Fault Status：Faulted 错误状态"。在报警信息弹出界面点击要删除内容前的圆圈，选中后点击对话框左下角 Actions 下拉菜单中的"Clear Faults 报警清除"，故障清除后点击界面右上角"×"退出即可。

• 方法二：

在终端输入查看故障指令

show　 /SP/faultmgmt

　　　　　　　　　　　/SP/faultmgmt

Targets： 反馈信息

Shell

0 （SYS/FANBDO/FM1） 报警信息

set　 /SYS/FANBDO/FM1 clear_faults_action = ture（报警删除指令）

查看服务器面板需要维修指示灯是否熄灭。随后将工作站恢复正常，同时按键盘上的"Ctrl + Alt + Delete"，在弹出的对话框中点击"更换用户"，用车站操作员登录用户。

(2) PLC 可编程控制器

1）硬件故障处理方法

现象：CNBR 模块 A 网或 B 网指示灯闪红；通信中断，无法监控。

处理方法：

紧固各接线及相应故障回路的 TPS 分接头、综合监控设备房交换机上 ENBT 水晶头。

TPS 分接头故障判断：将 CNBR 之间同网络的 TPS 分接头互换，如 CNBR1 的 A 网同 CNBR2 的 A 网 TPS 分接头互换，以此判断分接头是否正常。

紧固 BNC 接头，将同一回路 BNC 接头互换，如将 CNBR1 回路 B 网下机架的 BNC 接头换至上机架，以此判断上机架的 BNC 接头是否损坏；下机架 BNC 接头判断同上。

用万用表测量终端电阻阻值 75 Ω，并紧固。

查看模块指示灯及车站网络确认故障已恢复。

2）软件故障处理方法

现象：PLC 冗余报警，备 CPU 模块 OK 灯闪红、冗余模块 LED 显示屏显示 DISQ。处理方法如下：

先查看 PLC 至交换机 ENBT 接线是否松动而导致冗余报警。

PLC 长期处于运行状态，数据传输量比较庞大，会出现卡死现象，所以将 CPU 模块钥匙打至"运行"位（左拧），5 s 后再打至远程位（中间）。

注：运行位：强制运行，无法在线编程；远程位：可远方转换 PLC 状态；编程位：出厂测

试时使用。

（3）工作站故障处理

1）工作站黑屏、工作站屏幕颜色异常处理方法：

- 查看显示器电源按钮是否人为关掉，电源插头及显示器信号线是否松动。
- 再查看工控机主机是否关机。

紧固工控机主机显示器信号线及电源线。

2）工作站死机、无法输入信息故障处理方法：

- 查看键盘、鼠标接线是否松动，键盘大写是否被锁定；
- 查看各系统文件的 capacity 使用率，使用率应小于 9%；
- 在工作站菜单栏中，选择系统-工具箱-〉终端，键入查看指令：free；
- 在另一台工作站终端中键入本台工作站 IP 地址：

telnet engineer@ 192.1/2（线），站名.11（工作站）

iscs 或 e（工作站工程师用户密码）

- 使用本台工作站终端，输入 free 查看内存使用情况，输入 top 查看进程使用情况，如发现内存使用过大，应重启工作站。重启时，需同时按住死机工作站对应键盘上的"Ctrl + Alt + Delete"按钮，在弹出框中点击"重启"，再重新输入用户名即可。

（4）门禁系统故障处理

1）就地控制器与主控制器通信离线处理方法

查看就地控制器指示灯及电源状态是否正常，紧固各接线，中央门禁软件卡死或异常退出，重新登录软件。

2）门无法关闭故障处理方法

查看紧急开门按钮工作状态，开门按钮内接线是否短接，门磁是否上电，门磁是否能正常吸合。

3）门无法打开故障处理方法

查看读卡器工作状态、接线是否松动、接口模块工作状态及接线是否松动。

4）单个门禁信息无法上传处理方法

查看接口模块读卡器接线、门磁反馈接线及门磁接线是否松动（绿灯代表关门，红灯代表开门）。

（5）FEP（C306 或前端处理器）

1）串口板损坏处理方法

现象：C306 面板水晶头收发数据指示灯常亮或不亮（正常为闪烁）、串口板、CPU 板损坏造成 C306 工作不正常。

- 查看串口板指示灯，绿色灯常亮，琥珀色灯闪烁为正常状态，可以通过交换上下两台 C306 的串口水晶头接线来排除接线、接头的故障。
- 更换串口板卡。

2）车站广播播放不正常

- 遇到车站广播播放不正常的问题，首先在车控室查看广播是否被占用，是否开着紧急广播。

• 询问 PA 设备本体是否出现问题，然后确定 PA 的任务在哪台 C306 上，查看任务运行情况，如果任务运行异常则重启相应的 C306，步骤如下：

telnet IP

I（查看任务运行情况）

reboot（重启）

(6) OPS（大屏系统）故障处理方法

1）显示单元熄灭处理方法

• 进入大屏幕 KZPC 界面查看灯泡是否切为备用灯泡，如果灯泡损坏，则更换灯泡；

• 目测各设备接线是否完好，水晶头、数据线是否无破损，损坏即需要尽快更换；

• 若设备指示灯异常，即为设备故障，需联系厂家配合更换解决。

2）单屏黑屏且右上角显示"no data"

• 查看服务器相关服务的运行及开启状态，若状态显示不是绿色，则需重启该项服务；

• 切换屏幕信号，查看屏幕是否能正常显示，若不能则查看相关节点机；

• 同时需联系相关接口专业人员，查看是否有其他施工作业导致 OPS。

3）单个屏幕颜色高频率跳变

判断是否为光机故障，查看大屏后方光机指示灯；

更换备件或联系厂家。

4）接触网一次图局部显示白色

联系电力监控专业或电调确认现场设备情况，若现场设备故障，则非专业故障，重启电力工作站。

5）大屏屏幕异常的几种现象

大屏黑屏：显示单元、节点机、服务器均未打开；

纯蓝威创界面：只打开了节点机和显示单元，没有打开服务器，此时节点机的主通道一直显示自检，在等待服务器的开启；

纯蓝界面：此现象只出现在 CCTV 部分，表示通道已经建立，但是没有信号，没有显示。

任务 3.2　BAS 系统

3.2.1　BAS 系统常用硬件配置

（以西安地铁二号线为例）

BAS 系统，一般在车站设置冗余 PLC。设备主要包括车站的 PLC 机柜、UPS 配电柜、远程控制柜（箱）内安装的模块、I/O 基板和通信适配器、传感器以及同环控电控室部分设备接口的通信协议转换器等。对全线车站、车辆段、区间隧道内设置的各种正常运营保障设施(包括通风空调设备、给排水设备、照明设备、自动电/扶梯等)和事故紧急防救灾设施(防排烟系统、应急照明系统等)进行实时的监控管理,并确保以上这些系统安全可靠的运行,特别是在地下车站发生火灾事故的情况下,使有关救灾设施按照设计工况及时有效地运行,从而保障人身安全,并能通过传感器实时监测并采集站内的环境温度、湿度以及二氧化碳的浓度等。车站/车辆段 BAS 通过冗余通信接口与 ISCS 连接,将信息集中上传至 ISCS,实现 BAS 在 ISCS 中的集成。

在环控电控室内同 BAS 系统接口的监控设备部分采用硬接线方式,部分采用通信方式。采用硬接线接口的监控设备接至远程 I/O 基板上,采用通信方式接口的设备根据通信链路的不同可以接至 PLC 机柜中的协议通信转换器 AB7006,或者接入 ControlNet 总线网络。主 PLC 机架上配置了 2 个以太网模块 1756-ENBT,向上接入综合监控车站级以太网交换机,实现 BAS 同车站 ISCS 主体系统的通信。同时两端 PLC 配备了 1756-CNBR 通信模块,用于 A 端、B 端及 IBP 盘间的通信;与各自端远程 I/O 的通信及消防相关设备的通信。

(1)PLC 硬件简介

PLC 硬件由中央处理器(CPU)、存储器、输入、输出接口单元、扩展单元、外部设备及其接口、现场总线、不间断电源(UPS)等基本单元组成。

1)中央处理器

中央处理器(CPU)是 PLC 的核心部件,由大规模或超大规模的集成电路芯片构成,是 PLC 的运算和控制中心。通常来说,所采用的处理器性能越高,PLC 的功能就越强。它的功能包括:

①通过输入、输出通道读入现场状态;

②执行系统和用户程序;

③实现各种运算;

④输出运算结果,驱动现场设备;

⑤协调内部各部分工作;

⑥控制与外部设备通信等。

2)存储器

存储器是 PLC 存放系统软件(程序)、用户程序和运行数据的单元,通常包括只读存储器(ROM)和随机读写(存取)存储器(RAM)。

①只读存储器(ROM)

ROM 指在使用过程中只能从中读出(取出)数据而不能写入(存储)的存储器。由于只读存储器在断电状态下仍能保存所存储的内容,因此也称为非挥发性存储器。

②随机读写(存取)存储器(RAM)

RAM 在使用过程中可随时从中读出数据,又可以写入(存储)数据。RAM 在断电后,其存储的内容就会丢失,所以也称为挥发性存储器。在应用中通常都配备断电保护电路,当电源关断后,由内部电池继续供电,保持存储的内容不变。

3）输入、输出接口单元

输入、输出接口单元（或模块）是 PLC 与工艺过程控制现场之间的连接部件。PLC 通过输入部件获得全部生产过程的各种工艺参数，如按钮、开关、触点、温度等；而 PLC 通过输出部件，如继电器、可控硅、晶体管等，把按程序处理得到的结果送到生产过程的执行机构上去实现控制，如指示灯、开关、继电器等。

由于输入、输出接口单元与生产过程的各种信号相连，这就要求它有很好的信号适应能力、负载能力、抗干扰性能和高可靠性。输入、输出部件可归纳为：开关量输入（DI）、开关量输出（DO）、模拟量输入（AI）、模拟量输出（AO）等。

4）外部设备及其接口

PLC 的外部设备主要有编程器、图形终端等。其接口一般分为通用接口和专用接口两种。通用接口指标准通用的接口，如 RS232、RS422、RS485 等。专用接口指各 PLC 厂家专有的自成标准和系列的接口。

5）电源

电源是 PLC 控制系统中必不可少的部分，其作用是把外部供应的电源变成 PLC 内部所需要的电源。目前 PLC 的电源一般采用开关式电源，具有输入电压范围宽、体积小、重量轻、功率大和抗干扰能力强的特点。

（2）传感器硬件简介

BAS 在相关设备、管道、公共区、设备用房设置各类变送器，并通过 RI/O 实现对相关环境参数信息的采集。

1）室内温、湿度变送器分别设置在站厅和站台墙壁或天花板、设备管理用房墙壁上，用于测量各位置的环境温度、湿度。

①水管温度变送器，如图 3-1 所示。

②室内式温度变送器，如图 3-2 所示。

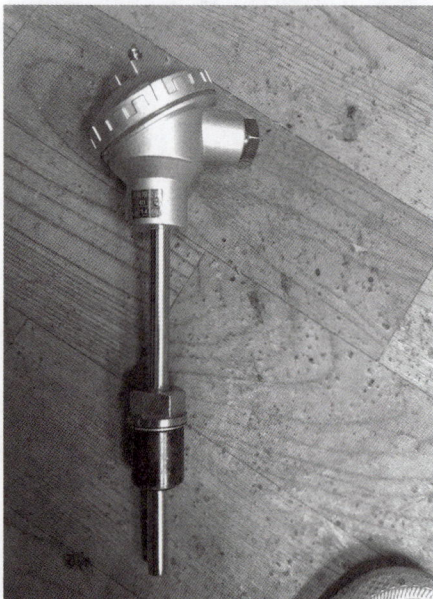

图 3-1　水管温度变送器

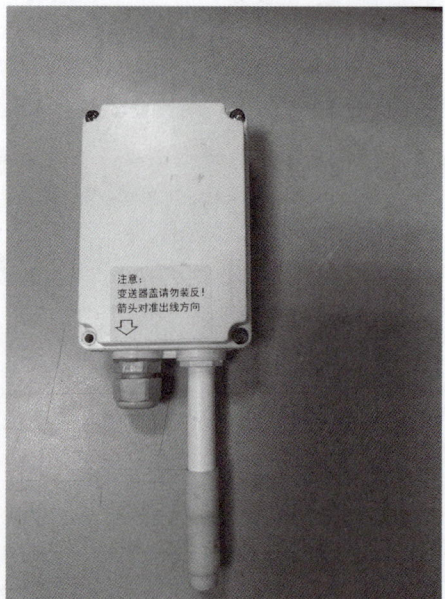

图 3-2　室内式温度变送器

2）风管式温度、湿度变送器分别安装于各类风道和风室,用于测量空气的温度、湿度。

3）压力、压差变送器分别安装在相关的设备及管道上,用于检测相关的压力、压差参数。

4）CO_2 浓度变送器设置在站厅和站台天花板上,用于测量站厅、站台空气环境 CO_2 浓度。

(3)远程 I/O 模块简介

PLC 的 I/O 模块最常用的分类方法:根据安装方式的不同分为框架式 I/O 和非框架式 I/O;也可以根据模块处理现场信号的特性分为开关量 I/O、模拟量 I/O 和特殊 I/O;还可以根据 I/O 的外形特点分为模块式 I/O、单元式 I/O 和袖珍式 I/O 等。而且,I/O 模式的系列随着 I/O 系统的不断发展而完善、通常将 I/O 系统归纳为两大类,即集成式 I/O 和分布式 I/O。

1）集成式 I/O

集成式 I/O 是指可以和处理器放在同一个框架或底板上的 I/O。这类 I/O 通常应用于要求 I/O 密度较高的场合,如处理器驻留本地 I/O 和远程 I/O 框架可以大规模安装 I/O 模块的地方。

2）分布式 I/O

分布式 I/O 是指可以分布在生产过程的传感器或执行器附近的 I/O,这类 I/O 通常应用于要求密度较低的场合,如远程小规模安装的地方。以西安地铁为例,每一个车站都有多个现场 I/O 控制柜(箱),布置在车站中 I/O 设备相对集中的区域。根据每个区域 I/O 点的分类和数量来确定各箱中的 I/O 模块的类型和数量。远程 I/O 控制箱中及外接设备的连接拓扑结构如图 3-3 所示。

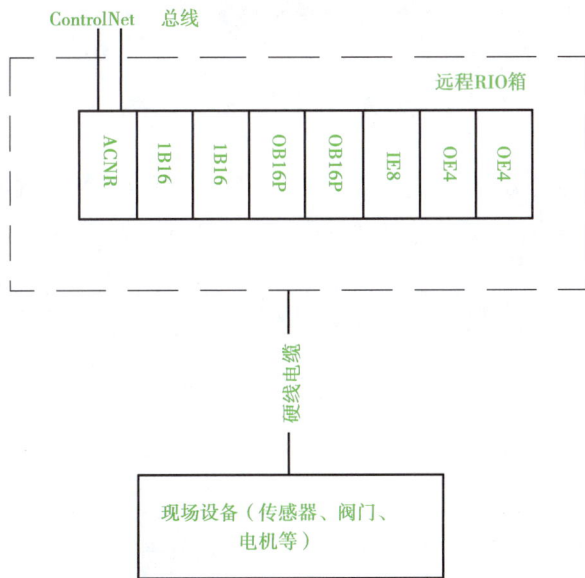

图 3-3 远程 I/O 控制箱中及外接设备的连接拓扑结构图

①开关量输入接口单元(IB16)

开关量输入接口单元的作用是把现场各种开关量信号(通、断、开、关)转换为 PLC 内部处理的标准信号。开关量输入接口单元按照输入的电源类型不同,可分为直流输入接口单元和交流输入接口单元。而且其输入电压等级可以覆盖绝大部分自动控制的需要范围。

②开关量输出接口单元(OB16P)

开关量输出接口单元的作用是把 PLC 的内部输出信号转换成现场执行机构的各种开关信号。按照现场执行结构使用的电源类型不同,又可分为直流输出接口单元和交流输出接口单元。

③模拟量输入接口单元(IE8)

模拟量输入接口单元的作用是把现场连续变化的模拟量转换成为 PLC 内部处理的数字信号。

④模拟量输出接口单元(OE4)

模拟量输出接口单元的作用是把 PLC 内部运算处理后的数字信号转换成相应的模拟量信号输出,去实现生产过程的模拟量控制。

(4)UPS 组成及原理

UPS 即为不间断电源,它是一个 AC—DC(俗称整流),再又 DC—AC(俗称逆变)的一个过程,市电存在时,整流器整流给蓄电池充电,同时提供直流电压给逆变器工作,当市电停电时,直接由蓄电池组提供直流(DC)电压,给逆变器工作,输出标准交流电。目前的传统式 UPS,基本为在线方式工作,即纯在线方式。UPS 电源设备主要由交流输入电配单元、整流单元、逆变单元、交流输出配电单元、蓄电池组组成。

1)UPS 的两路电源无间断相互切换功能(图 3-4)

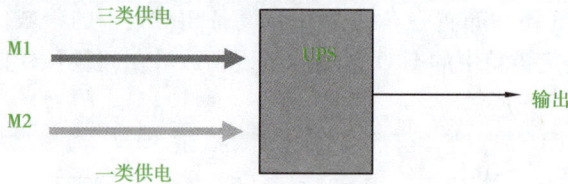

图 3-4 UPS 的两路电源无间断相互切换功能图

2)UPS 的隔离作用(图 3-5)

将瞬间间断、谐波、电压波动、频率波动以及电压噪声等电网干扰阻挡在负载之前,即使负载对电网不产生干扰,又使电网中的干扰不影响负载,如图 3-5 所示。

图 3-5 UPS 隔离作用图

3)UPS 的电压变换作用(图 3-6)

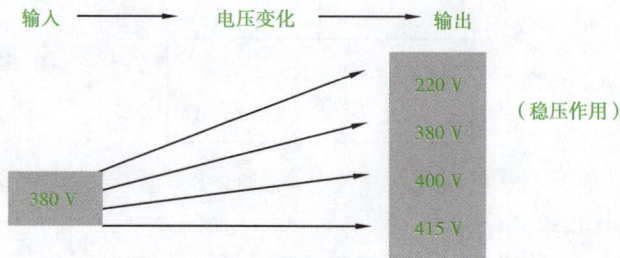

图 3-6 UPS 电压变换图

4）UPS 的后备功能（图 3-7）

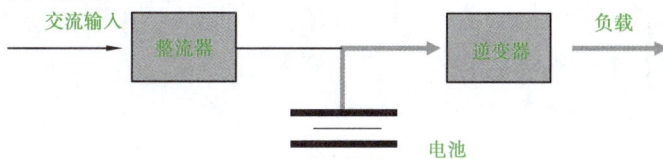

图 3-7　UPS 后备功能图

UPS 带有电池，储存一定的能量，一方面在电网停电或发生间断时继续供电一段时间来保护负载，另一方面在 UPS 的整流器发生故障时使用户有时间来保护负载，后备时间可以是 15 min、30 min、90 min 等，甚至更长。

5）保护功能

①设备在输出负载短路时自动关闭输出，并发出可闻、可视告警信号；

②UPS 的过载能力，当超出过载能力时，会自动转为旁路供电；

③在电源设备处于逆变工作方式时，电池电压降至保护点时发出声光告警，停止供电；

④电源设备的输出电压超过设定的电压（过压、欠压）值时，应发出声光告警，并转为旁路供电；

⑤电源设备机内温度过高时，应发出声光告警，并转为旁路供电；

⑥UPS 具有 RS485 接口，支持标准开放协议，并实现与 BAS 的通信功能。

6）电气特性

①输入电压为三相五线制交流电源，输入电压可调范围为：-15% ~ +25%；

②当电源故障时，UPS 转为电池供电；

③当电源恢复时，UPS 恢复到外部电源供电方式；

④可进行旁路逆变切换；

⑤逆变器具有很强的过载能力及抗冲击能力。

7）蓄电池组

①蓄电池选为铅酸蓄电池；

②蓄电池能承受 50 KPa 正压或负压而不破裂、不开胶，压力释放后壳体不变形；

③蓄电池在正常工作过程中，没有酸雾逸出；在充电过程中遇有明火，内部应不引燃、不引爆；

④外电源故障情况下，UPS 正常向系统供电；

⑤停电后 UPS 是依靠蓄电池储能供电给负载，电池组的容量满足 UPS 所带负载的 60 min 备用时间。

3.2.2　BAS 系统软件知识

（1）LOGIX5000 应用软件简介

BAS 系统控制器编程及配置软件选用 Rockwell 公司的 RSLogix5000（带 RSLinx 通信驱动软件包）和 RSNetworx。

RSLogix5000 编程软件为 ControlLogix 控制系统提供编程环境。它运行于 Windows NT 32 位操作系统，RSLogix5000 系统用户可以观察所有的组态参数、任务、程序和例程的状态，提供了通用的系统工具，具有丰富的诊断和维护功能。

RSLinx 可以为所有的 AB 网络提供完整的驱动程序,RSLinx 提供 OPC、DDE 和 Custom C/C++ 的接口,RSLinx 还可以为用户提供多个网络、本地工作站和 DDE/OPC 性能诊断工具,便于进行系统维护和故障排除。

(2)RSNetWorx 软件简介

在设计阶段,RSNetWorx 用于 BAS 系统的现场总线——控制网(ControlNet)的组态和网络参数设置,进行点地址(Node)、Flex I/O 地址分配,以及网络冗余属性设置。在 BAS 系统运行维护阶段,RSNetWorx 是 ConTrolNet 网络诊断和维护的重要工具。

RSNetWorx 是一个 32 位的图形化的网络管理配置工具,可以为 ControlNet 网络提供快捷的、可选择的视图,通过简单的鼠标操作,就可以完成网络配置的操作。

3.2.3　BAS 系统人机界面操作

(以下均以西安地铁二号线为例来说明)

(1)画面导航

车站工作站 HMI 画面在显示器上全屏显示。HMI 界面分为 4 部分,分别是:菜单栏、导航栏、用户显示区、底部栏。系统启动后,菜单栏、导航栏和底部栏会自动加载,并且在屏幕的固定区域显示,用户不能移动或者关闭这些窗口。用户显示区是除了菜单栏、导航栏和底部栏这些固定窗口以外的部分,不会被固定窗口覆盖,用户打开的 HMI 画面可以在这个区域显示。在用户显示区对各类机电设备进行控制操作等。

西安地铁 2 号线 HMI 整体布置图如图 3-8 所示。

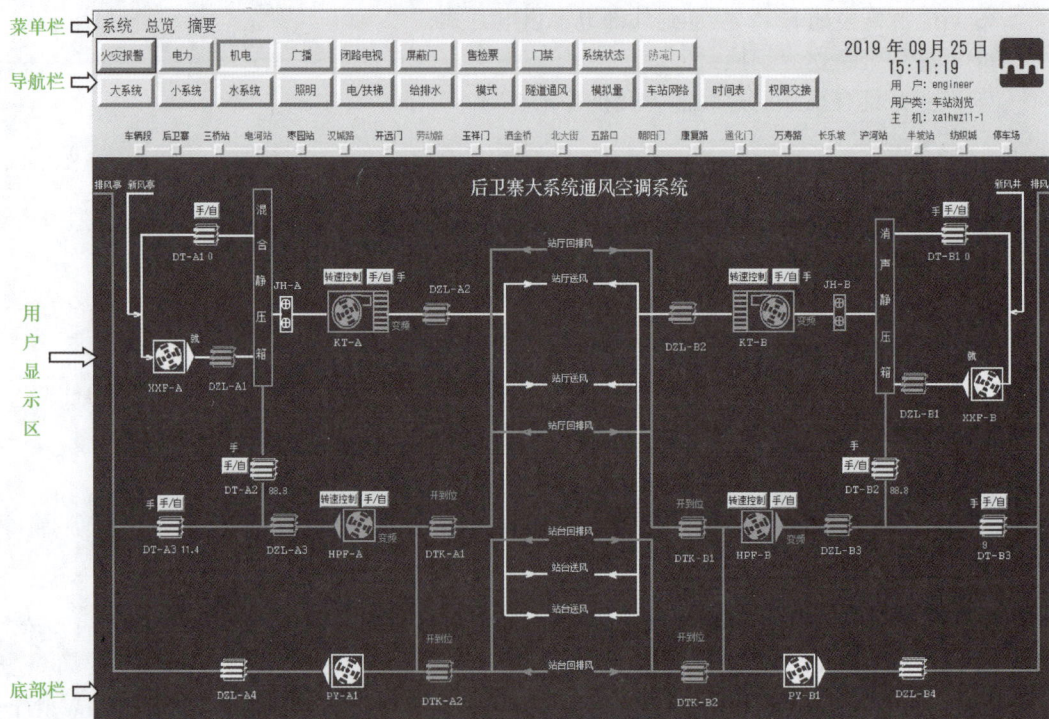

图 3-8　西安地铁 2 号线 HMI 整体布置图

操作员可以利用导航栏完成画面的导航。

导航栏包括子系统选择栏,功能选择栏,车站栏,日期时间、LOGO 和用户信息区,如图 3-9 所示。

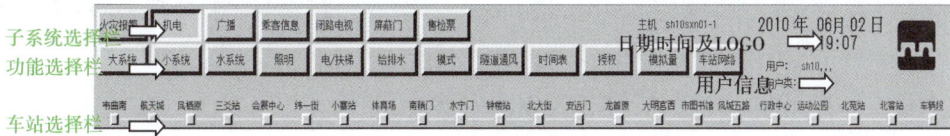

图 3-9　导航栏

用户可以利用导航栏的子系统选择栏,功能选择栏,车站选择栏提供的按钮调用需要显示的 HMI 画面。

综合监控系统 HMI 的导航流程基本原则是:中心操作员在 OCC 选择时,可以对全线进行操作;而车站操作员在车站选择时,只能对本站进行操作。

下面以进入大系统画面为例,描述操作步骤:

①在控制中心工作站上运行 SAMMI,用 xian2 登录;

②在导航栏的车站选择栏上,选择站名【紫藤路】;

③在导航栏的子系统选择栏上点击【机电】后,导航栏上将出现机电系统的功能选择栏;

④在功能选择栏上点击【大系统】按钮后,在用户显示区将显示用户选择的大系统画面。

(2)控制功能

1)单点控制

BAS 设备的单点控制步骤如下:

①操作员可以在 HMI 画面上用鼠标左键单击数据对象的图元。

②点击该操作面板上的"控制"按钮,操作员可以看到被控数据点的设备名称、被控制数据点的当前状态。在"目标状态"选择框中,被控数据点有两个目标状态按钮,系统控制方式配置成根据开关当前的状态自动选择可以执行的目标状态按钮,另一个目标状态按钮可以手动进行选择。

③然后单击"执行"按钮就可以将控制命令发送给被控数据点,如果操作员在 HMI 画面上选择的设备具有三态控制,点击操作面板上的【控制】按钮后,将弹出三态数字量控制面板。

操作员可以看到被控数据点的设备名称、被控数据点的当前状态。在"目标状态"选择框中,被控数据点有三个目标状态按钮,不可用的目标状态按钮会自动变为灰色,不提供使用。操作员必须要为被控数据点选择一个可用的目标状态按钮,选择了目标状态按钮后,"执行"按钮可用。

然后单击"执行"按钮就可以将控制命令发送给被控数据点。

2)控制闭锁

当用户单击 Palette 对话窗口上的"控制"按钮后,系统都会检查被控对象的相关闭锁条件。如果该对象的闭锁条件不满足,则会在弹出的 Fascia 对话窗口中显示出来,并且此时 Fascia 对话窗口上的"执行"按钮变灰,不提供使用。

3）设备详情

当设备的参数太多,无法在设备周围标记表示时,点击该设备将会弹出窗口,上有【详情】按钮,点击可查看设备详细信息,具体操作如下:

①按上述步骤打开大系统画面;

②在打开的 HMI 画面上选择一个设备,将弹出操作面板;

③点击操作面板上的【详情】按钮则出现详情窗口。

4）模拟量控制

BAS 设备的模拟量控制步骤如下:

①操作员可以在 HMI 画面上用鼠标左键单击模拟量数据对象的图元,将弹出相应操作面板;

②单击该操作面板上的"控制"按钮,将弹出对应控制面板。

操作员在"新值"文本框中输入需要数据,回车,然后单击"执行"按钮,就可以将模拟量值发送给设备。

(3)模式控制功能

例如西安地铁 2 号线在正常运营时,每日所有 BAS 设备的启停等控制由 ISCS 下发的时间表功能自动实现。当时间表运行被禁止时可以对设备子系统(Subsystem)进行手动模式控制。

模式画面如图 3-10 所示:

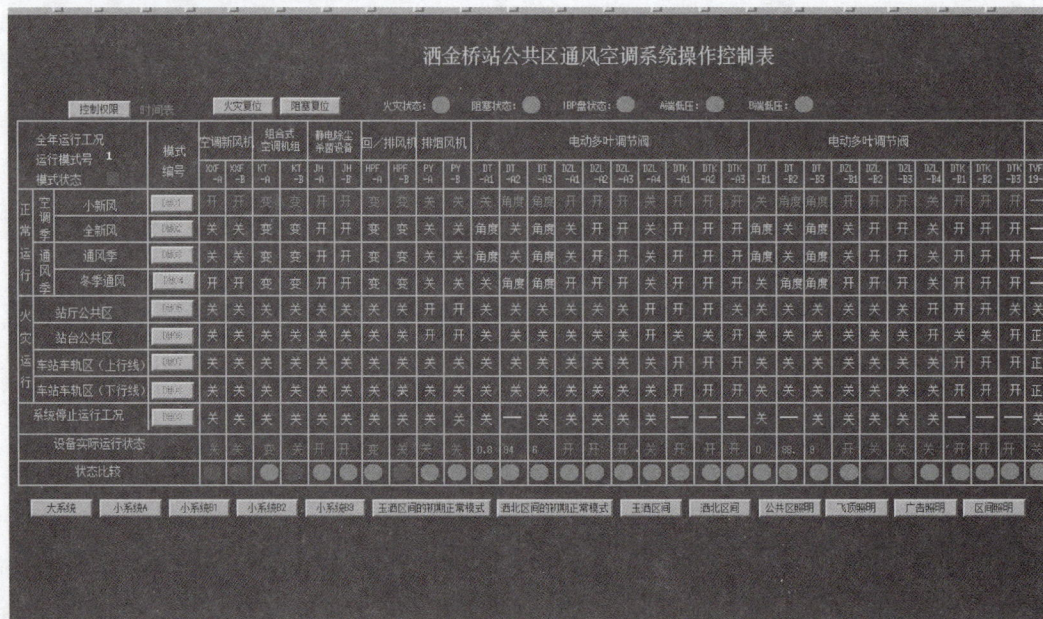

图 3-10　模式控制功能图

进行模式控制前也需要对闭锁条件进行检查,检查的内容包括:控制权所在地和设备子系统的时间表控制方式是否为禁止状态。模式控制的画面如下所示,单击需要下发的模式,在弹出的模式下发对话框中单击【执行】,ISCS 将下发选中的模式号至 BAS PLC,PLC 收到控制指令并判断合法后,分解为具体的设备控制指令,并执行。

（4）时间表功能

例如西安地铁2号线在正常运营时，每日所有BAS设备的启停等控制由ISCS的BAS时间表功能实现。

ISCS为每个车站提供了最多10张时间表每张时间表内最多允许40个模式号。

ISCS时间表功能允许有权限的操作员编辑每个车站的BAS时间表，并可进行时间表下发操作。操作员对时间表"改名""编辑"的信息会被实时地保存到车站ISCS服务器，时间表的编辑和下发功能只能在中央级ISCS实现。车站级ISCS可以查看本站10张时间表的内容及相关设置。

时间表功能包括许多组成部件：对时间表进行改名、删除和编辑的工具，管理各站时间表下发的工具，管理全线共用时间表的工具。这些管理工具可以从时间表管理的主画面点击进入，如图3-11所示。

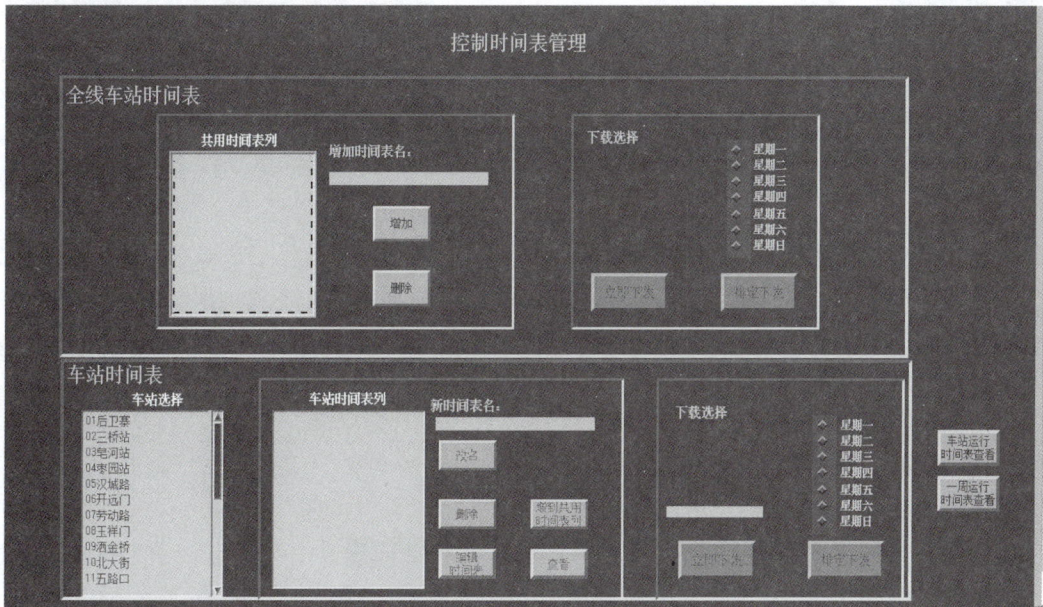

图3-11　时间表功能图

编辑好的时间表可以被操作员保存，以及下发。

时间表的保存是指，操作员点击画面中的"保存"按钮后，ISCS会自动把当前编辑的时间表内容保存在对应车站的服务器中，供后续的调阅、编辑和下发所用。

时间表的下发是指，ISCS"立即下发"和"排定下发"两种方式的下发功能，操作员点击"立即下发"按钮（或者系统在"排定下发"定义的那天）时，ISCS会把该时间表从对应的车站服务器找到，并通过FEP下发到BAS的主PLC控制器中，BAS的主PLC控制器收到该时间表后，将立即执行。

需要注意的是，ISCS与BAS主PLC间在下发/回读过程仅使用一张完整的时间表；每个车站的BAS主PLC控制器将保持住ISCS下发的最新一张时间表，并执行最新的时间表。

1）BAS时间表内容的定义

BAS时间表的内容设计为各个子系统的模式号及其启动时间，如图3-12所示。

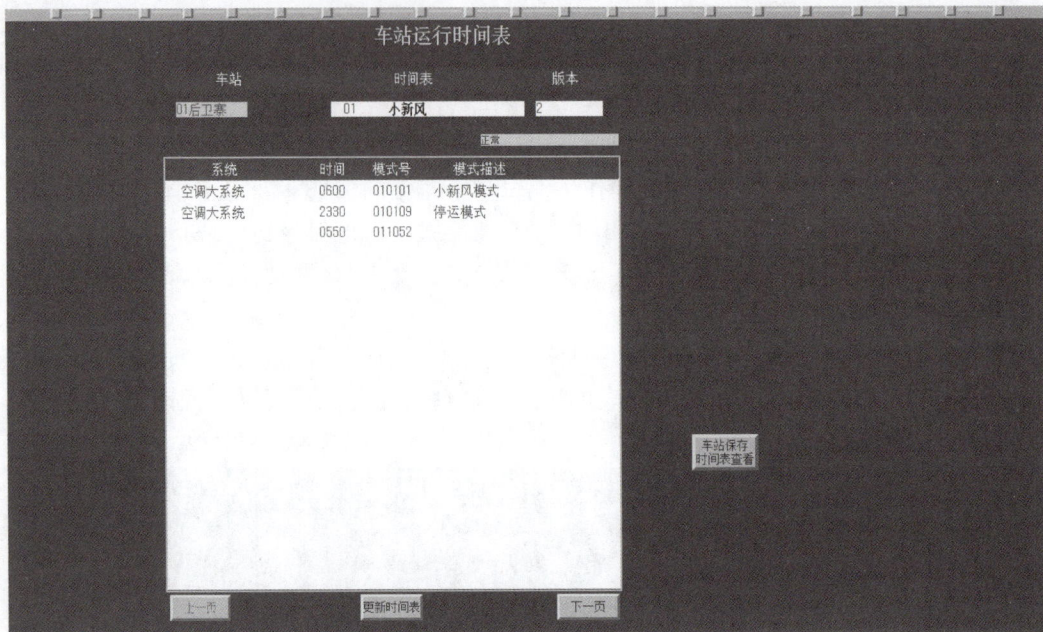

图 3-12　BAS 时间表图

　　根据 BAS 子系统(Subsystem)的划分,每一张时间表被分成若干个部分(根据设计院的详细资料确定,一般为通风大系统、通风小系统、空调水系统和隧道通风等)。在操作员编辑定义时间表的内容时,可以分别对这几个子系统进行编辑。

　　2)BAS 时间表编辑、查看

　　时间表内各个 BAS 子系统允许选择的模式号由设计院的程序表决定,每个 BAS 子系统内同一时间只允许运行一个模式号。时间表的编辑画面从"时间表管理"画面中先选择车站及对应的时间表,然后点击【编辑】按钮进入。

　　操作员首先要选择子系统,然后在下面的 模式 栏中会列出该子系统内允许使用的所有模式号;操作员选择模式号,再选择一个时间(0 : 0),然后点击"添加"按钮,对应的模式号与设定时间将出现在 时间表内容 栏内。以此方法编辑所有 BAS 子系统的时间表内容且完成后,点击"确认保存"按钮,系统将保存(至车站 ISCS 服务器)所编辑的内容,同时该时间表的版本号自动加 1。

　　在实际运营中,经常需要在现有时间表的基础上修改部分内容生成另一张新的时间表,ISCS 软件提供了时间表"引入"编辑的功能。操作员在"时间表管理"画面中新建一张时间表,进入编辑状态,在 已存在车站时间表 栏中选择某个已有的时间表,然后点击 引入 按钮,系统则在 时间表内容 栏内显示该时间表的内容;操作员可以根据需要在此基础上做部分的修改,点击【确认保存】按钮,系统将保存(至车站 ISCS 服务器)所编辑的内容,同时该时间表的版本号自动加 1。

　　中心 ISCS 的时间表"保存"指令,发送给车站 ISCS 服务器,车站 ISCS 服务器根据指令将操作员所编辑的时间表内容保存起来。同时,系统将在事件列表中记录操作员对时间表修改后的"保存"操作事件。

中心或车站的操作员可以查看本站 ISCS 内保存的所有 10 张时间表的内容。

需要注意的是,如果某个车站的 ISCS 服务器从骨干网离线(所有的网络链接全部断开),那么中心 ISCS 的操作员则无法查看、编辑该站所有的时间表。

3)BAS 时间表下发、执行和监视

BAS 时间表的下发包括"排定下发"与"立即下发",仅允许中央 ISCS 进行时间表的排定下发与立即下发操作。

①排定下发功能允许操作员对车站设定从星期一到星期日每天所下发的时间表。排定下发在每天的下发时间可以设定为凌晨 2 点或任何运营方认为合适的时间(系统生成后无法修改),这些设置被保存在车站的 ISCS 服务器内,ISCS 每天会自动在此设定时间向车站 BAS PLC 控制器下发时间表。

②立即下发功能允许操作员将所选择的时间表立即下发给 BAS PLC 控制器,并启动执行。

OCC 设定车站下发的画面,中心 ISCS 发出的下发指令(排定下发或立即下发),直接发送给车站 ISCS 服务器,车站 ISCS 服务器根据指令要求将指定的时间表通过 FEP 下发给 BAS 主 PLC 控制器;如果各个 BAS 子系统的"允许/禁止"标志位处于"允许"状态,PLC 控制器将立即执行该子系统的时间表内容。

操作员对时间表"排定下发"的设置信息会被实时地保存到车站 ISCS 服务器。当 OCC/SOCC 的操作员对某个车站的排定下发设置完成后,如果中心 ISCS 与车站 ISCS 失去通讯,不会影响该车站每天的时间表排定下发。

车站的 ISCS 可以查看本站的排定下发设置,操作员可以查看每天本站需要下发的时间表表名;还可以查看本站所有时间表的内容,如图 3-13 所示。

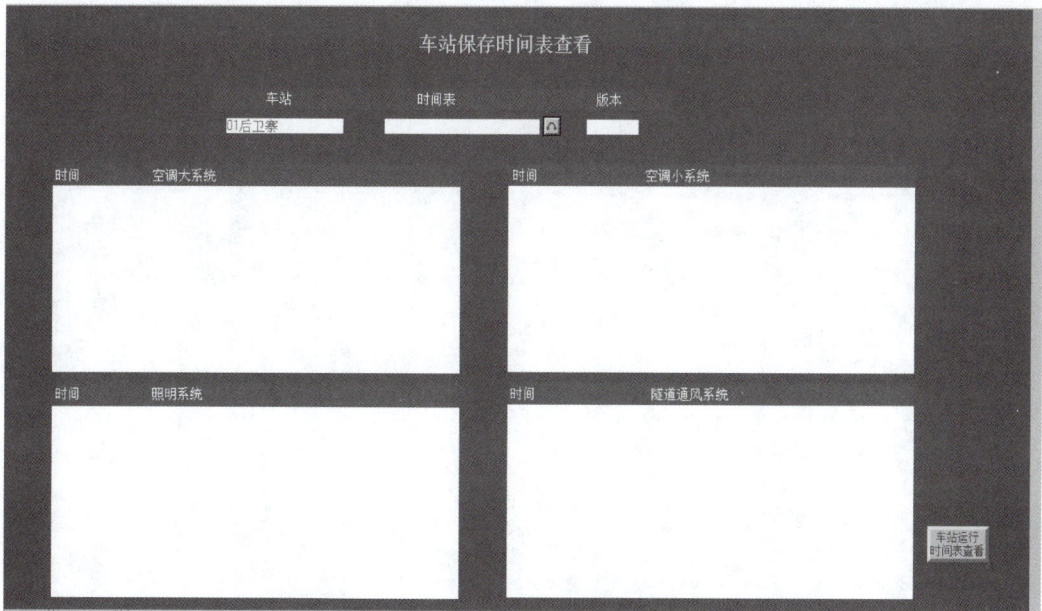

图 3-13　车站时间表图

4）BAS 共用时间表

以西安地铁 2 号线为例，ISCS 向中央 ISCS 提供了 BAS 全线车站共用时间表功能，允许操作管理多个车站的同一名称的时间表。当 OCC 综合设备调度员对共用时间表进行立即下发与排定下发操作时，全线拥有该表名的车站将执行相应的下发操作。

共用时间表是一个方便操作员使用的快捷工具，如果操作员为某个共用时间表（比如表名为"公用时间表测试"）设置了排定下发，那么 ISCS 会把这个设置自动保存到全线所有含有"公用时间表测试"表名的车站 ISCS 服务器中。

5）BAS 时间表允许/禁止与监视

时间表被下发到 BAS 主 PLC 后，有权限的 OCC 或车站的操作员可以使用"时间表的允许/禁止"的功能。

ISCS 将按 BAS 的子系统设置时间表允许/禁止点，设置为允许时，系统仅执行时间表内的模式号，不执行其他的模式号或设备控制指令，BAS 主 PLC 亦不接受任何的模式和设备控制指令；当设置为禁止时，主 PLC 保持现有模式号的运行状态，同时可接受模式号或设备控制指令，允许操作员下发模式或设备控制指令。

操作员可以分别"允许/禁止"各个子系统的时间表控制，如：操作员可以暂时禁止车站环控子系统的时间表控制，然后手动选择某个模式号或设备进行人工控制；如果有需要，在一段时间以后操作员可以点击"时间表允许"按钮，恢复车站环控子系统的时间表控制。

有权限的操作员可以点击"更新时间表"按钮，从 PLC 回读当前正在运行的时间表。

在每个子系统内，按启动时间顺序排列各个模式号，及其对应的描述。在各个子系统列表的下方有【时间表允许】和【时间表禁止】按钮，当操作员的权限正确时，可以利用此按钮来允许或禁止时间表，以管理时间表的运行与否，如图 3-14 所示。

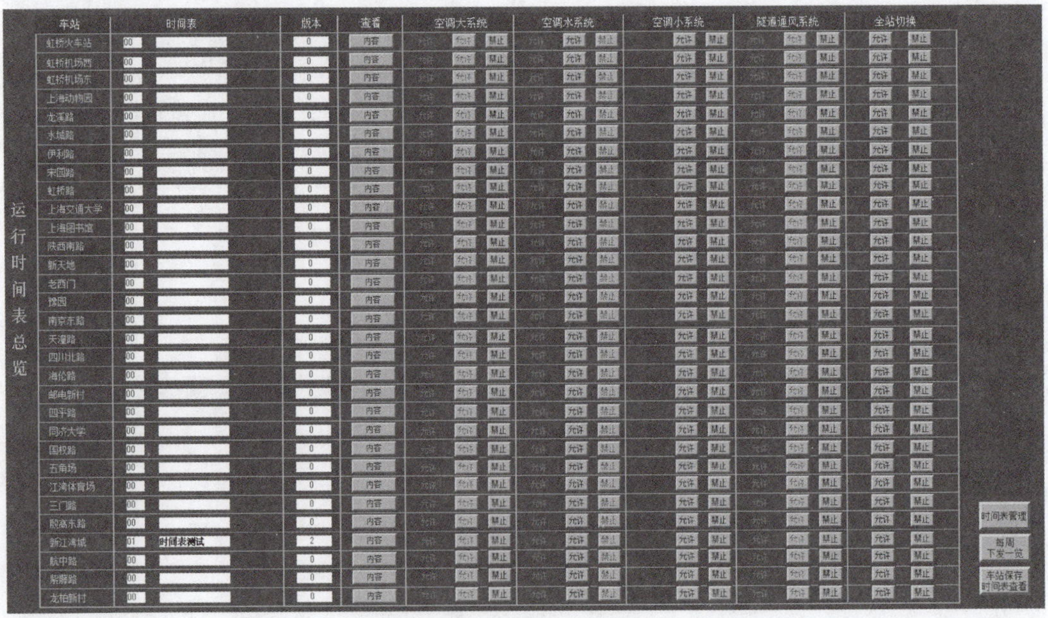

图 3-14　全线运行时间表总览图

图 3-14 所示为中央 ISCS 运行时间表总览画面,允许操作员查看各站当前的时间表号、表名及其版本号,并可通过【内容】按钮查看车站时间表内容。

该画面向操作员列出了全线各站各个 BAS 子系统的时间表"允许/禁止"状态,有权限的 OCC/SOCC 操作员可以进行各个子系统的切换或全站的切换。

3.2.4 BAS 系统常见故障处理

(1) BAS 系统控制器和模块故障处理

1) BAS 系统控制器和模块

BAS 系统控制器和模块包括 PLC 控制器、电源模块、以太网网络控制模块、数字输出模块、数字输入模块、模拟输入模块、模拟输出模块。

2) BAS 系统控制器和模块主要故障处理流程

在工作站上检查故障设备的时间并检查在该时间段是否有其他故障,进行记录并进行清点作业。

到达设备现场,对设备进行断电复位。

若设备故障依旧,检查各模块状态指示灯,确定故障点。

在设备现场利用手提电脑,连接设备,对设备模块进行硬件诊断。

若为硬件故障,更换故障设备,导入备份程序,修复故障。

若为软件故障,在设备现场利用手提电脑,连接设备,对设备程序进行更新。

若设备故障依旧,通知环调和机电环控人员,要求专业检修人员到场维修。

若网络完全失效或 PLC 控制器冗余功能失效,将该故障上报部门,通报环控调度,申请环控位或就地位运行,并在故障现场安排环控设备操作人员值守。

通报环控调度和机电环控人员故障修复信息,取消环控位或就地位运行,撤除值守人员。

(2) 传感器故障处理

1) 传感器概况

BAS 各类变送器通过 RI/O 实现对相关环境参数信息的采集。包含温湿度传感器、二氧化碳传感器等。温、湿度变送器用于测量各位置的环境温度、湿度以及风道和风室空气的温度、湿度。二氧化碳变送器用于测量各位置环境的二氧化碳浓度。

2) 传感器故障处理流程

传感器故障主要会引起 BAS 系统采集的数据不准确或数据无法采集的问题。在工作站上检查故障设备并进行记录,通报 BAS 工班要求专业人员到场检修。

到达设备现场,检查接线是否松,紧固接线。

若故障依旧,用万用表测量传感器的电源是否正常,输出信号是否正常,同时模拟传感器信号,ISCS 工作站是否能够读取正确数据,进一步判断传感器是否能够正常工作,确定故障点。

若为硬件故障,更换故障设备,修复故障。

若为软件故障,用手提电脑,连接 PLC,找到此设备功能块,对设备程序进行更新确认故障修复后,通报维修调度故障修复。

(3)BAS 系统维修工作站故障处理

1)BAS 维修工作站概况

一般在车辆段设置全线 BAS 的维修工作站,实现对相关系统的系统故障进行在线诊断、系统远程维护和软件更新等功能。必要时,BAS 维修工作站还可作为 BAS 全线的后备操作终端,实现全线各站点紧急情况下在车辆段的远程后备应急操作功能。

2)BAS 系统维修工作站故障处理措施

到达设备现场,记录相关指示灯状态和报警声音,重启计算机,进入 Windows 操作系统、进入系统应用软件,检查操作功能是否正常,检查故障设备外部线路连接和内部硬盘、CPU、板卡、内存、电源、线缆等,必要时更换故障配件,检查操作系统及软件参数设置是否正常,更新软件或修改错误参数,若设备故障依旧,通报要求专业人员到场检修,通报环控调度加强故障站点监控,若故障依旧,在设备现场利用手提电脑,代替工作站工作,确定故障原因后更换备件或更新软件修复故障,替换临时代替的手提电脑,并通报环控调度故障修复。

(4)BAS 系统网络断网故障处理

1)BAS 系统网络概况

BAS 系统在车站内的网络有两个层面:一个是车站级双以太网,网络配置由主体系统完成,车站 A 端的环控电控室的冗余 PLC 各配置 2 块以太网模块,接入站级环网;另一个网络系统是现场级网络,由 BAS 系统负责配置,在环控电控室的控制柜中配置 ControlNet 网络控制器、远程 I/O 箱配置 ControlNet 网络适配器,两者通过冗余 ControlNet 总线实现远程 I/O 与 PLC 的通信。

2)BAS 系统网络主要故障及应急处理措施及程序

在工作站上检查故障设备的时间并检查在该时间段是否有其他故障,进行记录,将该故障上报部门,通报环控调度,申请降级运行。并在受影响的站点安排环控设备操作人员值守,检查网路节点设备如交换机、光电转换器等、PLC 以太网模块等的工作状态,更换故障设备,检查网络电缆、光缆及其附属件的连接有无松动,使用备用电缆和光缆进行替换,记录 PLC 网络模块及网络适配器的指示灯状态,在设备现场利用手提电脑,利用网络诊断软件(RsNetWorx),对 PLC 进行故障诊断,确定网络故障点,若为网络硬件故障,更换故障设备,若为网络软件故障,对网络参数进行更新。

ControlNet 网络配置方法如下:

①启动 RSNetWorx for ControlNet。

②打开与现有网络匹配的 ControlNet 文件,如图 3-15、图 3-16 所示。

③联机。在软件菜单栏选择"Network"(网路),下拉菜单选择"online"联机,如图 3-17所示。

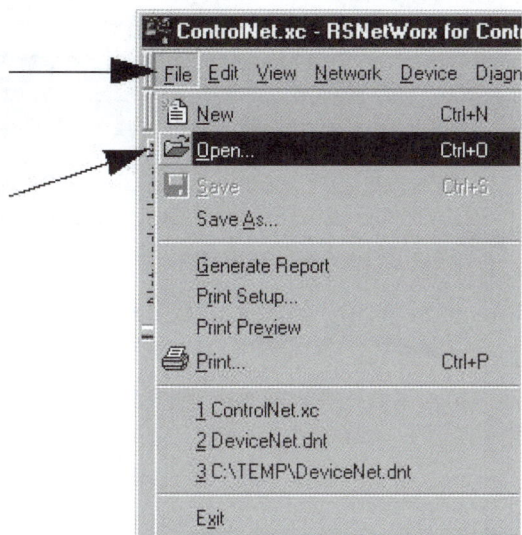

图 3-15　打开与现有网络匹配的 ControlNet 文件

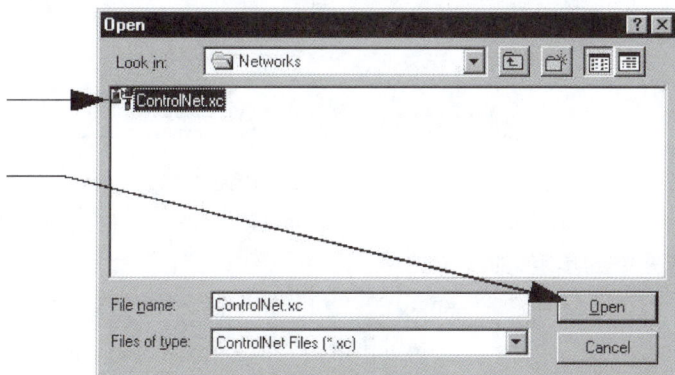

图 3-16　打开与现有网络匹配的 ControlNet 文件

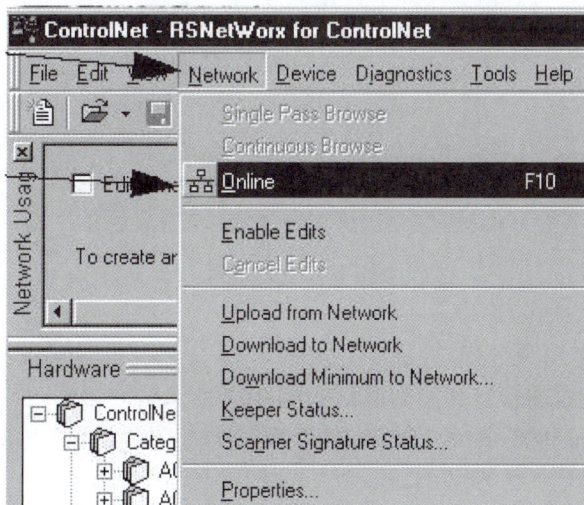

图 3-17　联机

④选择 ControlNet 网络的通信路径,如图 3-18 所示。

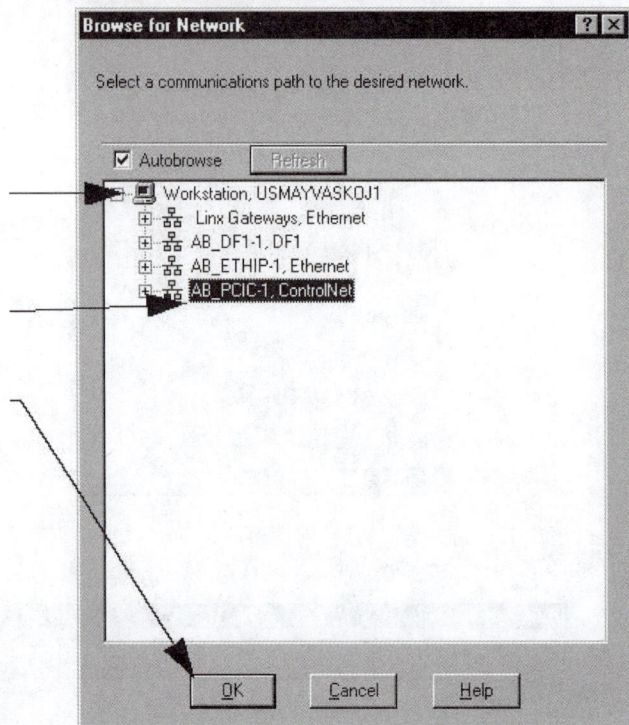

图 3-18 选择网络通信路径

⑤启用文件编辑。启用编辑后,RSNetWorx for ControlNet 软件将读取 ControlNet 模块中的数据,并生成网络的预定,如图 3-19 所示。

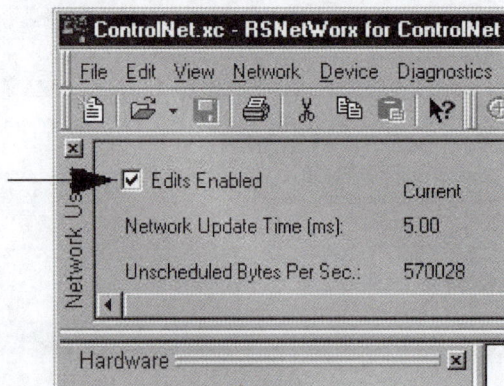

图 3-19 启用编辑

⑥访问网络属性,如图 3-20 所示。

⑦配置网络参数,如图 3-21 所示。

⑧保存该文件。这将预定并激活网络如图 3-22 所示。

⑨最后在 RSLogix5000 中,保存联机项目。

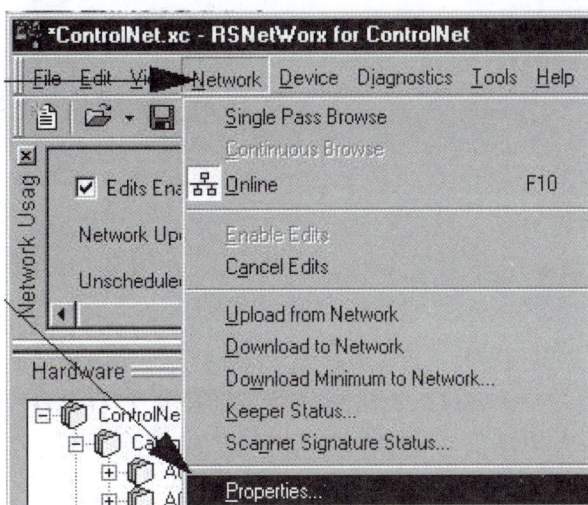

图 3-20　访问网络属性

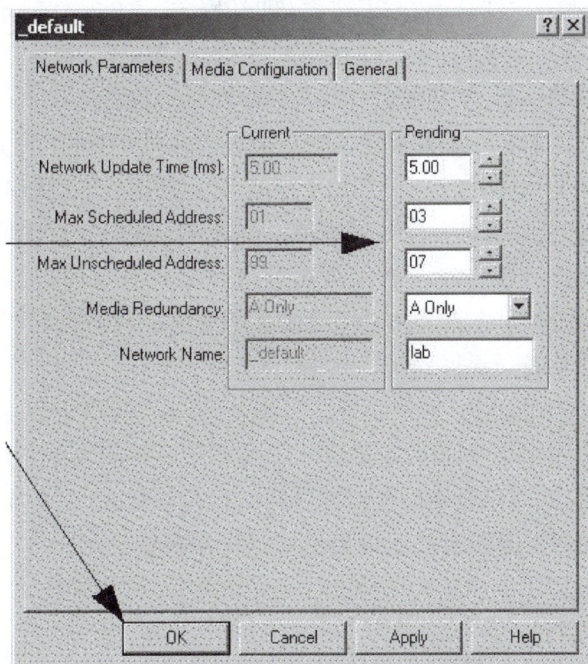

图 3-21　配置网络参数

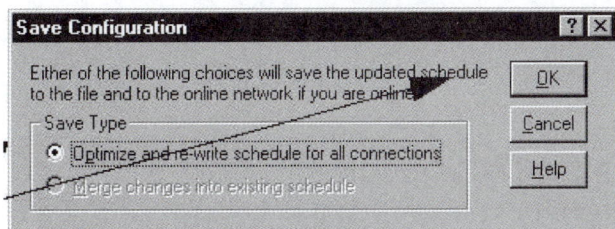

图 3-22　保存该文件

Logix5000 照明
故障处理步骤

任务 3.3　FAS 及气灭系统

3.3.1　火灾自动报警系统硬件知识

(1)感烟火灾探测器

感烟火灾探测器是一种响应燃烧或热解产生的固体或液体微粒的火灾探测器,是使用量最大的一种火灾探测器。因为它能探测物质燃烧初期所产生的气溶胶或烟雾粒子浓度。常见的感烟火灾探测器有离子型、光电型等几种。

离子感烟探测器由内外两个电离室为主构成。外电离室(即检测室)有孔与外界相通,烟雾可以从该孔进入传感器内;内电离室(即补偿室)是密封的,烟雾不会进入。火灾发生时,烟雾粒子窜进外电离室,干扰了带电粒子的正常运行,使电流、电压有所改变,破坏了内外电离室之间的平衡,探测器就会产生感应而发出报警信号。

光电感烟探测器内部有一个发光元件和一个光敏元件,平常由发光元件发出的光,通过透镜射到光敏元件上,电路维持正常,如有烟雾从中阻隔,到达光敏元件上的光就会显著减弱,于是光敏元件就把光强的变化转换成电流的变化,通过放大电路发出报警信号。

吸气式感烟探测器一改传统感烟探测器等待烟雾飘散到探测器被动进行探测的方式,而是采用新的理念,即主动对空气进行采样探测,当保护区内的空气样品被吸气式感烟探测器内部的吸气泵吸入采样管道,送到探测器进行分析,如果发现烟雾颗粒,即发出报警。

所有的感烟火灾探测器接线安装必须符合国家及地方的有效法规、标准。导线规格的粗细应适当,连接探测器以及辅助装置的导线应有色彩标识,以免接错线。不恰当的连接将导致在发生火灾时探测器不能正确地反应。探测器接线如图 3-23 所示,安装探测器之前,应切断回路的电源。

(2)手报报警按钮和消火栓按钮

手动报警按钮是火灾报警系统中的一个设备类型,当人员发现火灾时,在火灾探测器没有探测到火灾的时候,人员手动按下手动报警按钮,报告火灾信号。

消火栓按钮一般置于消火栓箱内,其表面装有一按片,当发生火灾时可直接按下按片,此时消火栓按钮的红色启动指示灯亮,并能向控制中心发出信号,一般不作为直接启动消防水泵的开关。

手动报警按钮并联接线时,如不带编址的手动报警按钮,3(−)、4(+)后面接入 47 K 中端电阻。系统接线如图 3-24 所示。注意最后一个并联型手钮要接 47 K 终端电阻,否则该手钮回报故障。当并联手钮不止一个时,中间的手钮应该取掉 47 K 电阻,否则断线不报故障。

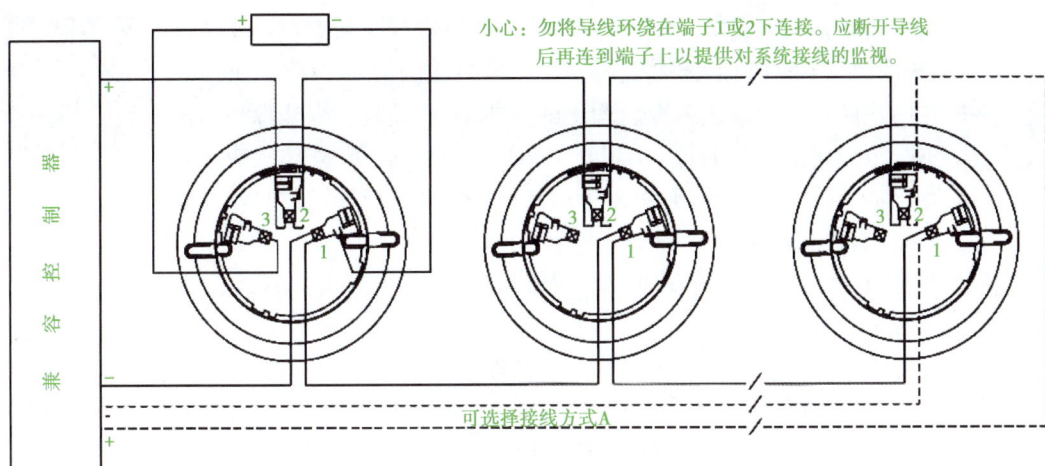

小心：勿将导线环绕在端子1或2下连接。应断开导线
后再连到端子上以提供对系统接线的监视。

可选择接线方式A

图 3-23　接线示意图

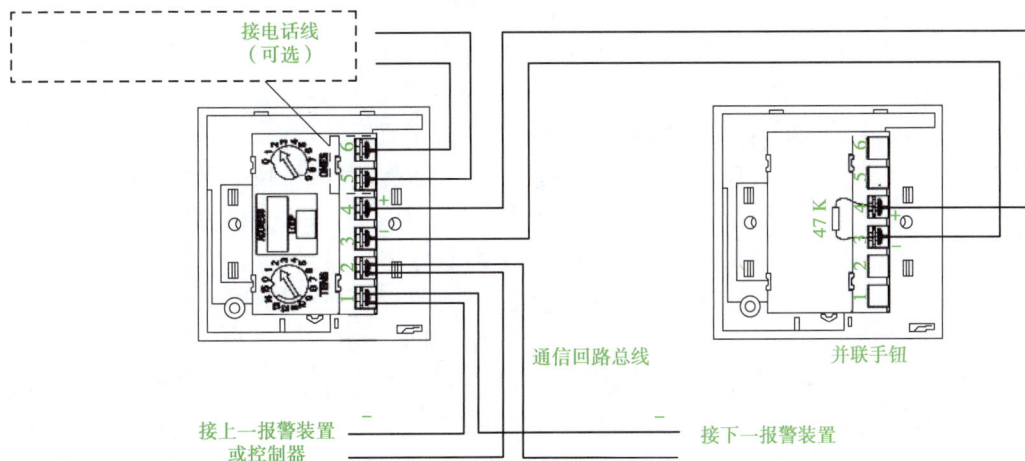

接电话线
（可选）

47 K

通信回路总线　　　　　　　并联手钮

接上一报警装置　　　　　　　　　接下一报警装置
或控制器

图 3-24　接线示意图

（3）消防电话系统和消防广播系统

消防电话系统是消防通信的专用设备,当发生火灾报警时,可以提供方便快捷的通信手段,是消防控制及其报警系统中不可缺少的通信设备。消防电话系统有专用的通信线路,在现场人员可以通过现场设置的固定电话和消防控制室进行通话,也可以用便携式电话插入插孔式手报或者电话插孔上面与控制室直接进行通话。

消防广播系统也叫应急广播系统,是火灾逃生疏散和灭火指挥的重要设备,在整个消防控制管理系统中起着极其重要作用。在火灾发生时,应急广播信号通过音源设备发出,经过功率放大后,由广播切换模块切换到广播指定区域的音箱实现应急广播。一般的广播系统主要由主机端设备音源设备、广播功率放大器、火灾报警控制器(联动型)及现场设备:输出模块、音箱构成。

（4）气体灭火系统

气体灭火系统主要用在不适于设置水灭火系统等其他灭火系统的环境中,比如计算机机房、重要的图书馆档案馆、移动通信基站(房)、UPS室、电池室、一般的柴油发电机房等。

气体灭火系统是指平时灭火剂以液体、液化气体或气体状态贮存于压力容器内，灭火时以气体（包括蒸汽、气雾）状态喷射作为灭火介质的灭火系统。并能在防护区空间内形成各方向均一的气体浓度，而且至少能保持该灭火浓度达到规范规定的浸渍时间，实现扑灭该防护区的空间、立体火灾。系统包括贮存容器、容器阀、选择阀、液体单向阀、喷嘴和阀驱动装置组成。

气灭系统启动
喷洒灭火操作

(5)火灾报警系统的联动

系统共有自动控制、手动控制、应急机械启动三种工作方式。

1）自动控制方式

每个气体保护区域内均设置两路探测器回路，当其中的一路探测器报警后，设在保护区的室内声光动作，通知人员疏散。当两路探测回路同时报警后，设在该保护区的室外声光报警器动作，同时关闭防护区通风空调系统。在经过30 s延时后，钢瓶控制盘将启动安装在瓶头阀上的电磁阀，使气体沿管道和喷头输送到指定的着火区域进行灭火。一旦气体释放后，安装在管道上的压力开关动作，将气体释放的信号送回到钢瓶控制盘，同时点亮保护区域门外的放气指示灯，警告所有的工作人员不能进入保护区域，直至火灾已经完全扑灭。

当气体灭火系统的两个探测回路均报警，系统处于延时阶段时，如果仅使用手提灭火器或其他移动式灭火设计就可将火扑灭；或是系统误报警，此时可按下安装在保护区门外的紧急停止按钮，使系统延时暂停，系统将不会释放气体。如果需要继续使用气体灭火系统，则可以释放紧急停止按钮，系统将延时30 s，释放气体。

2）手动控制方式（在自动方式无效的情况下或紧急情况下使用此模式）

手动启动方式的操作为电气式手动启动操作，即直接按下安装在保护区域门外的紧急启动按钮进行气体喷洒的远程手动控制。当按下紧急启动按钮后，安装在防护区的室外声光动作，同时系统开始延时，经过30 s延时后，启动释放气体控制命令，防护区开始喷洒气体后，点亮安装在防护区的放气指示灯。当系统处于30 s延时内，可通过按下紧急停止按钮终止延时，系统将不会发出启动释放气体命令。

3）应急机械启动方式

应急机械启动方式通常是在所有的电气操作均无效的情况下方使用的一种操作方式，这一操作需要在钢瓶间内完成。通常需要扳动火灾区域选择阀上的手动启动开关及相应的瓶头阀手动启动器，人工完成启动气体灭火系统的操作。当气体开始喷洒后，防护区的放气指示灯将被点亮。

(6)消防联动控制盘的设置

重要的消防设备如防排烟风机、风阀的模式控制、消火栓泵、非消防电源切除等除由BAS或FAS实现自动控制外还需由消防联动控制盘通过硬线直接监控。由于各车站已由综合监控系统设置了综合后备盘，因此，各车站不单独设置消防联动控制盘而是由综合监控系统设置的综合后备盘统一考虑。车辆段、主变电站、停车场由FAS统一设置消防联动控制盘。

(7)消防联动控制

全线消防联动由FAS、BAS、综合监控系统三个系统共同完成，在车站、车辆段、主变电站、停车场分别按照不同的方式完成火灾时的消防联动。

1）车站

车站火灾探测及报警与消防联动控制由 BAS、FAS、综合监控系统共同完成，FAS 实现火灾探测及报警功能，并实现专用消防设备的消防联动（即警铃、检票机、防火卷帘、电动挡烟垂壁、消防水泵等），BAS 实现电梯、自动扶梯、照明导向、非消防电源、通风空调等设备的消防联动，综合监控系统实现消防广播、乘客信息服务系统、闭路电视监视系统、三级负荷总开关等设备的消防联动，并向控制中心发送报警信息。FAS 发出的火警指令具有最高优先权，当发生火灾时，通过通信接口，向综合监控系统和 BAS 发出报警信息和火灾模式指令，按模式指令 BAS 将其所监控的设备运行模式转换为预定的救灾状态。车站由综合监控系统设置 IBP，用于手动控制消防设备。

2）车辆段

车辆段火灾探测及报警与消防联动控制是由 FAS、BAS 完成，FAS 实现火灾探测及报警功能，并实现警铃、防排烟风机、消防水泵、非消防电源、电梯、广播等设备的联动控制，BAS 实现照明导向、通风空调等设备联动。FAS 发出的指令具有最高优先权，当发生火灾时，通过数据接口，向 BAS 发出报警信息和火灾模式指令，按模式指令 BAS 将其所监控的设备运行模式转换为预定的救灾状态。

3）停车场

停车场火灾探测及报警与消防联动控制是由 FAS 完成，FAS 实现火灾探测及报警功能，并实现警铃、防排烟风机、非消防电源、消防水泵等设备的联动控制。

3.3.2 火灾自动报警系统检修及常见故障处理

（1）火灾报警控制盘操作简介

控制器周期性地对事件进行巡检。事件是器件的状态变化、设备和火灾报警控制盘之间的信息传送或两个设备之间的信息传送。一些事件，作为后台事件，用户看不见。对操作者主要的是非正常事件。在某种条件下，一个非正常事件能表示出事件的行为和变化，需要操作人员注意。

以下为一些非正常事件的示例：

监视设备激活或状态改变，例如探测器或模块；系统故障，例如电池问题、设备监控问题。

（2）系统正常

当没有火警和故障存在时，系统工作在正常状态下。在这种模式下，控制器显示系统正常信息。

控制器周期性地执行如下功能：

①控制器对信号回路器件和控制器电路进行巡检，检查有效应答、报警、故障、电路完整和监控信号等。

②检测供电电源故障和备电故障。

③更新控制器显示和时间。

④扫描显示屏、键盘、控制键输入。

⑤对探测器自动测试。

⑥测试系统存储器。

⑦监视微处理器故障。

⑧当控制器在正常模式下,操作员不需要操作。

(3)确认事件

当控制器检测到一个非正常事件时,信息显示在屏幕上,其中一个软键在屏幕上显示出"确认"字样。用这个键去响应新的火警或故障信号。当按此键时,控制器将完成以下功能:

①如果允许消音,对音响器消音。

②事件存储到历史记录存储器里。

③如果控制器联网,将把信息传送给网络。

有两种确认类型:点确认和块确认。点确认功能用于火警确认:当"确认"软键被按下时,火警事件被确认,一次确认一个火警。块确认功能用于其他类型的非正常事件,当按下"确认"软键,所有事件都将被确认。

注意:如果本地被禁止,"确认"软件不起作用,事件可以从远程控制器进行确认;如果控制器被编程为接受模式,每一次只能处理一个事件或清除事件,每个事件需要确认,每次清除也必须确认。

(4)火警事件

当一个触发器件(探测器或监视模块)被激活时,控制器做出如下反应:

①音调(如果蜂鸣器被允许)

②系统火警继电器(TB4)启动。如果反馈、监管继电器开关被配置为火警启动,它们也将启动。

③火警 LED 灯闪亮。

④在显示屏左上角显示"火警",显示报火警器件的类型和器件的其他详细信息。这些信息显示在屏幕的头四行,系统正常信息被替换。

⑤把火警信息传送给历史记录存储器、打印机及告警器。

⑥锁定控制器于火警状态(不能对控制器进行正常操作,直到火警恢复并且系统复位)。

⑦启动联动控制程序。

⑧启动定时器(例如禁止消音定时、自动消音定时等)。

⑨激活总火警区域(Z000)。

如果控制器报火警,操作人员应做如下处理:

①对控制器音响消音:按"确认"键,本地的音响器将消音,火警 LED 灯由闪烁状态变为常亮。控制器将这个确认信息显示在屏幕上,并同时传送给历史记录存储器、打印机和告警器。

②对编程为可消音的告警输出进行消音:按信号"消音"键。信号消音 LED 灯长亮。控制器把这个消音信息传送给历史记录存储器、打印机和告警器。

③检查火警位置和类型信息:点击"更多信息"按键,进入更多信息屏幕,查看器件附加信息和预编的建议文本信息。

④处理火灾现场:当火灾现场得到控制,按"复位"键,返回系统正常操作状态(显示

"系统正常信息"),并且把正常显示信息传给历史记录存储器、打印机。

(5)系统故障和点故障显示

当控制器检测到一个电气或机械故障,将报出系统或点故障。根据是否有更高优先权的确认事件,控制器反应不同。

当没有更高优先权的确认事件,控制器做出如下反应:

①产生一个脉冲音频信号(蜂鸣器使能)。

②激活故障继电器(TB3)。

③系统故障 LED 灯闪烁。

④显示一个类型代码,表示设备故障类型。

⑤在显示屏左上角显示一个"故障",如果是一个点故障,显示故障类型和器件详细信息。

⑥把故障信息传送到历史存储器、打印机和告警器。

⑦如果有一个未确认的较高优先权的事件存在,控制器将保持较高优先权事件的显示(显示信息、点亮 LED 灯、发出音响),故障继电器激活,系统故障 LED 灯闪亮,把故障信息传送给事件记录存储器、打印机和告警器。

⑧按"确认"键对音响进行消音,系统故障 LED 灯由闪烁状态变为常亮状态,不考虑故障、火警、反馈和监管信号的数量。控制器把确认信息传送到历史记录存储器、打印机和告警器。查看故障指示信息。

⑨按"更多信息"按键,进入更多信息屏幕,查看器件的辅助信息和预编建议文本。

⑩排除故障。如果故障清除,控制器传送清除故障信息到历史记录存储器、打印机和告警器。

⑪如果所有的故障被清除,且没有监管信号或者火警存在,控制器将返回到正常操作模式。

⑫控制器上显示"系统正常"信息,此信息存入事件记录存储器、打印机。

⑬故障自动恢复(即使故障没有确认)。

(6)探测器故障处理

故障类型:无效响应。

故障描述:该探测器没有反应,或者没有正确连接。

故障处理:当 FAS 或气灭主机报该故障时,检修人员到现场确认故障,查看该探测器,确认故障是由接线问题还是由设备本身损坏引起的。检修人员对线路进行检查,如果是线路接线断开,则用螺丝批进行重新接线,用万用表测量该处的电压,然后确认该故障是否已经排除。如果查看该设备的故障不是由于接线问题所引起的,则需对该设备进行更换,检修人员用螺丝批把该设备卸下,然后用一字螺丝批对新的设备进行拨码后用螺丝批把该设备安装上去;并用万用表测量该设备的电压。测试该设备的功能并确认该设备的故障已经排除。

(7)手动报警按钮故障处理

故障类型:地址重复。

故障描述:多个相同类型的手动报警按钮设置同一地址。

故障处理:当 FAS 主机报该故障时,检修人员到现场确认故障。检修

手动报警按钮
误报警故障处理

人员根据设备安装的图纸对出现该故障的几个设备进行查看确认其拨码数。检修人员用一字螺丝批对设备进行重新拨码。确认设备的故障已经排除。

(8)消防立柜故障处理

故障类型:交流电源故障。

故障描述:主供电源掉电。

故障处理:检修人员到达故障现场确认故障。检修人员通知低压相关人员切断故障处的电源。检修人员用螺丝批重新接好断开的电源线,通知低压相关人员对该设备供电,并确认故障已排除。

(9)钢瓶控制盘故障处理

故障类型:电池故障。

故障描述:供电电池损坏,需要更换。

故障处理:检修人员到达故障现场确认故障。当已确认供电电池已损坏后,检修人员用螺丝批拆下已经损坏的电池,并把新的电池安装。安装电池后,检修人员用电压表测量电池电压是否在正常范围内,确认故障已排除。

3.3.3 气体灭火系统操作及日常维护

(1)手动/自动模式

RP-1002PLUS 控制盘有手动和自动两种操作模式,由功能键【手动/自动】进行两种模式间的切换。控制盘的当前工作模式由面板上的相应状态指示灯显示,控制器上电时默认为手动模式。

手动模式下,控制盘的功能:

①监视火灾报警状态,并点亮面板上的相应指示灯,鸣响蜂鸣器;

②探测 A 区或 B 区报警时,启动警铃;

③探测 A 区和 B 区同时报警时,启动警铃;

④探测区 A 和探测区 B 的火灾报警探测器同时报警时,在手动状态下,控制盘不会自动开始延时计时,即不会自动启动气体喷洒控制过程。

自动模式下,控制盘的功能:

①监视火灾报警状态,并点亮面板上的相应指示灯,鸣响蜂鸣器;

②探测 A 区或 B 区报警时,启动警铃;

③探测 A 区和 B 区同时报警时,启动警铃、声光、控制设备 1、选择阀;

④探测 A 区和 B 区同时报警时,开始延时,显示延时倒计时画面,点亮延时指示灯;

⑤延时时间到时,启动控制设备 2 和瓶头阀;

⑥延时期间,紧急停止按钮可中止延时并停止所有输出。如再有手动启动信号将重新开始手动启动过程。

(2)手动启动

手动启动信号输入具有最高的启动优先级,即当系统收到手动启动信号输入时,无论系统当前处于何种状态,都将开始进入延时待喷放状态:

①启动指示灯并锁定直至控制器复位或有手动停止输入;

②启动蜂鸣器发出火警声,蜂鸣器声可消音;

③启动声光报警器,声光报警器可单独被停止或启动,延时阶段可手动停止所有输出;控制输出1、选择阀,点亮相应指示灯;

④进入延时阶段,点亮延时指示灯;

⑤延时结束时,点亮喷洒指示灯并锁定直至控制器复位,启动控制输出2、瓶头阀并点亮相应指示灯;

⑥等待气体喷洒反馈信号,当收到反馈信号时,点亮气体喷洒指示灯,蜂鸣器发出气体喷洒声。

若当前已进入延时状态,则手动启动不会打断当前延时,且手动启动状态灯不会被点亮。

(3)手动停止

在气体喷洒延时中,当有手动停止输入时:

①中止指示灯并锁定直至控制器复位或有手动启动输入;

②中止控制盘的延时倒计时;

③停止所有输出,相应输出状态灯熄灭。

当系统已经进入气体喷放状态,蜂鸣器发出喷放音后,手动停止将无法停止该状态下的所有输出,即手动停止只在延时仍未结束前起作用。在手动停止操作后,若再接收到手动启动信号,则重新进入手动启动程序。

(4)启动信号

当启动信号输入端接收到一个外部启动控制信号时:

①点亮启动信号指示灯,并锁定启动信号指示灯直至控制器复位后,指示灯熄灭;

②蜂鸣器发出火警声,可通过消音键进行消音;

③手动状态下,钢瓶控制盘输出模式情况如下:此状态下没有输出启动。

④自动状态钢瓶控制盘输出模式情况:启动声光、控制设备1和选择阀;开始延时,显示延时倒计时画面,点亮延时指示灯;延时时间到时,启动控制设备2和瓶头阀;延时期间,紧急停止按钮可中止延时并停止所有输出。如再有手动启动信号将重新开始手动启动过程。

⑤在接受到启动信号后,若系统从手动状态转换到自动状态,则输出模式相应从手动状态输出模式转为自动状态输出模式。

5)日常维护注意事项

日常维护时,应定期检查液晶屏、LED状态指示灯及音响是否正常,清除积尘。维护过程中,任何情况下都不能断开系统的接地线。在开关电源时,应把灭火气瓶保险栓拉上。在系统检修时,务必断开电磁阀回路,确保系统安全。应当注意的是,任何情况下都严禁在控制器前面使用无线对讲机,特别是机箱门打开的情况下。

复习思考题

1.综合监控系统监控对象包括哪些?

2.门禁系统主要设备由哪些组成？

3.门禁系统运行模式分为哪三种模式？

4.入侵报警系统的概念是什么？

5.数据库系统由什么组成？

6.BAS 系统控制器和模块主要故障处理措施有哪些？

7.简述 RSlogix5000 软件。

8.通常把 I/O 模块分成哪两大类，并说明区别？

9.C306 通信控制器主要由哪些板件组成？

10.C306 串口模块怎样设置接口方式？

11.简述 C306 年检中，数据备份的步骤。

12.火灾报警系统气体保护区域气体灭火联动的工作方式有几种？分别是哪几种？

13.IG-541 气体灭火气体(烟必静)的组成及特点分别是什么？

14.停车场消防设备的联动由谁来实现？联动的设备有哪些？

15.请详细说明钢瓶控制盘在手动、自动模式下的功能。

16.如果控制器报火警，操作人员应如何处理？

17.探测器报无效应答故障如何处理？

项目四 中级工理论知识及实操技能

任务 4.1 综合监控专业

4.1.1 设备配置及原理

(1)操作系统及应用软件

SystematICS 的设计上对混合平台给予了更多的考虑,从体系结构上看,有两个方面对混合平台的实现非常有利,一是采用了 C/S 结构,二是采用了网络等先进的软件技术。同时在前台界面、后台进程等的实现上也都考虑了混合平台特性。

在 ISCS 中,车站和 OCC 的所有服务器的操作系统均采用 64 位 Solaris UNIX 操作系统,即 Solaris 10;所有工作站使用最新版的中文 Windows 操作系统,所有前置处理机使用 VxWorks 系统。

(2)交换机网络配置和原理

1)MACH4002 系列交换机

图 4-1 所示为 MACH4002 系列核心交换机设备正面图示,该交换机采用标准的 19 寸

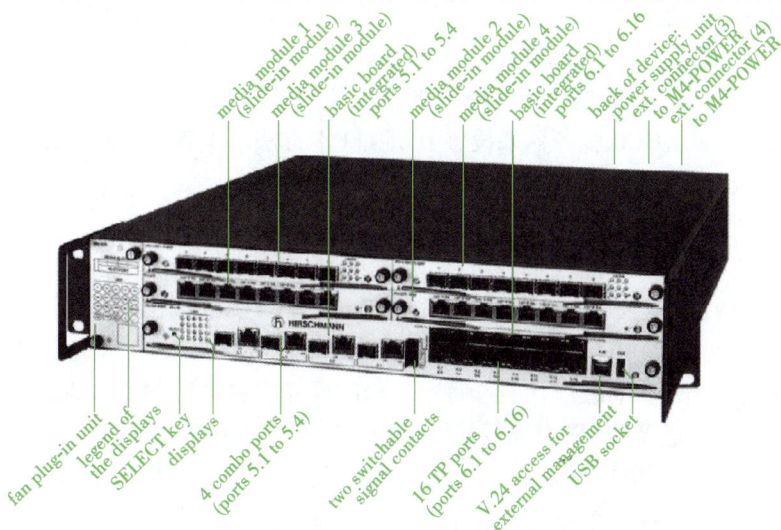

图 4-1 设备正面图

机架式安装方式,4 个介质模块及设备风扇均支持带电热插拔。其中包括有设备的连接端口、风扇、LED 显示灯、报警输出节点、RJ11 配置端口及 USB 配置端口。

2)设备的配置:

设置 IP 地址的方法:通过超级终端的命令行(需要有专用的线缆:串口转 V.24);通过 HiDiscovery 软件,搜索所有的网络设备,设置其 IP 地址和子网掩码;使用 BOOTP 和 DHCP 服务器来设置 IP 地址(本方法不推荐在这里使用);使用自动设置适配器 ACA21(USB 接口)。

常用的配置方法:通过超级终端的命令行(同上);通过 WEB 界面(需要 IE5.5 以上,并且要装有 JAVA 1.3 以上),在 IE 地址栏里输入交换机的 IP 地址,即可访问设置界面。每次更改设置需要点击"SET"按键,并选择保存;使用网管软件 HiVision 进行配置,每次的修改同样需要进行 SET 和保存。

注意:如果要通过 WEB 界面进行配置,需要 PC 和交换机的 IP 地址在同一子网内。

3)MS 系列模块化交换机

MS30-0802SAAPHC 系列模块化交换机,采用标准的 35 mm 卡轨式安装方式。四个模块自左至右分别为 1 个千兆介质模块(只能用于安装 MM4-2TX/SFP 模块)、1 个基本介质模块和 2 个百兆介质模块。其中,基本介质模块无法拆卸,其余三个介质模块均可更换。

下图为基本介质模块仰视图,其中包括有设备的电源连接端子、DIP 开关、报警输出节点、RJ11 配置端口及 USB 配置端口。四个 DIP 开关中:第一个"RM"开关用于开启冗余管理器。第二个"Ring Port"开关位于"OFF"时,介质模块 1 的端口 1 和 2 做环端口使用,位于"ON"位置时,介质模块 2 的端口 1 和模块 2 的端口 2 做环端口使用。用户可以根据介质模块的端口类型分布来选择环端口。第三个"Stand By"端口是做"Network coupling"时使用。第四个"Configuration"开关是交换机设置优先级开关,当位于位于"ON"位置时,交换机是硬件设置优先,当位于"OFF"位置时,交换机是软件设置优先。在使用时,一般推荐网络中所有的设备均通过软件配置,可将所有的开关拨到"OFF"位置即可。

②设备的配置

a.设置 IP 地址的方法:

通过超级终端的命令行(需要有专用的线缆:串口转 V.24);

通过 HiDiscovery 软件,搜索所有的网络设备,设置其 IP 地址和子网掩码;

使用 BOOTP 和 DHCP 服务器来设置 IP 地址(本方法不推荐在这里使用);

使用自动设置适配器 ACA21(USB 接口)。

b.常用的配置方法:

通过超级终端的命令行(同上);

通过 WEB 界面(需要 IE5.5 以上,并且要装有 JAVA 1.3 以上),在 IE 地址栏里输入交换机的 IP 地址,即可访问设置界面。每次更改设置需要点击"SET"键,并选择保存。

使用网管软件 HiVision 进行配置,每次的修改同样需要进行 SET 和保存。

注意:如果要通过 WEB 界面进行配置,需要 PC 和交换机的 IP 地址在同一子网内。

注意交换机的输入电压是否在额定电压范围;注意交换机工作环境;注意各台交换机上的 LED 灯所显示的内容是否有异常;注意 HiVision 是否有报警产生;注意交换机各端口的线缆及介质模块的拔出与插入尽量轻操作。

4）交换机具体配置过程

交换机的 IP 地址设置需要使用 HiDiscovery 软件：首先，在配置电脑中安装 HiDiscovery 软件，一般随设备附带的光盘内有该软件的安装文件，软件安装完毕后，开启交换机，将配置电脑与交换机相连接，并运行该软件，软件运行后，会自动搜索网络中所有的赫思曼交换机，并列表显示，如图 4-2 所示。

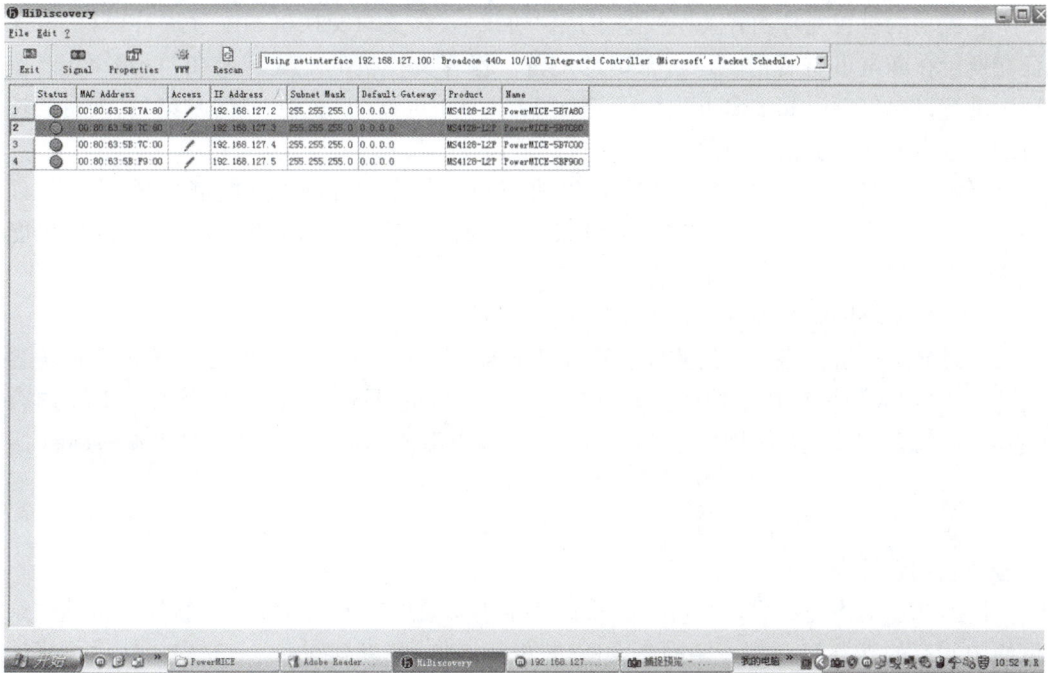

图 4-2　列表图

交换机初始的出厂设置是：IP 地址和子网掩码全部为"0.0.0.0"，双击某个设备，可以在弹出的窗口中设置其 IP 地址和子网掩码，设置完毕后，点击"确定"即可保存在交换机内部，重启后也不会丢失。

①交换机环网设置方法

在本网络中，所有的交换机设置均采用软件设置。交换机的设置需要通过 WEB 界面进行，需要配置电脑内安装 JAVA 软件，该软件的安装程序也可以在随设备附带的光盘内找到。安装完 JAVA 后，在 IE 浏览器的地址栏内输入目标交换机的 IP 地址，即可进入交换机的配置登录界面（此时需要保证配置电脑与目的交换机的 IP 地址在同一子网内）。在该界面内，需要输入用户名和密码，一般"admin"是拥有读写权限的用户名，密码为"private"，另外一个"user"用户名只具有读权限，密码为"public"。如果要修改交换机的配置，需要以"admin"用户名及密码进入配置界面。

在 HIPER-Ring 选项中进行相关的环网配置，其中需要为交换机指认环端口（Ring Port），通常使用模块 1 的端口 1 和 2 两个千兆端口作为环端口。然后在环网中的一台交换机中（必须有并且只能有一台），将"Redundancy Manager"选项选为"On"状态，让它作为整个网络的冗余管理器，来管理整个环网。设置完成后，需要点击"Set"按钮，使配置即时生效。

在 HIPER-Ring 选项设置完毕后,需要在"Rapid Spanning Tree"选项中修改快速生成树协议应用项,由于快速生成树协议(RSTP)和环网(HIPER-Ring)使用的是不同的冗余机制,不能共同存在,因此,需要关闭所有的交换机的快速生成树功能,将快速生成树中的"Operation"选项选为"Off",关闭该功能。设置完成后,需要点击"Set"按钮,使配置即时生效。

在成功的设置完环网并关闭快速生成树协议后,需要对交换机的配置进行保存,以保证交换机在断电重启后仍能运行正确的配置。保存交换机的配置需要在"Load/Save"选项中进行,选择"Save to Switch",然后点击"Save configuration"按钮,稍等片刻后,即将交换机的配置存储在了交换机内部。

至此,环网的基本配置全部完成,可以使用 Ping 指令对环网的性能进行测试,以保证环网中出现一个断点的时候,交换机能在 50 ms 内自动启用备用链路,设备间的通信仍能正常进行。测试成功后环网配置即告完成。

②交换机环网络管理软件设置及使用方法

赫思曼交换机网络系统的监控及管理:Industrial HiVision 是一款网络监控及初期预警软件,可以生成网络拓扑结构图。该软件对监控电脑的要求较高,需要至少 512 M 内存(推荐 1 G 以上),如果使用的是 Windows XP 操作系统,则需要该系统是 Professional 版本的。

首先需要在选项中的"发现设备"一栏中设置软件的搜索范围,并将已经申请到的序列号输入到软件中。

以上两项输入完成后,即可在软件的主界面中点击"扫描网络"选项,软件会自动搜索网络中所有的支持 Ping 指令的网络设备,并将其添加到"新建设备"一栏中。然后可将搜索到的新设备复制到"我的网络"选项中,并用右键点击"我的网络",选择"自动生成拓扑结构"选项。

第一次绘制拓扑结构图可按上图所示进行选择。点击"确认"后,软件可自动生成网络拓扑结构,其中包括所有的可以 Ping 通的网络设备。

如果是在已经生成的拓扑结构图基础上进行新设备的修改,可以在将新设备复制到"我的网络"选项中以后再次自动生成网络拓扑结构,经过调整以后,可以生成如下的网络拓扑结构图,如图 4-3 所示。

该软件在运行时也需要在"Configuration→Preferences→Scan Ranges"选项中的设置软件的搜索范围。

HiVision 软件的序列号的输入位置在电脑的"开始菜单→程序→Hirschmann →HiVision 6.4 ToolBox →HiVision →Edit License"中。该软件需要有两个不同的序列号:HiVision PC Based Enterprise 和 HiVision PC Based Industrial Line,两个序列号分别用于管理不同类型的交换机。

注意:如果两个软件需要安装在同一台监控电脑上,需要使用为该电脑添加一个 Windows组件:SNMP 组件,用于接收设备报警;

两个软件的安装时只能使用默认路径,更改路径可能导致软件故障;

在监控站 IP 地址确定后,需要为交换机指认一个报警发送方向的 IP 地址,该地址就是监控电脑的 IP 地址,输入位置是在交换机的配置界面中的"Diagnostics → Alarms

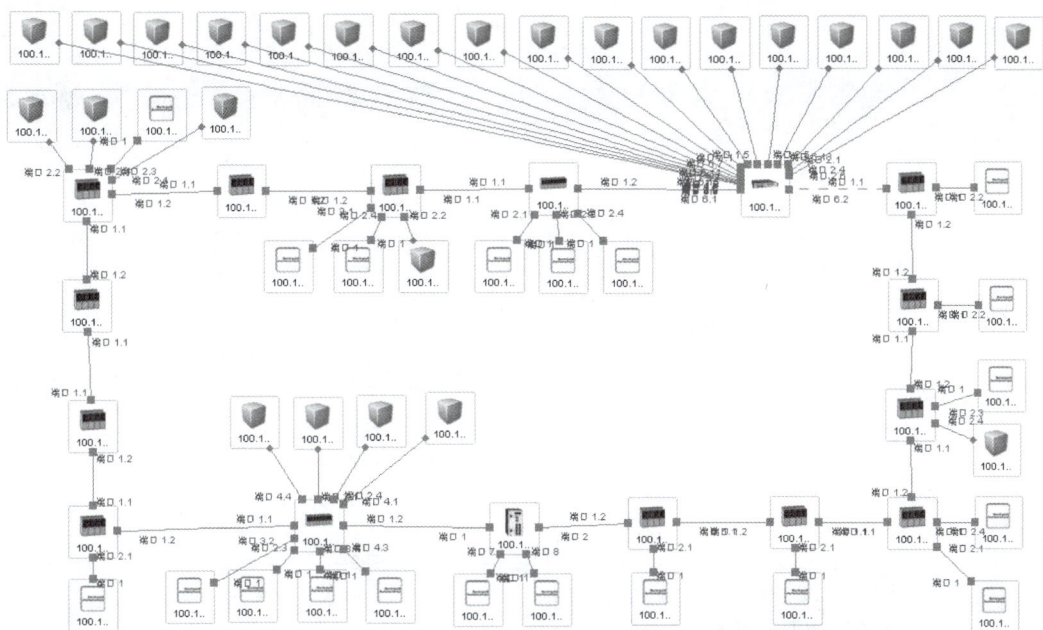

图 4-3　网络拓扑结构图

（Traps）"；

　　建议监控电脑24小时保持开机状态，并且维护人员不定时的进行网络报警的检查以及记录的导出工作。

（3）FEP 的基本配置和原理

　　为了使 C306 正常运行程序，我们需要对 C306 的组态进行相应的设置。C306 的组态主要包括系统信息、节点信息、链路信息、任务信息以及转发表信息等内容。C306 组态工具可以让我们方便、快捷、准确地对 C306 进行组态设置，详细设置方法见下文描述。

　　1）组态主框架界面（图4-4）

　　最上面为窗口的标题行，显示软件名称，第二行是菜单行，第三行是常用命令的工具条。工具条提供的功能有参数的导入和导出。

　　中间的左边是工程配置树型列表，分别显示对应与功能条目列表中选择的功能的具体配置列表。

　　中间的右边是主操作界面，显示当前选择功能的配置信息。

　　最下边是操作信息显示列表，显示操作结果信息。

　　工程配置树形列表的使用：单击树型列表上面的条目名称，在右边的主操作界面会显示相应的对话框或属性页。

　　2）组态设置

　　组态设置包括系统组态、节点配置、链路配置、任务配置、转发表配置和双位遥信配置六个内容。

　　系统组态如下：

　　系统组态有系统配置、网口配置和串口配置三项内容。可以通过点击工程配置属性列表中的相应条目进行切换。

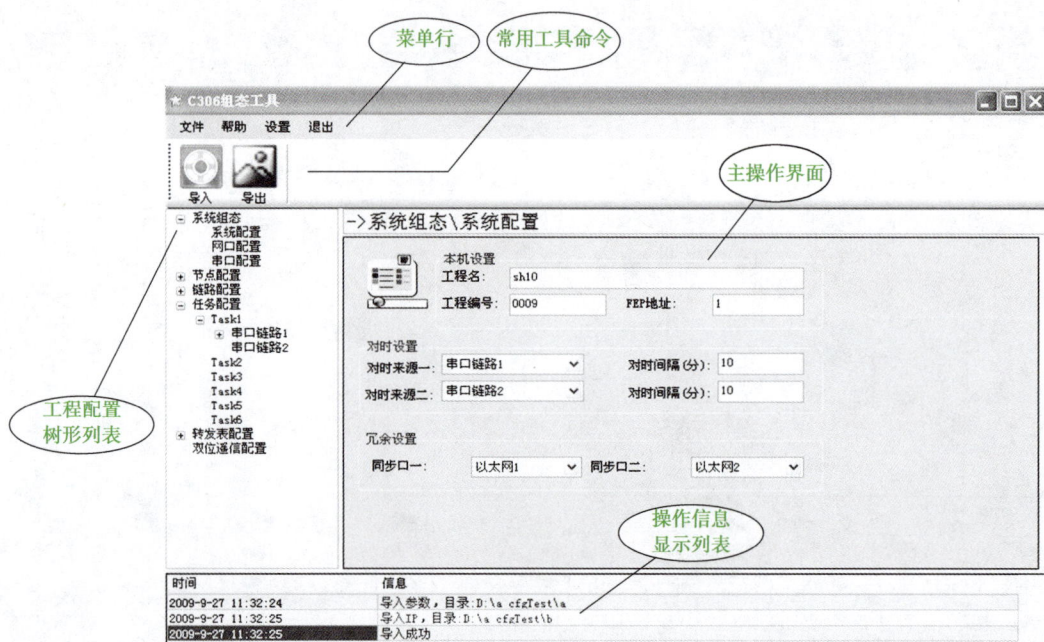

图 4-4 组态主框架界面图

①系统配置的设置和查看

其中,工程名、工程编号、FEP 地址是必填项。对时来源来自任务组态中的所有任务(注意:任务组态设置完成后要重新设置系统配置中的对时来源)。对时来源一的优先级大于对时来源二。

注意事项:

工程名中只能输入数字和英文字符的组合。工程名中若输入汉字,将造成 C306 中的液晶显示中的乱码现象。FEP 地址栏可以输入 0~255 内的任意数字。互为冗余的两台 C306 的 FEP 地址相同。

②网口配置的设置/查看

网口配置主要有 CAN 网配置、A 机 IP、B 机 IP 和路由配置四项内容。以太网配置有默认设置。单击"复制 A 机 IP"按钮可以将 A 机的 IP 地址第四段末位加 1 后赋值给 B 机。

③串口配置的设置/查看

串口配置界面用来设置 16 个串口的波特率、数据位、停止位、校验方式、载波控制和工作模式。表中内容不可手动键盘输入,要修改内容时双击欲修改的内容后即显示下拉列表框内容,待选定后,点击另一表格内容后,即认为刚才内容的修改完成。

节点配置界面如图 4-5 所示,图中每一行即为一个节点的配置信息。

新建节点:点击"新建"按钮可以弹出增加节点对话框,在对话框中输入需要增加的节点数目后,点击"确定"即增加相应数量的节点。新建的节点不会有"任务名"及"链路名",这两栏配置不可以手工输入,而是在后续的"链路配置"及"任务配置"的"链接"操作后自动生成。

删除节点:单击要删除的节点所对应的行,然后点"删除"可删除选定的节点,可一次删除一个或多个节点。

图4-5　节点配置主界面图

数据检查:用来检查已有节点中相应数据是否合法。

锁定:选择某一个或多个节点,单击锁定命令后,将选定节点置于不可修改模式。此时锁定按钮将加黄色背景并有边框。再次单击锁定按钮可以解除锁定。

节点配置中主要设置节点参数,包括节点ID、节点名、任务名、链路名、设备属性名、设备类型号、FEP地址、管理机地址、节点地址、是否允许直控、遥测量、遥信量、遥脉量、遥调量、遥控量、通用数据块大小、通用数据块数量、IP地址1和IP地址2、备注等多个参数。下面依次介绍各个参数的意义和设置依据:

节点ID:一般系统自动生成,原则上不可修改,必须确保表中没有相同的节点ID。

节点名:字母、数字的组合,最好不要使用汉字,长度不超过12个字符。

任务名和链路名:在节点建立时为空,将节点链接到链路以及将链路链接到任务后,自动生成对应的内容。

设备属性名:双击可以选择,共有三个选项:常规节点、网络节点、系统节点。一般选择常规节点。在配置用于反映本机运行状态的系统节点时,该项选择"系统节点"属性。

设备类型名:双击出现下拉复选框,根据需要可以选择对应的设备。

FEP机地址:默认为本机FEP地址(在系统组态设置中配置的FEP地址),可根据需要修改。

管理机地址:根据需要设置。

节点地址:根据需要设置。

遥测数量、遥信数量、遥感数量、遥脉数量、遥调数量:根据需求设置。

是否允许直控:一般情况下,在电力监控系统中,标准的控制过程分为预置、反校和执行三个步骤,该标志应置"否"。在一些非电力监控系统中控制步骤简化为一条执行命令,该标志应置"是"。

通信数据块大小及通信数据块数量:通用数据块用于扩展除遥测、遥信、遥感、遥脉、遥调之外的数据类型。根据需要设置。

节点IP地址1、2:根据实际情况,按照需要设置。

备用1～16:系统提供的可以扩展的参数,根据需要设置。

3)链路配置

在节点配置结束后,我们需要将节点链接到链路上。在链路配置中,我们可以配置链路参数,并将节点链接到相应的链路中去。

①链路配置的设置和查看

在工程配置树中单击链路配置,我们就可以看到所有链路配置的主界面,如图4-6所示。

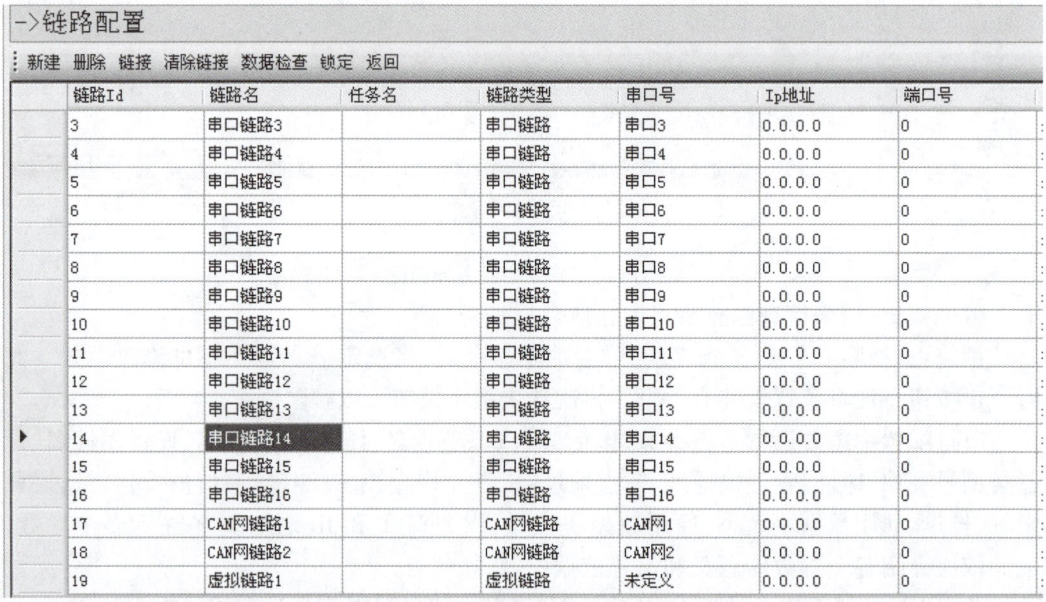

->链路配置

新建 删除 链接 清除链接 数据检查 锁定 返回

	链路Id	链路名	任务名	链路类型	串口号	Ip地址	端口号
	3	串口链路3		串口链路	串口3	0.0.0.0	0
	4	串口链路4		串口链路	串口4	0.0.0.0	0
	5	串口链路5		串口链路	串口5	0.0.0.0	0
	6	串口链路6		串口链路	串口6	0.0.0.0	0
	7	串口链路7		串口链路	串口7	0.0.0.0	0
	8	串口链路8		串口链路	串口8	0.0.0.0	0
	9	串口链路9		串口链路	串口9	0.0.0.0	0
	10	串口链路10		串口链路	串口10	0.0.0.0	0
	11	串口链路11		串口链路	串口11	0.0.0.0	0
	12	串口链路12		串口链路	串口12	0.0.0.0	0
	13	串口链路13		串口链路	串口13	0.0.0.0	0
▶	14	串口链路14		串口链路	串口14	0.0.0.0	0
	15	串口链路15		串口链路	串口15	0.0.0.0	0
	16	串口链路16		串口链路	串口16	0.0.0.0	0
	17	CAN网链路1		CAN网链路	CAN网1	0.0.0.0	0
	18	CAN网链路2		CAN网链路	CAN网2	0.0.0.0	0
	19	虚拟链路1		虚拟链路	未定义	0.0.0.0	0

图4-6 链路配置主界面图

链路设置中已经存在16条串口链路、2条CAN网络路和1条虚拟链路。单击"新建"按钮,输入需要新建链路的数目,可以增加链路。

对于新建立的链接我们可以对它的一些参数进行配置:

IP地址和端口号:根据需要设置,对于主备冗余的链路,IP地址不同,端口号相同,具体设置根据IP分配方案确定。

转发表:根据转发协议可以选择,共有8个转发表可供选择。

是否双值班:需要根据不同的规约设置。一般情况下,采集规约都不是双值班类型,参数设置为0。与此相反转发规约大多数都需要双值班,该种情况都需要设置该参数为非0,一般情况下设置为1。主链路ID用来标注主链路。如图所示,主链路ID为1,那么串口链路1为主链路。

②节点与链路的链接

在工程配置树中单击需要设置的链路或者在链路配置主界面中双击需要配置的链路所在行,即可对某一条链路进行配置。以串口链路1为例,可以看见链路1内已经链接了fas1,fas2两个节点,现在重新链接一个新的节点,单击链接命令,软件会弹出一个"选择节点"的列表框。双击要链接的节点所在的行,即可将该节点链接到某一条链路上。"选择节点"对话框中,节点14将被删除。选中要删除的节点所在的行,单击删除链接,可以将该链接切断。链路上对应接点的链接或删除,工程配置树中会动态给出对应的显示。

a.任务配置。

将节点链接到链路后,需要将链路链接到具体的某一项任务中去,在任务设置中可以完成任务的新建和删除、任务参数设置、任务与链路的链接等工作。

任务配置的设置和查看:

单击"新建"和"删除"按钮进行相应的增删任务的设置。任务配置中的参数包括任务ID,任务名,规约,转发表,备用等参数。

任务ID:统自动生成,不需修改。

任务名:可以自由命名。

规约和转发表:可以根据具体情况双击该单元格后在下拉框中选择。

路与任务的链接:

在工程配置树中,单击某一条具体的任务,或者在任务配置主界面中双击该任务所在的行,就可弹出链路与任务的链接操作窗口。

串口链路1已经链接到Task1中,单击链接命令,可以弹出"选择链路"对话框。

所有备选链路均按从小到大的序号显示在选择链路对话框中,和链接节点一样,双击需要链接的任务所在行,即可将该链路链接到指定的任务中去,以链路2为例,双击链路2,将其链接到任务1中。

将串口链路2链接到任务1中去。在完成了节点配置、链路配置和任务配置之后,可以在工程配置树中查看已经完成的相应配置。

b. 双位遥信配置。

在配置转发表之前,我们需要首先配置双位遥信。

双位遥信序号系统自动生成,不需修改。双位遥信名可以自己命名并任意修改。合位节点名和分位节点名可以双击单元格后在下拉菜单中根据实际情况选择。

c. 转发表配置。

在工程配置树中,可以看到转发表配置下面共有8个转发表供配置。点开转发表前面的小加号,可以看见转发表下需配置的七张表格,因为在节点fas1和fas2中各定义了3个遥测量,所以在遥测表中两个节点各有3个遥测量需要配置。

转发序号:控制各个遥测量的转发顺序,不需修改。

节点名和遥测号:自动生成,不需修改。

转发系数和转发基值:分别用来对需要转发的遥测量进行乘除或加减的数值操作,根据需要进行设置,如不需再进行加减和乘除操作,转发系数设置为1,转发基值设置为0。

转发序号,不需修改。选择双位遥信序号后,单击后面各个参数对应的单元格,单元格的内容会根据双位遥信配置中的信息自动显示。

4)参数文件的导入/导出

参数文件的导出是指将在软件中配置好的参数以文件的形式保存起来,导入是指将参数文件中的参数显示到界面中。

导出对话框可以设置要生成的参数文件的保存路径,参数名称分别为 Lglk. cfg、System. cfg、Node. cfg、UsrTask. cfg、ZfTab1. cfg、ZfTab2. cfg、ZfTab3. cfg、ZfTab4. cfg、ZfTab5. cfg、ZfTab6. cfg、ZfTab7. cfg、ZfTab8. cfg,分别保存链路组态、系统组态、节点组态、任务组态和8张转发表组态的参数。

导入对话框实现的功能恰好相反,可以将已近保存好的参数文件一次性导入。

5)退出

退出软件时,系统会弹出对话框提示用户是否要退出,需要在退出之前完成数的导出工作。

(4)OPS 配置和原理

1）VCL-H2DL 光显处理器

①光显处理器组成（图 4-7）

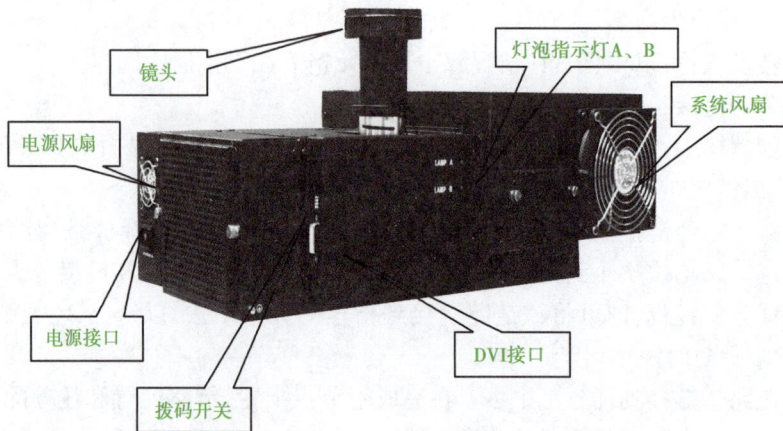

图 4-7　光显处理器

VCL-H2DL 光显处理器是投影机的重要组成部分,其内部构成具体如下:

a. VCL-H2DL 光学引擎。

b. 外壳机构。

c. 光学引擎控制板。

d. 电源。

e. 高压板两套(Ballast)。

f. 风扇系统。

g. 其他连接线缆。

②工作原理

VCL-H2DL 光学引擎是以 DMD 驱动技术为核心的 DLP 显示机构;光学引擎控制板是控制光学引擎正常工作并进行信号处理的机构,光学引擎在技术上使用 0.95″DMD,DDP3020F 芯片,全面支持双灯冷、热备份等技术;电源为整机提供电源供电;高压板(Ballast)为光学引擎灯泡提供驱动。

③光学引擎控制板

光学引擎控制板主要对 DLP 光学引擎进行控制,同时对 RGB 信号进行处理实现颜色校正功能。

控制板接口:人机接口、外部接口、内部接口。

人机接口:包括开关机控制、拨位开关配置两个功能。开关机控制通过开关 S302 按钮实现,拨位开关配置包括在线编程和投影机工作模式选择。具体功能如下:

a. 待机指示灯

上电时 LED 点亮,单片机发出 RESETZ 信号时指示灯熄灭,表示已启动 DMD 驱动板。

b. 投影机启动/关闭按钮

当投影机处于正常工作时,在待机状态下按此按钮 2~3 s 可启动投影机;在运行状态下按此按钮 2~3 s 可关闭投影机,但散热风扇不会马上停止,会在关机后 1 min 停转;在编程模式下此开关不起作用。

c.功能拨码开关

拨码 1	在线编程模式
拨码 2	备用
拨码 3	备用
拨码 4	投影机工作模式选择

d.灯泡指示灯,双色 LED 状态指示

灯泡待机时	红色闪亮
冷却中(保护)	黄色闪亮
正常工作时	绿色闪亮
点灯过程中	黄色常亮
灯泡故障时	红色常亮

2)VCL-H2DL 接口

VCL-H2DL 接口主要由基本板、背板、控制板、电源和散热风扇几部分组成,其中基本板的功能是将各种输入信号(包括复合视频信号、桌面信号和 RGB 信号)进行数字化处理,然后经过叠加、缩放等信号处理后,通过总线接口送往背板;背板通过总线接口将数字视频信号转换为 TMDS 格式信号,通过 DVI-D 端口输出到光学引擎控制板;控制板通过 DB9 接口,接收通信协议为 RS232 的控制信号,并将控制信号仍然按照 RS232 协议输出。另外,通过控制板上的拨码开关,可以对接口的某些参数进行手动设置。

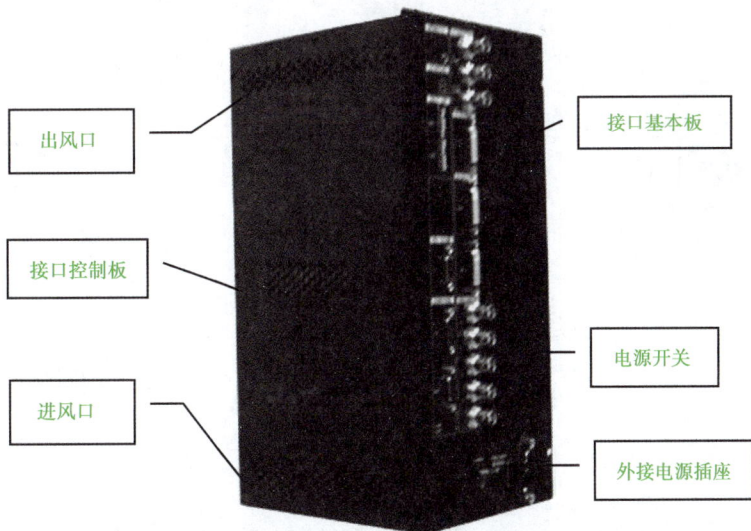

图 4-8 投影机接口外观图

各接口板之间互相协调工作,实现信号的处理和对投影机的控制。

①基本板部分

基本板的对外接口为信号接口(图4-8),包括:

a. 桌面信号端口:DVI-I 接口,可以接收模拟或 TMDS 格式数字 RGB 信号—节点机。

b. Video 信号端口:BNCx3 接口,可以接受复合视频、分量视频、色差视频 YPbPr/YCbCr 高清信号。

c. DRGB 信号输入端口:DVI-D 接口,可以接收 TMDS 格式数字 RGB 信号。

d. ARGB 信号输入端口:BNCx5 接口,可以接收 RGBHV、RGBS、RGsB 格式模拟 RGB 信号。

DRGB 信号环出端口:DVI-D 接口,可以将 Video 端口或 RGB 端口信号以 TMDS 数字 RGB 格式环接输出。

②控制板部分

a. 控制接口:

RS-422C 备用主控端口:DB9F 接口,备用。

RS-232C 主控输入端口(兼控制环入端口):DB9M 接口,接受控制 PC 的 RS232 控制信号,或在级联控制时接受上一级 VCL-H2DL 接口控制环出信号。

控制环出端口:DB9F 接口,在级联控制时输出给下一级 VCL-H2DL 接口控制信号。

b. 人机接口:

状态显示接口:8 段 LED 数码管,用于显示接口与光机通讯配置信息和故障信息编码。

设置接口:8 位拨动开关(2 个),一个用于 ID 码设置,一个用于控制设置。

3)投影单元结构

投影单元光学成像结构如图4-9 所示。

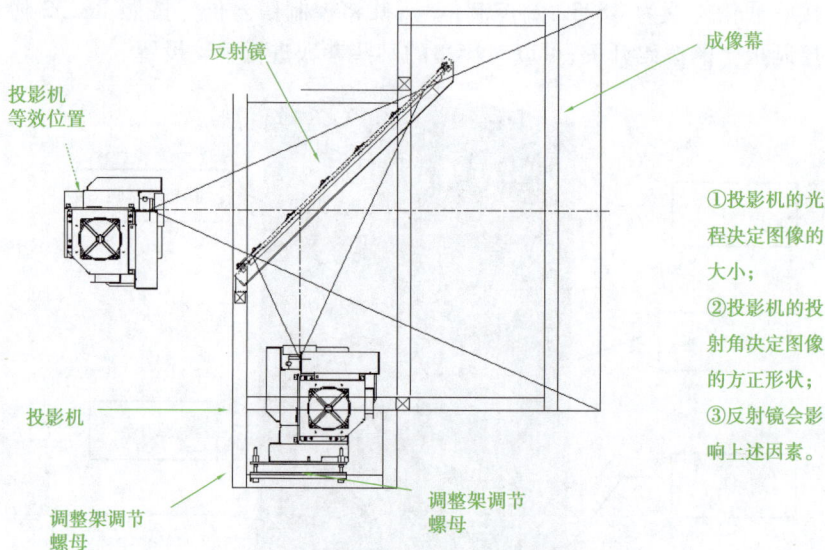

图4-9　投影单元光学成像结构图

4)系统操作

①系统开机

在启用本系统前,必须先检查各电源线连接是否正常,各个显示单元电源。

开关是否置于 ON 的位置,信号连接线缆、控制连接线缆连接是否正确、稳妥,镜头盖是否打开,连线有无松动及其他异常情况。

系统开机步骤:待一切检查均正常后方可开机。首先打开信号系统电源开关,输入信号,随后打开多屏处理器电源,然后打开 PC 机的电源;待多屏处理器自检完成稳定后,开启 PC 机上的控制系统软件 VWAS,利用系统软件打开各个显示单元。

注意:各个显示单元的打开需要一定的时间才能显示,切不可反复地在控制软件中连续按下开机按扭。中控控制也一样不能点击开机后继续点击等待 2 min 后才能显示。

VWAS 是显示墙应用管理系统(Vtron Display Wall Administration System)的英文缩写。VWAS 是为 VTRON 显示墙及其多屏处理器开发的应用管理系统。

a. 大屏幕管理器的启动

双击控制 PC 桌面上的 VWAS 软件。

b. 大屏幕管理器登录界面

打开投影墙的虚拟窗口。

打开所有投影机的操作。

注意:当选择打开当前机芯只能打开点击的单元,开机需要的时间约 2 min,当打开所有显示单元后频繁点击打开。

②系统关机

注意:任何强行的关断电源都有可能造成机器系统的损害!

注意事项:当执行了投影开/关机后,如果又立即想开/关投影机请等候 3 min 后再做开/关机操作。当投影机被关闭后,投影机的散热风扇还继续工作 3 min 后才停止,方可断电。请不要频繁地进行开关机操作,利于延长投影机的使用寿命。

③VWAS 数据备份及还原

备份:备份方法是双击控制 PC 右下角的 ◎ ,停止所有的服务后"资源备份"或"资源恢复"。

还原:当误操作(如不慎将模式删除)影响大屏幕操作,可将 VWAS 的设置还原。把之前保存好的"vwasresourcebackup. tar"文件导入。

4.1.2　系统数据知识及结构

(1)系统数据处理过程

要理解 SystematICS 数据模型的运转机制,首先必须清楚实时系统中的四种数据流:数据遥测、数据分布(在冗余服务器之间)、数据发布(至应用程序)、数据发布(至人机界面)。

正是通过这四类数据流的结合使用,提供了一个高效的、具容错能力的数据模型。

本节中所有的图形都采用如图 4-10 所示的图例。

用于数据发布(应用程序)和数据发布(人机界面)的图例选用近似的颜色,以表示它们之间的连带关系。

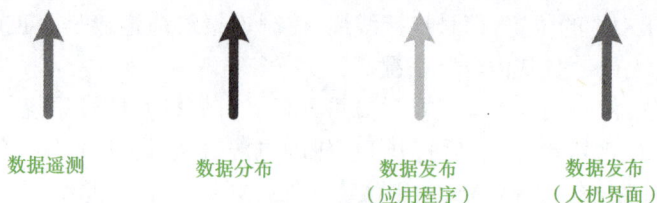

<table>
<tr><td>数据遥测</td><td>数据分布</td><td>数据发布
（应用程序）</td><td>数据发布
（人机界面）</td></tr>
</table>

图 4-10　图形图例

1）数据遥测

数据遥测是指数据从现场设备至综合监控系统的数据流,如断路器的状态改变将由系统通过数据遥测接收。

系统中的遥测数据流如图 4-11 所示。

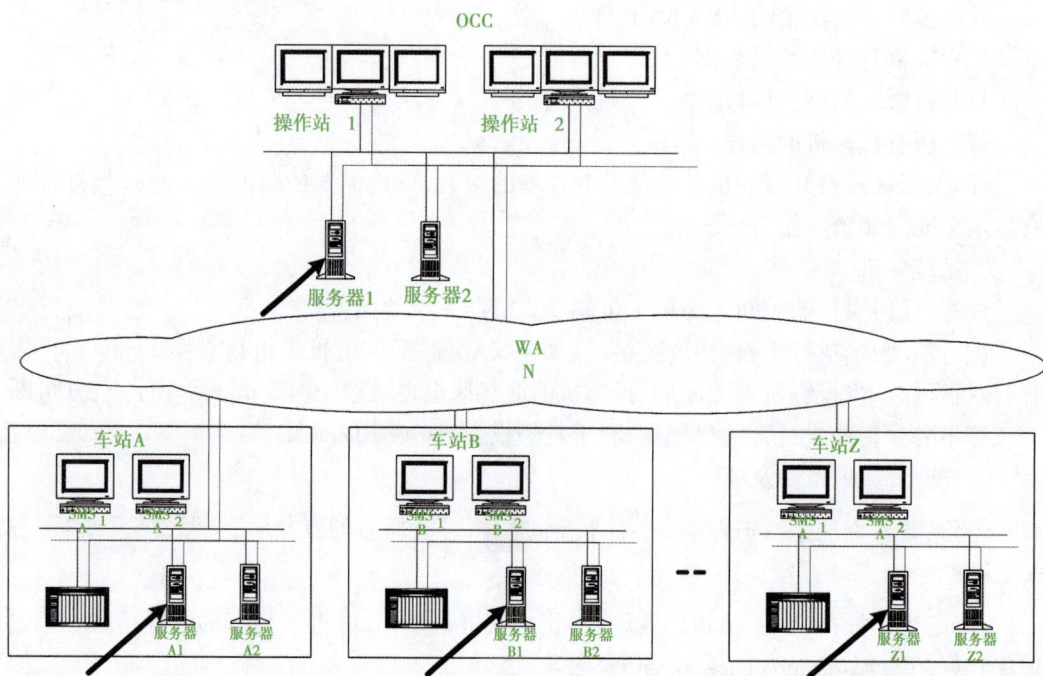

图 4-11　遥测数据流图

每个遥测数据流中的数据是相互独立的。也就是,OCC 的"服务器 1"所测到的数据不同于车站 A 的"服务器 A1"所测到的数据。这种支持冗余的机制将在后面的章节中阐述。内部的系统冗余并不依赖于遥测机制内的冗余。

遥测数据可以是来自 RTU 设备,也可以是来自 FEP。具体来自哪个在系统中是可以配置的,由现场实际需求决定。

2）数据分布

数据分布是指在系统内提供数据冗余的方法。当数据被设定为分布数据时,则系统内所有接收该数据的服务器都将复制该数据,进而形成一个分布式的数据库。正常情况下,现场数据都是由主服务器接收、冗余服务器复制的。

在实现 SystematICS 系统的分布式数据库时,有两种方法可供选择。最终选用的实现方法,可保障在出现雪崩的情况下,依然不牺牲数据的完整性,且保持系统的高效性和健壮性。

有哪些服务器组成分布式数据库系统取决于系统的配置,而系统配置必须反映所监控设备的需求。

①分布的应用数据

包含在分布式数据库中的数据也可能是应用数据(不仅仅是遥测数据),这就意味着,如果一个应用程序正在分布式数据库系统中的某个服务器上执行操作,则由该应用程序所生成的数据也将和其他分布数据一样被分布处理。该数据分布的处理过程独立于源数据。

应用程序的一个重要属性是应用程序能够从任何SystematICS源中获取数据,也能生成数据,并通过分布式数据库将生成的数据分布开来,以保证冗余性和完整性。

②数据同步

数据同步是指实现数据分布的过程,其中,有一种机制用于确保所有参与数据同步的服务器都有一份一致的数据拷贝。

下面的两种情形将引起数据同步操作:

当先前离线的服务器成为在线服务器时。

当两个相互分离的在线服务器之间的通信恢复时。

一旦数据同步成功,数据分布机制就可以维护所有数据的一致性。

SystematICS在每个车站构建一个分布式数据库,另外再构建一个由OCC组成的分布式数据库。

每个车站的分布式数据库由两台服务器组成,它们主要包括从车站现场接收的数据和与该车站的操作相关的数据。同样地,控制中心的分布式数据库主要是与控制中心的操作相关的数据。

3)数据发布(应用程序)

SystematICS采用了订阅/发布的机制,使得应用程序可以获得SystematICS系统中任何地方的数据。这独立于应用程序存储数据的分布式数据库。

采用内部的"地址"或"路径"使得系统能够引用一个与应用程序使用的不同的分布式数据库。SystematICS系统可以判断,在不同的分布式数据库里,主服务器位于什么地方以及从哪个服务器获得提交的数据。

只要分布式数据库中的数据被更新,该更新将被通知给所有正在提交的应用程序。

在控制中心的应用程序必须访问包含在车站分布式数据库中的数据,这是SystematICS的正常功能。位于控制中心的应用程序订阅车站数据库中的数据,由车站数据库对这些订阅进行处理,并把结果放入控制中心的分布式数据库。

控制中心的应用程序处理结果存储在主备服务器中,可以被其他订阅同样数据的应用程序使用。

4)数据发布(人机界面)

数据发布至人机界面是数据发布至应用程序的一个特例,人机界面只是一个应用程序。重要的是,人机界面能够从SystematICS系统内的任何分布式数据库得到原始现场数据或已处理的应用数据。

5）历史数据

历史数据的数据流完全不同，因此有必要对其作单独的阐述。历史数据的数据流开始于 SystematICS/SystematICS 应用程序的数据发布，如图 4-12 所示。

遥测数据　　　数据分布　　　数据发布　　　数据分布　　　历史数据
　　　　　　　　　　　　　（应用程序）　　（历史数据）　　查询结果

图 4-12　数据发布图

数据分布和历史数据分布的图例选用相近的颜色，是为了表示两者密切相关，同样地，数据发布（应用程序）和历史数据查询结果图例的颜色也相近。

①历史数据发布

历史数据服务是 SystematICS 系统的一个标准应用，它通过上节中所叙述的数据发布机制来获得所监视点的数据更新。

图 4-12 表示了系统收集历史数据的正常过程。图中，主历史数据应用程序部署在服务器 2 上。同时，遥测和实时数据分布处理程序部署在服务器 1 上。

图中步骤 1 和 2 的数据流表示遥测数据、数据分布和数据发布，这些数据流仅仅是历史数据收集过程中所发生的几个数据流的示例。

图中步骤 2 的数据发布是实时数据流和历史数据流分离的第一个数据流，该数据流是由于历史数据应用程序预定了其他应用程序维护的数据而产生的。

当历史数据应用程序接收到对历史数据存储器中的数据进行数据过滤和提取的更新时，它将会把处理过的数据存储至磁盘，同时执行数据分布（历史数据）至其冗余点的操作。冗余点将从数据分布接收来的数据以与主历史数据应用程序完全相同的格式存储至磁盘。

当历史数据存储至磁盘以后，它就可以被其他的应用程序查询了。

②历史数据查询

所有对历史数据的查询请求都将直接提交给主历史数据应用服务器，但执行查询操作的应用程序可能并不在该服务器，而是在其他服务器上。

当历史数据应用程序接收到一个查询历史数据的查询时，它只需简单地从本地磁盘读取所需要的数据就可以了。

③实时数据和历史数据处理的分离

主历史数据应用程序不和其他应用程序部署在同一台服务器上，主要是出于如下考虑：

系统性能：通常而言，历史数据处理应用程序所消耗的系统资源相对大于其他的大部分 SystematICS 应用程序，因此，较好的一种实现方法就是将执行初始数据处理的历史数据应用程序和其他的应用程序分开部署。

归档硬件：一般来说，在包含冗余历史数据的一组服务器中，只有一台服务器有历史数据归档设备。而且从实际经验及方便使用的角度来看，常常选择非主服务器来挂接外部归档设备。

为了支持这一点,历史数据应用程序的配置方法通常与其他的应用程序稍有不同。通常的做法是,将应用程序的主服务器配置成可以由系统软件根据系统的当前条件进行选择,这可以防止不必要的故障切换(Failback)处理。而对于历史数据应用程序而言,如果可能的话,则常常配置成总是故障切换至特定的、挂接有外部归档设备的服务器。

4.1.3 报文截取

报文提取软件的基本使用方法:

首先安装 VanDyke SecureCRT,运行后,用以下步骤连接至远程主机:

主菜单 File –> Quick Connect;

Protocol 选择 Telnet;

Hostname 填远程主机 IP 地址,如"192.2.100.151";

其他选项默认即可,点击"connect"按钮;

连接建立后,在主窗口中即可对远程主机输入正常的命令,比如欲查看 PIS 报文,则输入"fs 76";

如欲保存日志,点击主菜单 File –> Log Session,选择保存的文件路径与名称;点击"保存",此时当前窗口中所有的会话历史都会被记录到选择的文件中;

如欲停止记录,取消主菜单 File –> Log Session 的小勾即可。

注意:截取报文期间,请勿使用别的终端登录目标主机(特别是 306),否则,当前会话会被中断。

4.1.4 数据库应用及维护

(1)系统服务介绍

SystematICS Configurator 是运行于 Microsoft Access 环境下的 SystematICS System(以下简称系统)数据库配置工具。

导航区 1:显示 SystematICS 的各主要功能选项。

导航区 2:在导航区 1 中选中某项主要功能后,导航区 2 将显示相应的子功能。

服务面板:仅当导航区 1 和导航区 2 中有选中的内容时,服务面板才会激活,激活状态取决于导航区 1 和导航区 2 的内容。

导航区 3:导航区 2 有内容被选中时,若有对应的子项,将在导航区 3 中显示。

(2)配置方法

1)"System Configuration"的配置方法

①"Hosts"的配置

各主要字段的含义如表4-1 所示。

表 4-1　主要字段的含义

字段名	中文描述	含义及规则	典型示例
Domain	域名	车站域名使用大写汉语拼音首字母缩写,控制中心使用大写 OCC,车辆段使用 DEP,停车场使用 PARK。原则上域名使用 2~4 个大写字母表示	OCC（控制中心） BDJ（北大街）
Hostname	主机名	原则上使用"工程名＋域名＋序号"的方式命名,其中 01-1 中的 01 表示本域的 1 号主机,后面的 1 表示 A 网,同理 01-2 中的 2 表示 B 网	xa2occ01-1 xa1bdj02-1
Preceden	服务优先级	表示主备服务器的优先级,使用不重复的正整数表示	1,2,3,…
NetworkA	与 A 网接口名称	原则上使用"工程名＋域名＋序号"＋"－1"的方式命名	xa2occ01-1 xa1bdj02-1
NetworkB	与 B 网接口名称	原则上使用"工程名＋域名＋序号"＋"－2"的方式命名	xa2occ01-2 xa1bdj02-2
Max Failure Time	Ping 失败超时时间	默认值是 4 000 ms	4 000 ms
PingRequest	Ping 测试次数	用于测试主机网卡的状态,使用 1-10 的正整数表示	3

②"Services"的配置

SystematICS 提供了许多备用的服务类型,典型的如 scada、CCTV_Pelco、Calcs 等,可以根据需要将这些内置的服务添加到当前系统中,Service 面板提供对系统服务的添加、删除以及编辑功能。

a. 添加服务

在 Type 下拉框中选择欲添加的服务类型;

在 Name 文本框中输入自定义的服务名称;

点击"Add"按钮,此时就可以在当前服务列表中看到新添加的服务;

选中刚才添加的服务,在右上方的 hosts 列表中填写需要启动此服务的主机;

在右下角 Files 区域为此服务添加 cfg 文件;

其他的选项保持默认不变,至此即完成了新服务的添加。

b. 删除服务或者 cfg 文件

可以删除指定的服务,或者删除某个服务的部分 cfg 文件;

欲删除整个服务,在 services 区域的当前服务列表中,选中需要删除的服务名称,点击左边的"delete"按钮即可将选中的服务删除;

欲删除 cfg 文件,首先需要在当前服务列表中选中相应的服务,接着在 Files 区域选中相应的 cfg 文件,最后点击 Files 区域的"Delete"按钮即可。

③"History Data Routing"的配置

History Data Routing 配置历史数据的发送路径。服务器将向配置好的历史数据库发送历史数据。各主要字段含义见表 4-2。

表 4-2　主要字段的含义

类型名	中文描述	含义	备注
Name	路径名称	用于区分不同路径的名称,名称必须唯一,不能重复	
Route	路由	限定为"postgres"	
Hostname	主机名	不同于传统意义的主机名称,这里只能在通过下拉列表选择。Hostname 的内容在 Application 面板中设置	
Expiry	超时时间	连接超时时间	

④"Application"的配置

Application 用于配置可用的历史数据库地址。一种典型的应用是,车站服务器需要同时向车站历史库和控制中心历史库发送历史数据。因此车站的 Configurator 需要同时设置车站历史库地址与 OCC 历史库地址。

主要配置内容见表 4-3。

表 4-3　主要配置内容

类型名	中文描述	含义	备注
Name	路径名称	用于区分不同路径的名称,名称必须唯一,不能重复	例如 a\b\c\d
Protocol	协议	可在 http 与 postgres 中选择,当前一般选 postgres	
Domain	域名	指定历史库所处的域	
Hostname	主机名	指定历史数据库所处的主机名	
Port Number	端口	数据库端口号,默认为 5432	

2)Common Data Configuration 配置方法

Common Data 中包含 SystematICS 大多数服务用到的公共配置,具体类型见表 4-4。

表 4-4　配置方法

类型名	中文描述	含义	备注
Alarm Groups	告警组(车站)	告警组(即车站)用于指示告警所属的车站信息。一般用于划分数据对象所属区域,HMI 的事件与告警的按车站过滤功能基于此数据实现	
Alarm State Names	告警状态描述	用于在 HMI 告警栏描述告警状态	
Areas	专业(系统)	用于指示数据对象所属系统,如通风空调、照明、屏蔽门等。一个数据对象只能属于一个 Area	

续表

类型名	中文描述	含义	备注
Categories	类别	用于指示数据对象所属类别,如通风空调、照明、屏蔽门等。HMI 上的按专业过滤事件基于此数据实现,一个数据对象可以属于多个 Categories	
Component Descriptions	元素描述	设定 HMI 上显示有关元素的描述文本	
Configurable Lists	全局列表类型	设定全局列表类型	3
Control Commands	控制指令	设定控制指令的文本描述	
Engineering Units	工程单位	设定各工程量的单位	
Event Types	事件类型	设定 HMI 上显示的事件类型	
Peer Options	Peer 配置	配置工作站上 peer 进程的有关特性,并设定 HMI 控制面板的外观	
Priorities	优先级	设定数据对象的告警优先级	
State Text	状态描述	设定数据对象不同值所对应的状态描述文本,分文数字量描述和模拟量描述两部分。State Text 的 Table Name 项命名需遵循以下规则: 1. 基本形式为"系统名称"+"子系统名称"+状态点描述,子系统名称可选; 2. 系统名称若为字母简写,各字母应大写; 3. 状态点描述各单词首字母大写	BAS_Normal_Link Act BAS_Normal_Over load PWR_35kV_Revert

3)Services Configuration 的配置方法

SCADA 服务提供对各种类型点的监控,最主要的是数字输入量(DI)、数字控制量(DO)、模拟输入量(AI)和模拟控制量(AO),下面分别对这 4 种类型的数据的配置进行描述:

①"Common Data"中的"Control Tables"的配置

Scada 服务下的 common date 中,有一个 Control Tables 的面板,在该面板中可以配置各种数字量的控制信息,Control Tables 中配置的内容将在 Digital Control Points Set 中用到。

若要新创建一种控制类型,首先需要在 Control Tables 中添加一条记录,Control Table 字段为控制表名称,Description 为控制表描述。

接着要在 Control Action 中定义控制动作,比如需要通过某一控制点向设备发送"启动"与"停止"两种动作,则需要在 Control Actions 中分别添加这两条记录。

Control Transitions 用于配置在什么情况下可以发送控制指令,以及控制指令的目标状态是什么。在 Control Actions 中选中不同的控制动作,Control Transitions 的内容将会响应刷新。

②"Object Data"中的"Telemetered digital Points"的配置

Telemetered digital Points 用于远程数字输入,其配置界面如**"错误!未找到引用源。"**所示。下面按照各选项卡的内容分别介绍其主要字段及其填写原则:

a. "Point"的配置

Point 面板包含记录点的基本配置信息见表4-5。

表 4-5 "Point"配置

字段名称	中文描述	含义及规则	典型示例
Name	点名,记录名称	原则上使用"域名+专业缩写+点类型+4位点号"的方式命名,所有点的命名不得重复	aym_bas_di_0012 occ_tnms_di_0205
Description	点描述	记录的简要描述,应包含专业、车站、点名描述等	售检票 安远门 自动售票机 TVM_2 服务状态
Set Name	点不同值的中文描述	在 SetName 表中定义	
Priority	告警优先级	按照监控点的优先级填写	1,2,3,4,5
Alarm Group	告警组	与 CommonData 中的 Alarm Group 表关联,表示记录点所属区域(车站),主要用于 HMI 过滤事件与告警信息	1,2,3,…
Area	数据域	与 CommonData 中的 Area 表关联,表示记录点所属数据域(系统),主要用于 HMI 过滤事件与告警信息,与权限管理有关	1,2,3,…
Category	数据类别	与 CommonData 中的 Category 表关联,通过 10 进制位表示,主要用于 HMI 过滤事件与告警信息和一些较特殊的功能	在 Category 面板中选择值,可以多选
Rap Group	减少报警处理组	用于在雪崩状态时系统自动过滤等级低的报警信息,使用大于等于 0 的整数表示	默认填 0 表示不过滤报警信息

b. "Digital"的配置(图 4-13)

图 4-13 "Digital"的配置图

Digital 面板如上图,包含对记录点的数字信息的基本描述,包括字段见表4-6。

表4-6 基本描述

字段名称	中文描述	含义及规则	典型示例
Normal State	常规值	与 CommonData 中的"state text"关联,用于设置正常情况时的数据值	从下拉列表中选择正常值,通常为 0
Warmup Value	初始值	与 CommonData 中的"state text"关联,用于设置数据库初始化时的数据值	从下拉列表中选择正常值,通常为 0
Push to History	发送至历史路由服务	用于设置是否将数据点的变化值/状态直接发送至历史路由服务。默认为 0,个别重要的点可设置为 1	根据需要设置为 0(否)或 1(是),通常为 0
Alarm Reset	告警复位	用于某些特殊的通过 RTU 采集且一直保持告警状态的数据点,通过告警复位功能在系统中进行告警确认的同时发送告警复位命令对 RTU 中该数据点的告警状态进行复位	根据需要设置为 0(否)或 1(是),通常为 0
Digital Point	告警复位关联的数字量点	当 Alarm Reset(告警复位)参数设置为 1 时,输入需要告警复位的数字量点	

③"Telemetry"的配置(图 4-14)

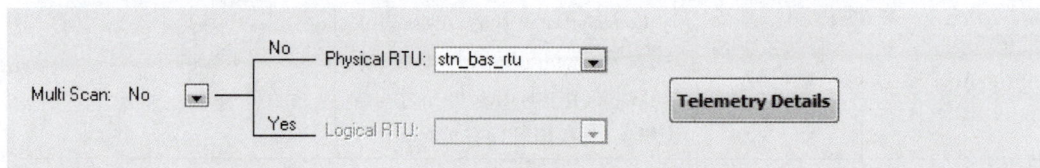

图 4-14 "Telemetry"的配置图

Telemetry 面板如上图,用于配置记录点的数据来源,对于现行的综合监控系统,服务器通常是使用 Physical RTU 与其他设备传输数据。配置时,在下拉列表中选择指定的 RTU 通道即可,然后点击"Telenetry Details"按钮,指定数据在 RTU 通道的偏移地址。

④"Service"的配置

Service 用于配置记录点所属的服务,主要字段的含义如表4-7 所示,在其他服务里涉及到的 Service 面板均可参考此配置。

表4-7 "Service"配置图

字段名称	中文描述	含义及规则	典型示例
Service	服务名称	指示记录点所属的服务,一般不修改	Scada
Service Group	服务组	指示记录点所属的服务组,不可修改	A
Service Group File	所属配置文件	设置数据点所属的配置文件,在导出为 cfg 文件时,本记录点将包含在此处指定的 cfg 文件中	在下拉列表中选择,如 ats. cfg

任务 4.2　BAS 系统

4.2.1　BAS 系统控制权限及数据流

(1)控制权限逻辑

车站设备控制权限设计方案如图 4-15 所示。

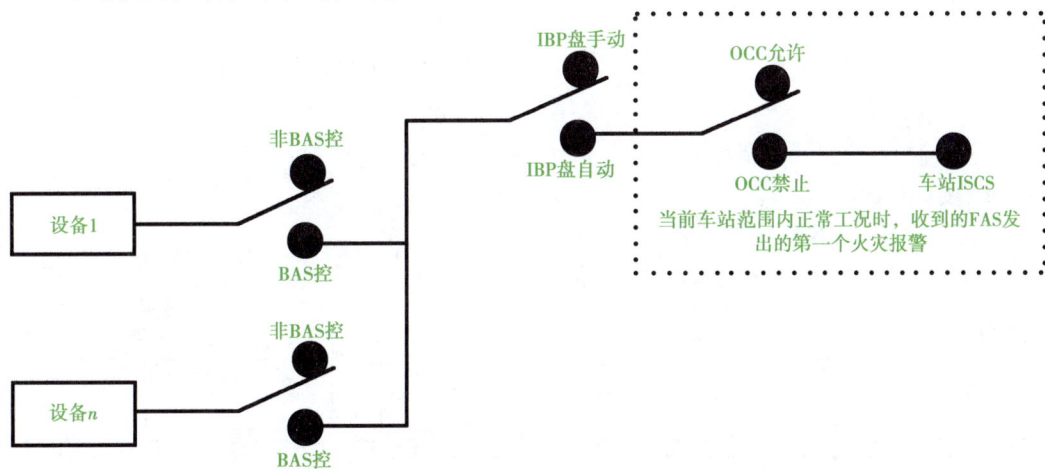

图 4-15　控制权限逻辑图

①竖线左侧为设备级权限,每个受控设备一个。竖线右侧为车站级权限,一个车站只有一个。

②自左向右,优先级别越来越小。当权限开关向上开的时候,系统将屏蔽其右侧发过来的控制指令;当权限开关向下开的时候表示系统接收其右侧发来的控制指令。

③当前车站在正常工况下运行时,系统在符合以上规则的前提下,执行收到 FAS 发来的第一个火灾报警。

④FAS 发来第一个有效报警后,系统在复位前将不再受 FAS 系统的报警控制,任何模式指令都不再被执行,设备控制按上图所示的权限级别序列。

⑤一个火灾执行周期是指系统从正常工况转火灾工况时开始,到火灾救灾结束系统复位后结束。

⑥在一个火灾周期内,系统在符合以上规则的前提下,只执行 FAS 或 ISCS 发来的第一个火灾模式指令,收到的其他模式指令只记录不执行。

⑦在任何工况下,IBP 盘按钮可发出火灾模式指令,BAS 立即执行 IBP 盘按钮发出的火灾模式指令。

⑧在 IBP 盘上的模式操作按钮为带灯按钮,在有权限的时候按下模式启动,通过灯的不同状态表示模式的执行状态。

（2）权限状态数据流

设备级权限通过 RI/O 或通信接口获得,RI/O 的通信模块取得设备权限状态后通过进行数据打包后通信传递给车站主 PLC;IBP 盘信息通过硬线接口与 BAS 系统的 RI/O 相连,将 IBP 盘上的权限信息打包后通过通信传递给车站主 PLC;车站和 OCC 的综合监控工作站的控制指令先传递到车站实时服务器,车站实时服务器直接和车站主 PLC 通过以太网相连,即车站或 OCC 的综合监控工作站的指令直接与主 PLC 连接,实现权限设定。

各种权限到达主 PLC 后,主 PLC 进行综合判断,决定系统当前权限状态,并反馈到工作站上用于监视。这时主 PLC 收到设备或模式的控制指令后,通过权限判断,符合权限的指令将被执行,不符合权限的指令将被丢弃(即指令将不被执行,系统会将指令复位,对设备和模式没有任何影响)。

4.2.2 BAS 系统主要接口划分

（1）BAS 与电伴热器接口规范
1)接口界面

BAS 与电伴热器的接口界面如图 4-16 所示。

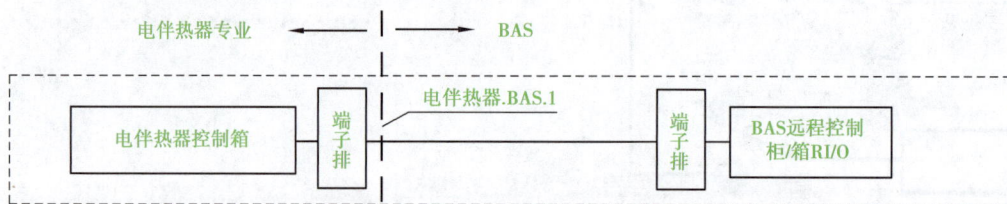

图 4-16 BAS 与电伴热器接口界面图

说明:

BAS 与电伴热器的分界点"电伴热器.BAS.1"在电伴热器控制箱的接线端子上。

BAS 施工单位提供 BAS 侧至电伴热器控制箱的连接电缆。

电伴热器供货商提供电伴热器侧的端子。

2)物理接口

BAS 与电伴热器采用硬线接口。硬节点信号包括开关量输入信号,开关量输出信号,模拟量输入信号。

①BAS 施工单位负责:提供从电伴热器控制箱到 BAS 远程控制柜(箱)端子排的硬线电缆,并负责电伴热器控制箱至 BAS 侧的线缆的敷设,安装接线,进行硬线连接、对线、查线,配合 BAS/ISCS 调试。

②BAS 供货商负责调试,BAS 施工单位和照明供货商专业无偿配合。电伴热器供货商负责:提供电伴热器控制箱内相应的接线端子排,并指导电伴热器侧的安装接线,配合 BAS/ISCS 进行调试。

③对电伴热器专业提供给 BAS 系统的开关量输入信号的基本要求:

传输介质:屏蔽电缆(低烟无卤);

节点类型:独立无源干节点方式,节点容量 DC24 V 0.5 A;

电源:BAS 提供 DC24 V 查询电源。

④对 BAS 提供给电伴热器专业的开关量输出信号的基本要求：

传输介质：屏蔽电缆（低烟无卤）；

节点类型：独立无源干节点方式，节点容量 AC220 V 5 A；

控制信号：电平信号。

⑤电伴热器供货商提供给 BAS 系统的模拟量信号：

传输介质：屏蔽电缆（低烟无卤）；

输入信号为：4-20 mA。

3）功能接口

①BAS 需完成的功能如下：

a. BAS 通过 R I/O 从电伴热器控制箱中采集电伴热器的启、停、运营状态、故障状态信号等；

b. 根据给排水系统提供的运行控制要求实现对电伴热的远程控制，实现对电伴热系统的远程启、停控制功能；

c. 通过温控箱采集电信号接点，在车控室显示电伴热器的启、停、故障状态信号；

d. 所有监视信号均为电平信号，监视信号由电伴热器保持，所有控制信号电平信号。

②电伴热器供货商需完成的功能如下：

a. 提供监视电伴热器的启、停、运营状态、故障状态等信号的干接点触点；

b. 接收 BAS 对电伴热器的远程控制信号，控制电伴热系统的启、停；

c. 所有监视信号均为电平信号，监视信号由电伴热器保持，所有控制信号电平信号。

(2)BAS 和照明专业的接口

1）接口界面

BAS 和照明专业的接口界面如图 4-17 所示。

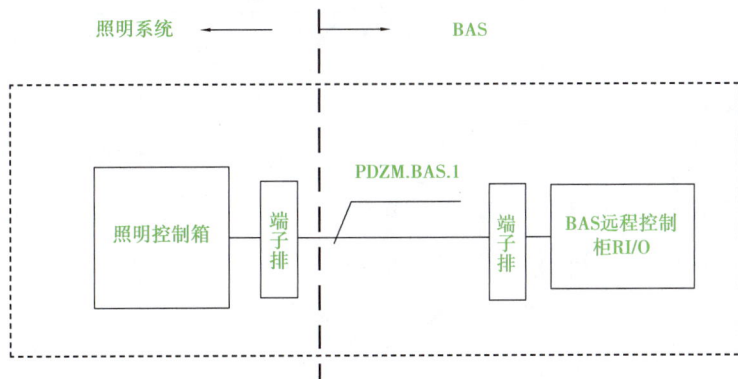

图 4-17　BAS 与照明专业接口界面图

①BAS 与照明专业的分界点在照明控制箱的端子排上——PDZM. BAS. 1；

②照明专业提供照明控制箱侧的端子。

2）物理接口

BAS 与照明专业采用硬线接口，硬节点信号包括开关量输入，开关量输出信号。

①BAS 施工单位负责提供和敷设从照明系统的端子排到 BAS 远程控制柜/箱端子排的硬线电缆，并负责照明系统的端子排侧和 BAS 侧的安装接线，进行硬线连接、对线、查

线,配合 BAS/ISCS 调试。

②BAS 供货商负责调试,BAS 施工单位和照明供货商专业无偿配合。照明专业负责提供照明系统内相应的接线端子排,并指导安装接线,配合 BAS/ISCS 进行调试。

③照明专业提供给 BAS 系统的开关量信号。开关量输入的基本要求如下:

传输介质:屏蔽电缆(低烟无卤);

节点类型:独立无源干节点方式,节点容量 DC24 V 0.5 A;

电源:BAS 提供 DC24 V 查询电源。

④BAS 提供给照明专业的开关量信号。

传输介质:屏蔽电缆(低烟无卤);

BAS 提供独立无源干节点,常闭触点,容量为 AC220 V 10 A;

信号类型:电平信号;

电源:照明配电箱提供 AC220 V 电源。

3)功能接口

①BAS 需完成的功能如下:

对照明回路的开关状态、就地/远程控制权限状态进行监视;

根据控制模式要求对照明控制回路发出开关控制信号。

②照明专业需完成的功能如下:

提供照明回路开关状态、就地/远程控制权限状态给 BAS;

接收 BAS 控制信号,对照明回路进行开关控制。

(3)BAS 与低压配电系统接口规范

1)接口界面

①BAS 与低压配电系统在车站的通信接口,如图 4-18 所示(车站 A、B 端各一个)。

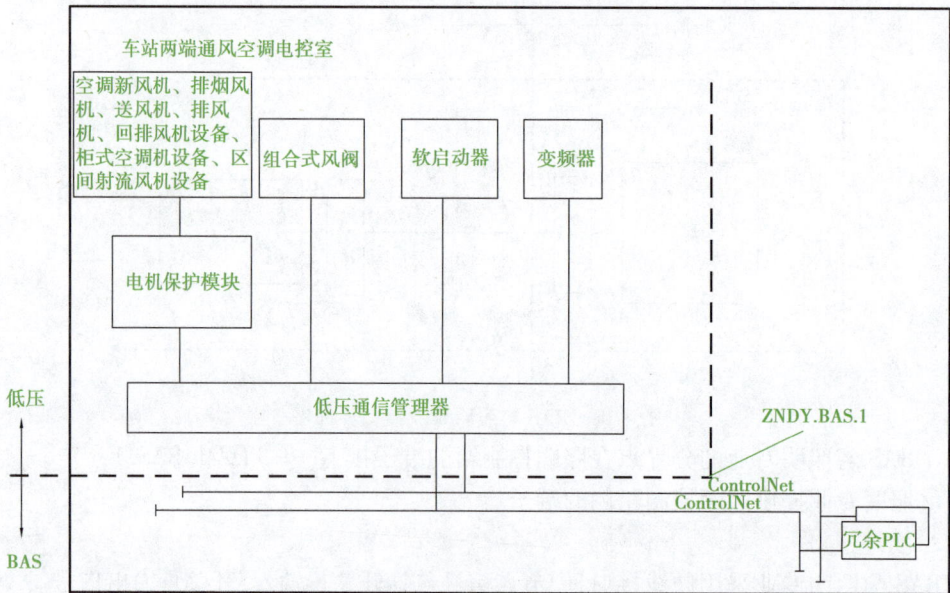

图 4-18　BAS 与低压配电系统接口界面图

BAS 与低压配电的接口分界点"ZNDY. BAS. 1"在低压配电智能低压接口模块的通信接口上；

BAS 负责提供 BAS 侧的设备和与智能低压接口模块连接的通信电缆；

低压配电负责配置用于与 BAS 接口的通信网关,将通信协议转换成 BAS 所要求的协议 ControlNet 协议,接口类型为 ControlNet 总线接口。

②BAS 与低压开关柜的电源接口如图 4-19 所示。

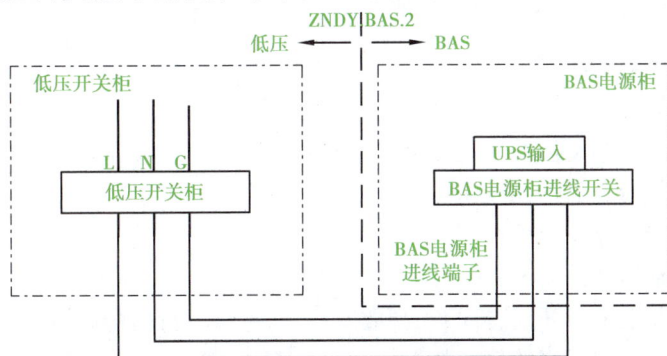

图 4-19   BAS 与低压开关柜接口界面图

由 BAS 提供一个专用的电源接口给低压开关柜的智能通信管理器,其输出电压为 220VAC,电流不小于 5A。

由低压开关柜到 BAS 电源柜的强电电缆、敷设、连接由低压配电施工单位负责。

低压专业负责与 BAS 接线时低压开关柜侧的指导,BAS 系统集成商负责 BAS 侧的接线指导。

2)物理接口

①通信接口

低压配电与 BAS 的接口界面在环控电控室低压开关柜智能低压模块端子外侧,BAS 系统 A/B 两侧 PLC 经过同轴电缆(现场总线)与低压开关柜的通信管理器连接。BAS 与低压配电的通信接口为 ControlNet 冗余双总线接口,通信协议为 ControlNet 协议,接口位置在车站 A、B 端通风空调电控室内低压柜的通信管理器的通信接线端子上。

BAS 施工单位负责 A/B 两侧 PLC 到低压柜内的各智能模块的总线电缆的敷设和接线,进行通信电缆连接、对线、查线,配合 BAS/ISCS 调试。

BAS 集成商负责提供到低压柜内的通信管理器的总线电缆、所需的控制网 TAP 头、终端电阻,并负责调试,BAS 施工单位和低压配电专业无偿配合。

低压配电专业配置用于与 BAS 接口的智能模块,并负责将通信协议转换成 BAS 所要求的 ControlNet 协议。

低压配电专业提供低压配电专业柜内的端子及终端电阻,明确端子编号,并在低压配电专业柜内预留相应的走线空间,TAP 头安装导轨及位置。

低压配电专业负责低压配电专业通信管理器 ControlNet 节点地址的设置,配合 BAS 进行调试。

②电源接口

BAS 与低压通信管理器的电源接口"ZNDY. BAS. 2",在 BAS 的 UPS 电源输出分配的接线端子上。

低压配电专业负责提供和敷设从低压控制柜到 BAS 系统的 UPS 分配端子处的电源线缆,并负责低压控制柜侧和 BAS 侧的安装接线,进行线缆连接、对线、查线,并负责调试。

BAS 负责提供 UPS 设备及其电源分配出口接线端子,配合低压配电调试。

3)功能接口

在 BAS 与低压配电之间建立通信通道,实现对由低压进行管理的相关机电设备的自动监视及控制。

①BAS 需完成的功能有:

设备状态、报警;

现场设备控制位置及控制优先级信号采集;

现场设备控制命令下达;

通信链路诊断及故障处理;

网络通道冗余切换;

实现紧急情况下工频开启,接收工频故障信号、工频运行信号、控制级别位置。

②低压配电专业需完成的功能如下:

将设备状态及报警信息上传 BAS;

将现场设备控制位置及控制优先级信号上传 BAS;

接受 BAS 下达的控制指令,控制相关机电设备按监控要求运行或停止;

负责将通信协议转换成 BAS 所要求的协议;

接收紧急情况下 BAS 下发工频开启指令,上传工频故障信号、工频运行信号、控制级别位置给 BAS。

(4)BAS 和电动风量调节阀控制箱接口规范

1)接口界面

BAS 和电动风量调节阀控制箱的接口界面如图 4-20 所示。

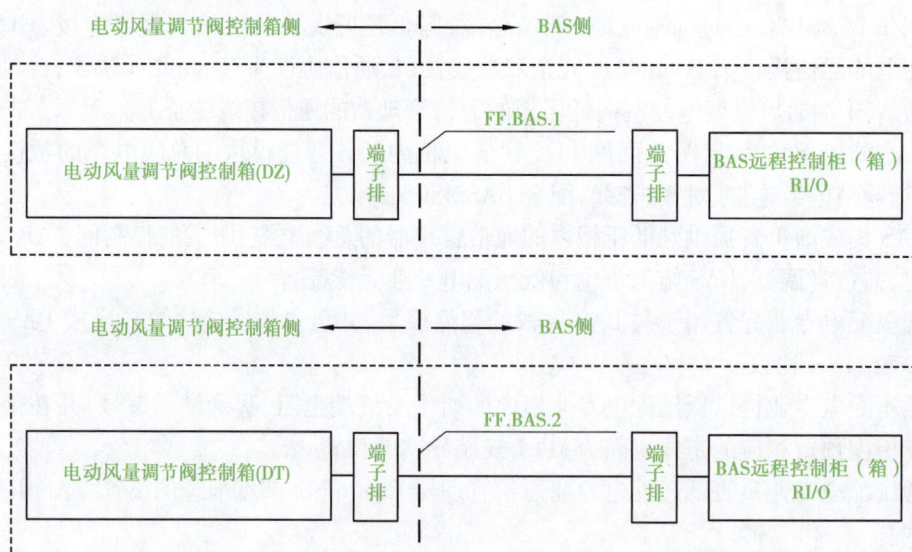

图 4-20 BAS 与电动风量调节阀控制箱接口界面图

①BAS 与电动风量调节阀控制箱的分界点"FF. BAS. 1"在电动风量调节阀(一类阀 DZ)控制箱的端子排上;

②BAS 与电动风量调节阀控制箱的分界点"FF. BAS. 2"在电动风量调节阀(二类阀 DT)控制箱的端子排上;

③电动风量调节阀控制箱供货商提供电动风量调节阀控制箱侧的端子。

2)物理接口

BAS 与电动风量调节阀控制箱采用硬线接口,硬节点信号包括开关量输入,开关量输出信号,模拟量输入、模拟量输出信号。

①BAS 施工单位负责:提供和敷设从电动风量调节阀控制箱到 BAS 远程控制柜/箱端子排的硬线电缆,并负责电动风量调节阀控制箱侧到 BAS 侧的安装接线,进行硬线连接、对线、查线,配合 BAS/ISCS 调试。

②BAS 供货商负责组织接口调试,BAS 施工单位和电动风量调节阀控制箱供货商无偿配合。电动风量调节阀控制箱供货商负责提供电动风量调节阀控制箱侧的接线端子,并指导安装接线,在完成本体设备调试后,配合 BAS/ISCS 进行调试。

③对电动风量调节阀控制箱提供给 BAS 系统的开关量输入信号的基本要求:

传输介质:屏蔽电缆(低烟无卤);

节点类型:独立无源干节点方式,节点容量 DC24V 0.5A;

电源:BAS 提供 DC24V 查询电源;

信号类型:电平信号,常保持。

④对 BAS 提供给电动风量调节阀控制箱的开关量输出信号的基本要求:

传输介质:屏蔽电缆(低烟无卤);

节点类型:独立无源干接点方式,节点容量 AC220V 10A;

控制信号:脉冲信号,长度 1 秒。

⑤对电动风量调节阀控制箱提供给 BAS 系统的模拟量输入信号的基本要求:

传输介质:屏蔽电缆(低烟无卤);

信号类型:2～10 V 有源信号。

⑥对 BAS 提供给电动风量调节阀控制箱的模拟量输出信号的基本要求:

传输介质:屏蔽电缆(低烟无卤);

信号类型:2～10 V 无源信号。

3)功能接口

BAS 的监视对象包括电动风量调节阀的开度以及开关状态等。

①BAS 需完成的功能如下:

实现在火灾情况下电动风量调节阀的全开和全关控制(通过开关量信号实现);

监视电动风量调节阀的开度;

监视控制权限状态;

监视火灾情况电动风量调节阀的全开和全关状态;

监视电动风量调节阀的开度;

控制电动风量调节阀的开度(通过模拟量输出信号实现);

监视控制权限状态。

②电动风量调节阀控制箱供货商需完成的功能如下：

接收 BAS 对电动风量调节阀的远程控制信号，控制电动风量调节阀全开和全关；

提供电动风量调节阀开度状态给 BAS；

提供控制权限状态给 BAS；

提供火灾情况电动风量调节阀的全开和全关状态给 BAS；

提供电动风量调节阀开度状态给 BAS；

接收 BAS 控制信号，对电动风量调节阀进行开度调节；

提供控制权限状态给 BAS。

4.2.3 BAS 系统模式执行与控制策略

(1)正常模式的执行

正常模式的指令来源有：车站工作站点操、OCC 工作站点操、根据对环境参数的判断自动选择的模式（"自由模式"）。

正常模式的状态分为：未启动、执行中、执行成功和执行失败。未启动表示该模式未被触发执行；执行中表示该模式已开始启动，但其执行时间还未结束（设备按模式要求动作中）；模式执行时间结束后，根据该模式中设备状态是否符合模式要求，判断模式的执行结果为成功或失败。

(2)火灾模式的执行

火灾模式的指令来源分为：FAS 报警指令、IBP 盘按钮指令、在车站工作站点操、在OCC 工作站点操。

在 IBP 手动的情况下，运行人员通过 IBP 盘上的按钮指令启动火灾模式；在 IBP 自动且 BAS 系统当前没有执行火灾模式的情况下，根据 FAS 的报警指令执行相应的火灾模式；在车站工作站手动情况下，运行人员在 BAS 工作站控制火灾模式执行；在 OCC 控制权限下，BAS 系统根据 OCC 下发的火灾模式指令执行相应的火灾模式。

火灾模式的状态标志为：未启动、执行中、执行成功和执行失败。未启动表示该模式未被触发执行；执行中表示该模式已开始启动，但其执行时间还未结束（设备按模式要求动作中）；模式执行时间结束后，根据该模式中设备状态是否符合模式要求，判断模式的执行结果为成功或失败。

当某个系统火灾时，由设计确定其他系统是否需要联动和联动的模式。

由于正常模式不能抢占火灾模式的执行，所以在灾害消除以后，必须手动复位火灾模式后才能执行正常模式。手动复位后各系统是否自动转入某个正常模式需在设计联络会时确定。

(3)阻塞模式的执行

阻塞模式的指令来源分为：车站工作站点操指令、OCC 工作站点操指令、信号专业的通信指令。阻塞模式的执行流程如下：

阻塞模式的状态标志为：未启动、执行中、执行成功和执行失败。未启动表示该模式未被触发执行；执行中表示该模式已开始启动，但其执行时间还未结束（设备按模式要求动作中）；模式执行时间结束后，根据该模式中设备状态是否符合模式要求，判断模式的执行结果为成功或失败。

（4）自由模式的控制

自由模式是 BAS 根据环境传感器的测量值计算出焓值后同设计依据比较得出的现在应该执行的模式。在自由模式下,BAS 还会通过对变频风机的频率进行 PID 控制达到车站要求温度和节能的目的。在 BAS 的控制逻辑中将自由模式归属到空调通风系统中正常模式中,以大系统为例,自由模式根据以下条件实现自动模式切换:

空调工况 I:室外空气湿球温度 >22.5 ℃(焓值 >66.36 kJ/kg);

空调工况 II:室外空气湿球温度 ≤23 ℃(焓值 ≤66.36 KJ/kg)并且 ≥18.4℃(焓值 ≥52.07 KJ/kg);

通风工况 III:室外空气湿球温度 <18.4 ℃(焓值 <52.07 KJ/kg)。

在自由模式情况下,BAS 系统根据当前环境参数计算室外空气焓值,并以一定的时间间隔,根据焓值选择需要执行的模式,以实现最大限度的节能。

在模式的控制中,自由模式属于正常模式。在软件设计时,为每个系统设置一个自由模式,如"大系统自由模式""设备管理用房自由模式"等。

4.2.4　BAS 系统通信模块及网络组态

（1）组态通讯模块

对于一个已经创建的 ControlLogix 项目,此时还没有与项目相关的任何 I/O 模块,项目中也没有可执行的代码(如梯形图),正在处于离线工作。所作的任何改变都只限于软件中,并存储在计算机的硬驱中。在进入在线操作以前,这些变化并不能反映到 L62 控制器中。

下一步是要辨认我们想用在这个项目中的、插在本地、远程背板上的 I/O 模块。由于不能在线添加输入/输出模块,因此,现在(处于离线状态)正好可以添加模块。假如在本地机架中,有如下设备:

0 号槽:L62 处理器;1 号槽:CNBR Controlnet 通讯模块;2 号槽:1756-ENET 以太网通讯模块;在远程机架中,有如下设备:0 号槽:ACNR 通讯模块。

1 号槽:DI —1756-IB16;2 号槽:DO—1756-OB16;3 号槽:AI—1756-IE8;

4 号槽:AO—1756-OE4。

注意:所有模块都可带电插拔(也就是说,你不需要先切断框架的电源,再插拔模块)。

（2）组态本地 I/O

1)CNBR 通信模块

①鼠标左键点击"I/O Configuration"(I/O 组态,位于左边窗口的底部),然后按鼠标右键,并选择"New Module"(新模块),如图 4-21 所示。

②在图 4-22 画面中选择"1756-CNBR/D"。选中之后,按"OK"。

③CNBR 通信模块位于第 1 号槽(确认一下),按图 4-23 内容填写,按"OK"。

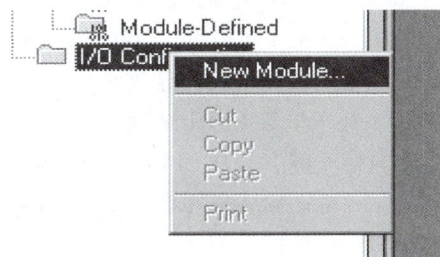

图 4-21　CNBR 通信模块图

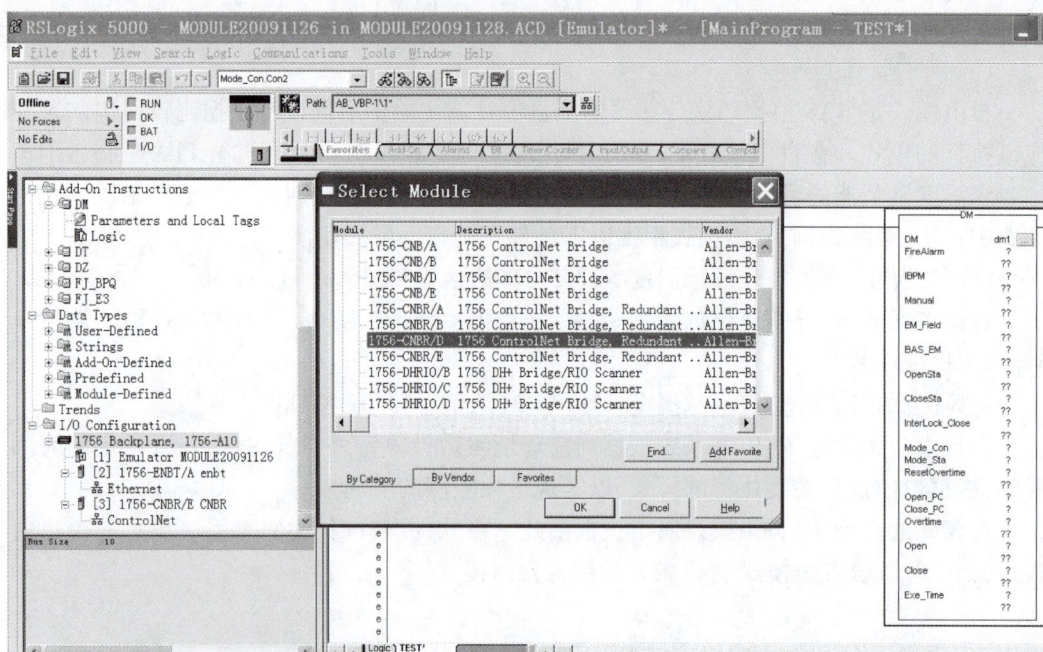

图 4-22　选择界面

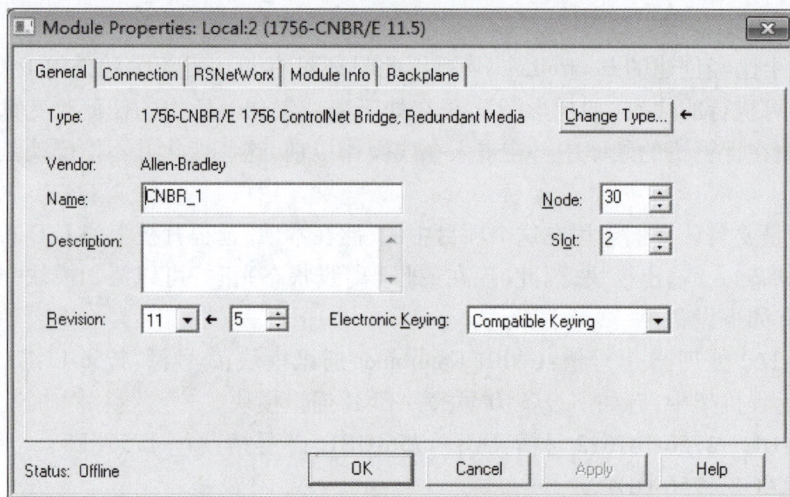

图 4-23　CNBR 通讯模块位于第 1 号槽

④选择"Finish"（完成）

其中：Electronic Keying（电子锁）允许在 online（在线）之前确定一个物理模块与软件组态之间达到匹配程度。这种特性可以避免将错误的模块插入在错误的槽中。

2）添加本机架 ENBT 通信模块

①鼠标左键点击"I/O Configuration"（I/O 组态,位于左边窗口的底部）,然后按鼠标右键,并选择"New Module"（新模块）。在图 4-24 所示画面中选"1756-ENBT/A",选中之后,按"OK"。

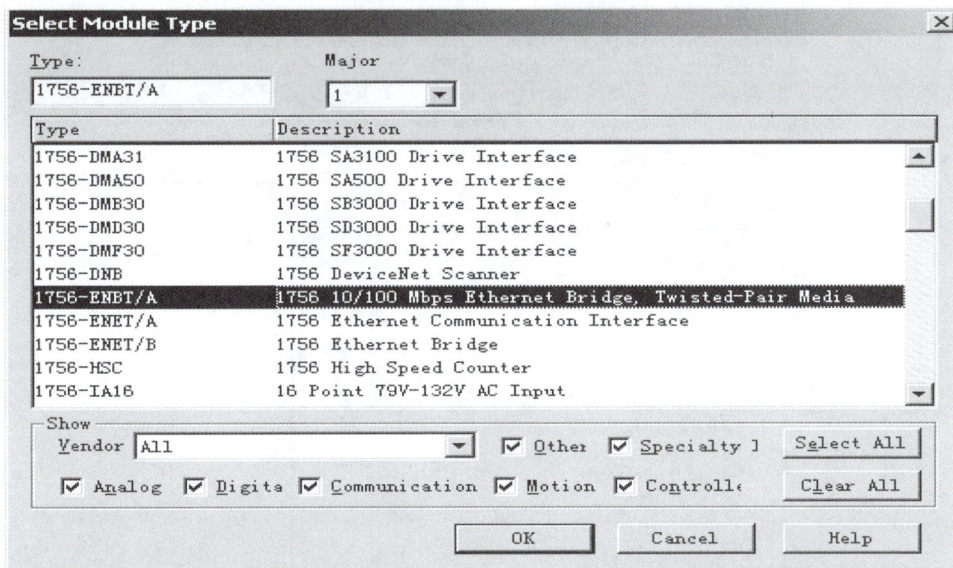

图 4-24　ENBT 通信模块图

②ENBT 通信模块位于第 2 号槽(确认一下),按图 4-25 所示内容填写,按"OK"。

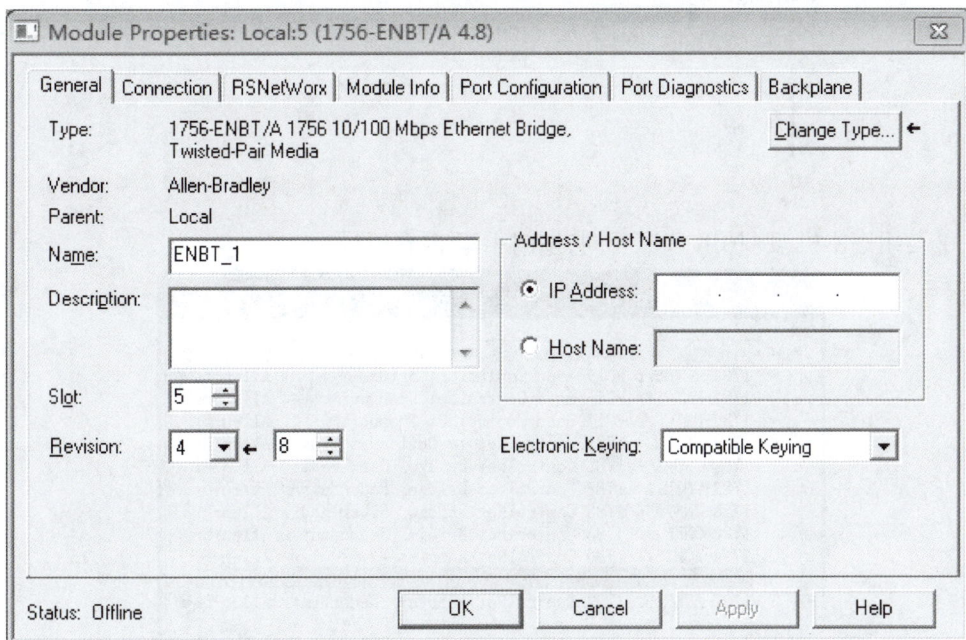

图 4-25　ENBT 通信模块位于第 2 号槽

(3)组态远程 I/O

1)添加 ACNR 通信模块

①鼠标右键点击"1756-CNBRD"下的"ControlNet",并选择"New Module"(新模块),如图4-26所示。

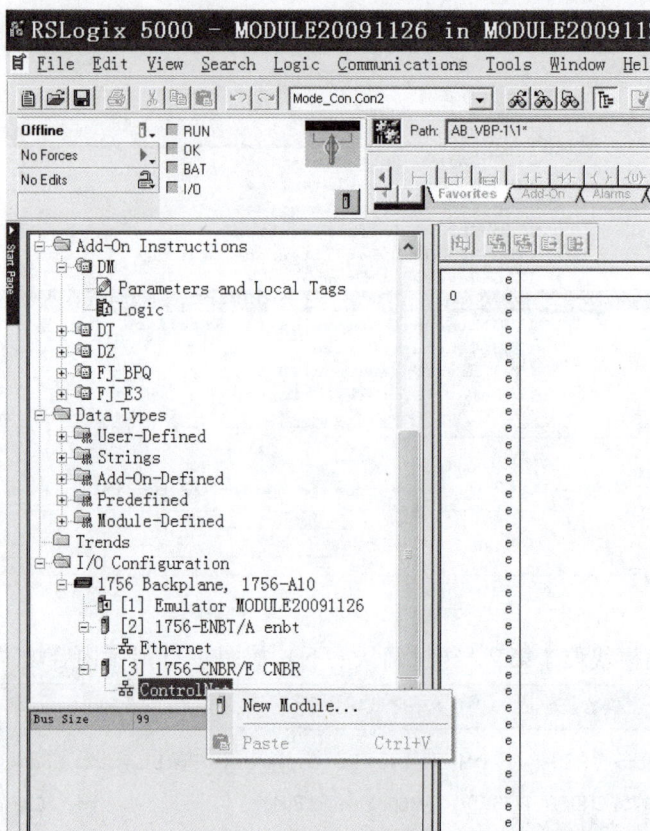

图 4-26　ACNR 通信模块

②与组态本机架 CNBR 步骤相同,按图 4-27 内容填写。

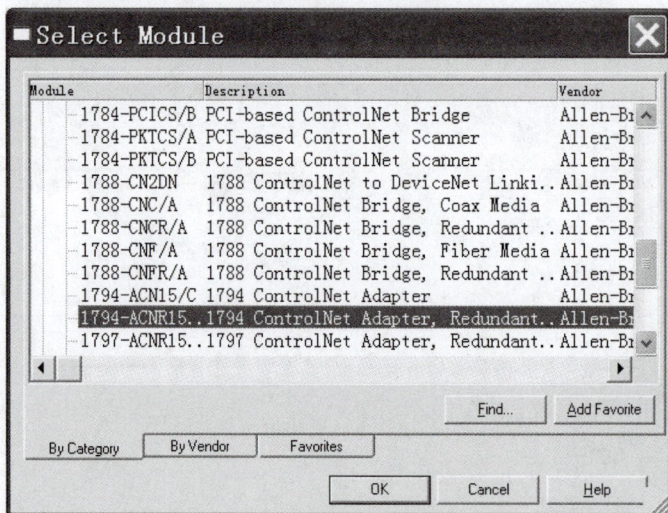

图 4-27　添加 ACNR 通信模块

③选择"1794-ACNR15",单击"OK",完成适配器的添加,并键入适配器的名称"BA-11"。填好之后,按"Next"(下一步),出现图 4-28,接受缺省设置,选择"Finish"(完成)。

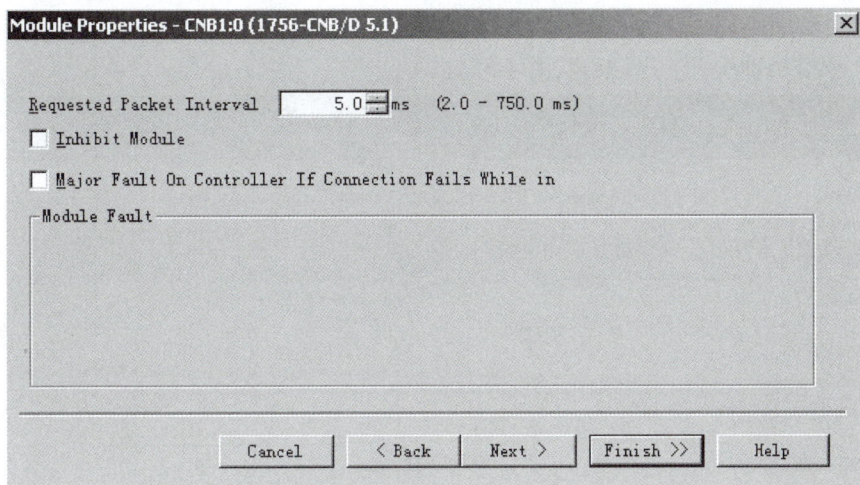

Module Properties - CNB1:0 (1756-CNB/D 5.1)

Requested Packet Interval [5.0] ms (2.0 - 750.0 ms)

☐ Inhibit Module

☐ Major Fault On Controller If Connection Fails While in

┌ Module Fault ──────────────────────────────────┐
│   │
│   │
└───┘

[Cancel] [< Back] [Next >] [Finish >>] [Help]

图 4-28　选择 1794-ACNR15

2）组态远程机架的开关量输入模块

鼠标左键点击远程站"1794-ACNR15 BA-11"。然后按鼠标右键,并选择"New Module"（新模块）。在弹出窗口中选择"1756-IB16",选中之后,按"OK",弹出图如 4-29 所示窗口,选择"Finish"（完成）。

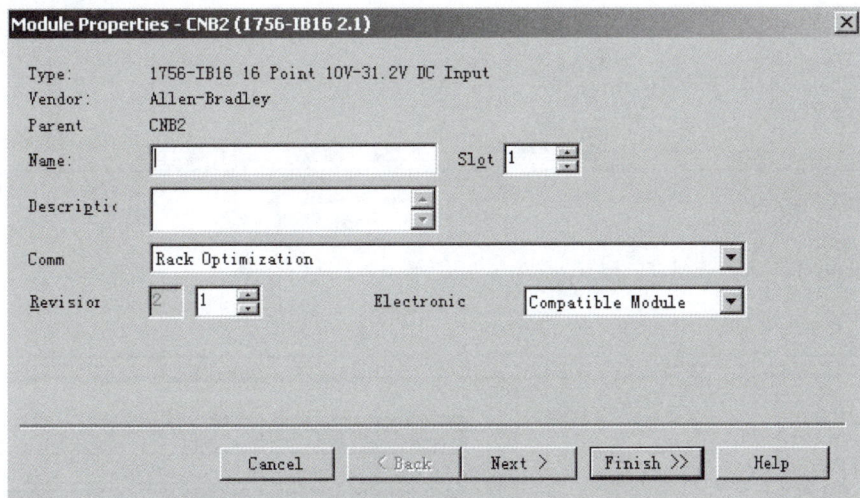

Module Properties - CNB2 (1756-IB16 2.1)

Type: 1756-IB16 16 Point 10V-31.2V DC Input
Vendor: Allen-Bradley
Parent   CNB2

Name: [   ]   Slot [1]

Description [   ]

Comm   [Rack Optimization   ]

Revision [2] [1]   Electronic [Compatible Module]

[Cancel] [< Back] [Next >] [Finish >>] [Help]

图 4-29　组态远程机架的开关量输入模块

注:按以上所讲组态远程机架的开关量输出模块。

3）组态远程机架模拟量输入模块,按图 4-30 所示内容填写。

在"Name"一栏中,键入模块的名称,单击"OK",完成 AI 的添加。

注:按以上方法组态远程机架的模拟量输出模块。

（4）Rsnetwork For ControlNet 软件组态 ControlNet

①打开 Rsnetwork For ControlNet 软件。

②新建工程（图 4-31）。

③在线扫描（图 4-32）。

扫描后如图4-33所示。

④选择"Enable edit"（图4-34、图4-35）。

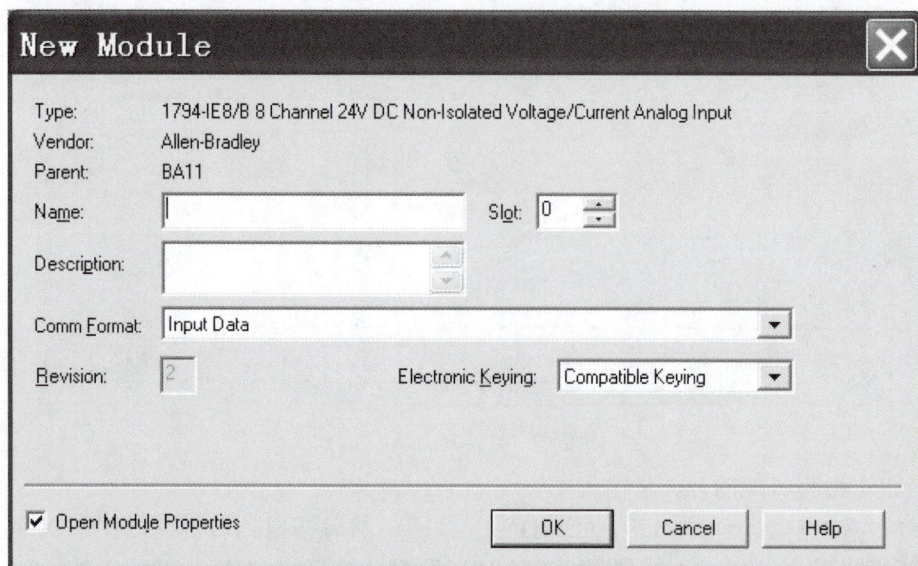

图4-30 组态远程机架模拟量输入模块

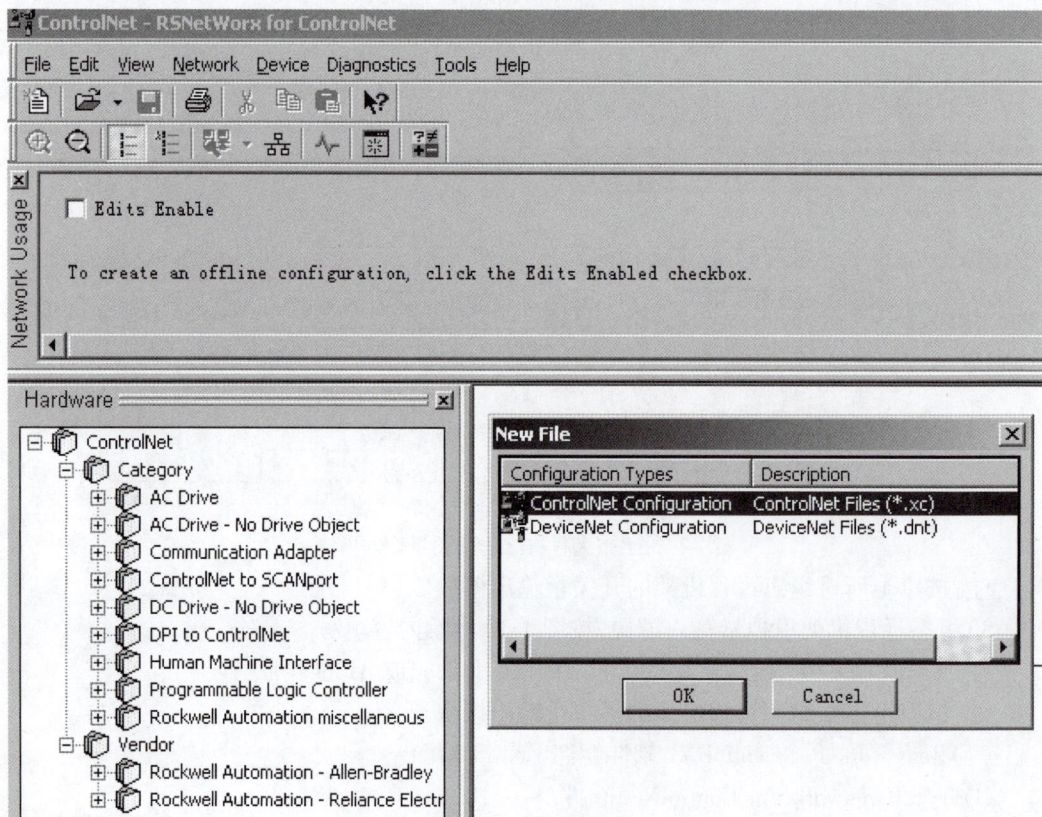

图4-31 新建工程

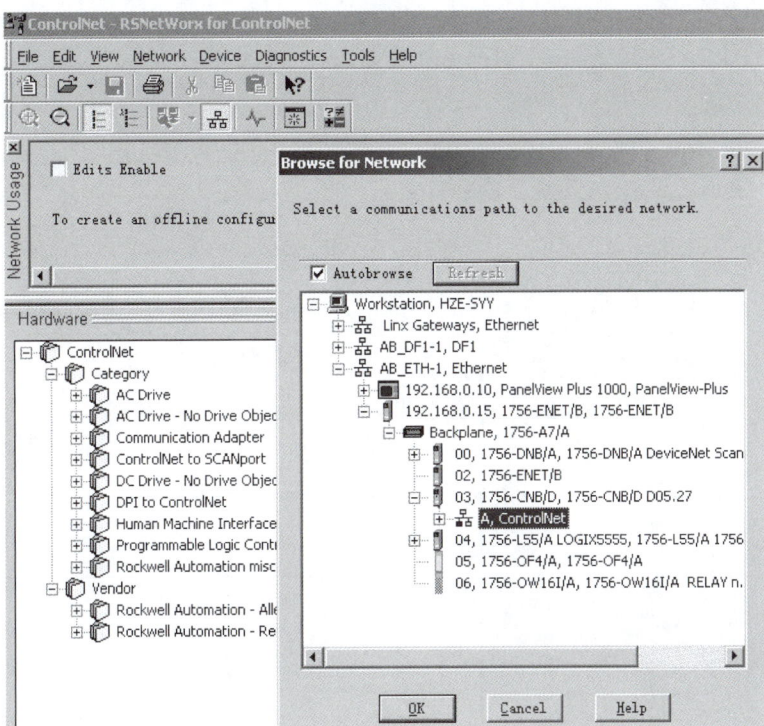

图 4-32　在线扫描

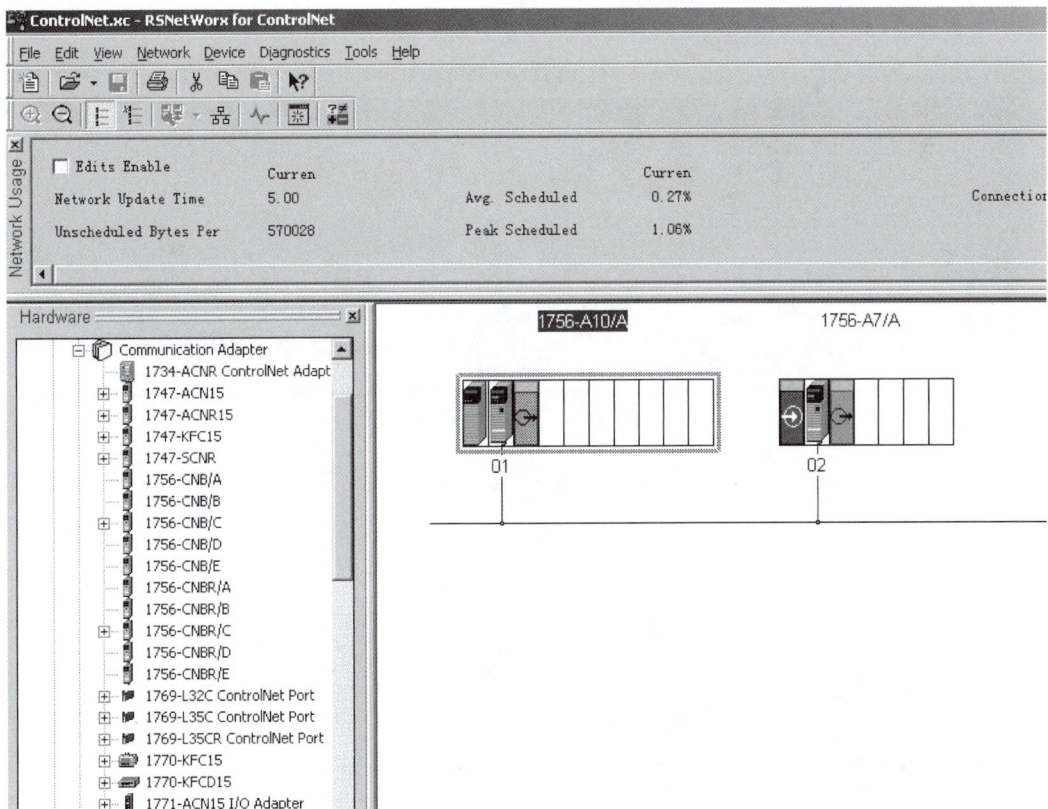

图 4-33　扫描完成后

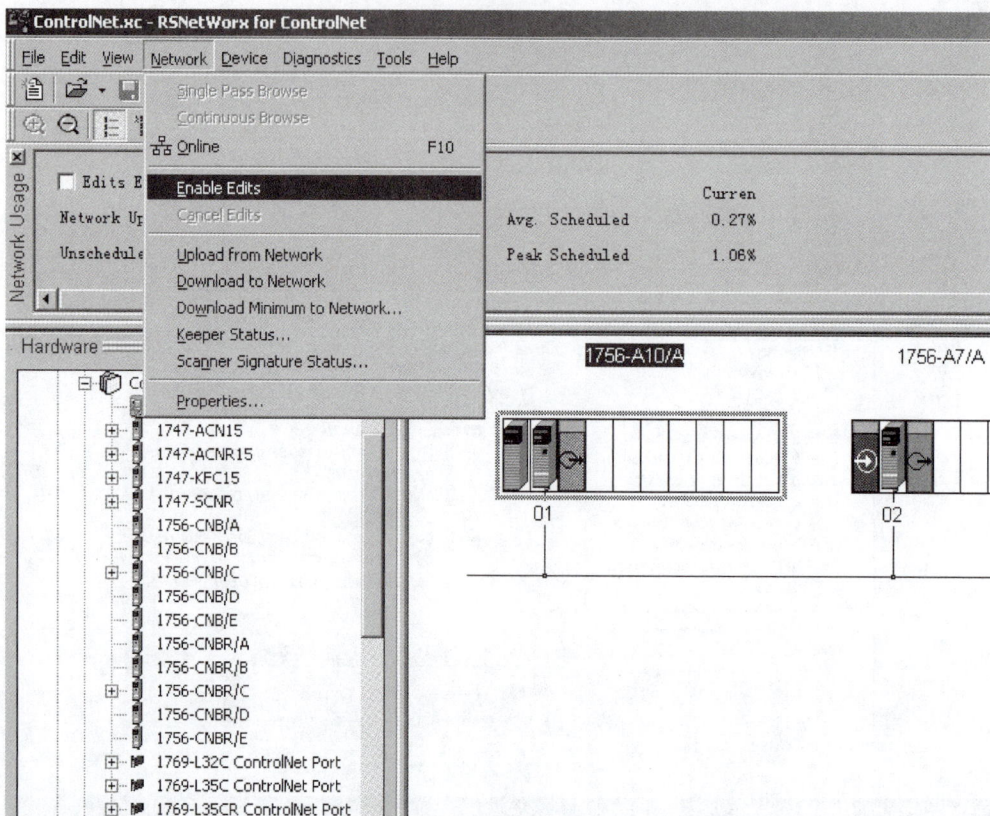

图 4-34　选择"Enable edit"

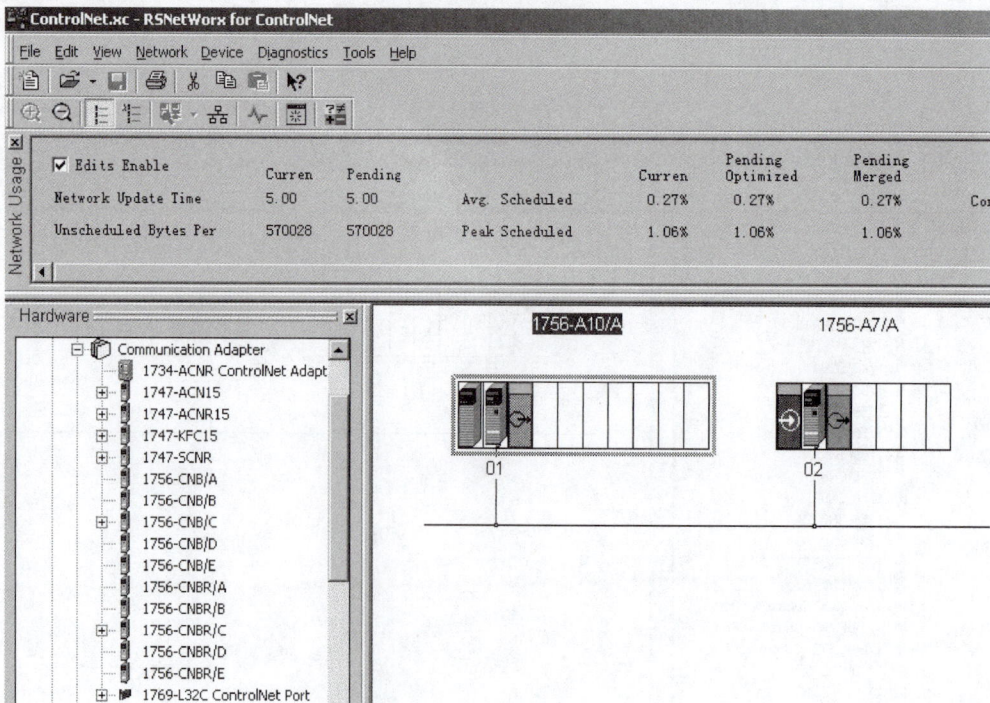

图 4-35　选择"Enable edit"

5）编辑属性（图4-36、图4-37、图4-38）

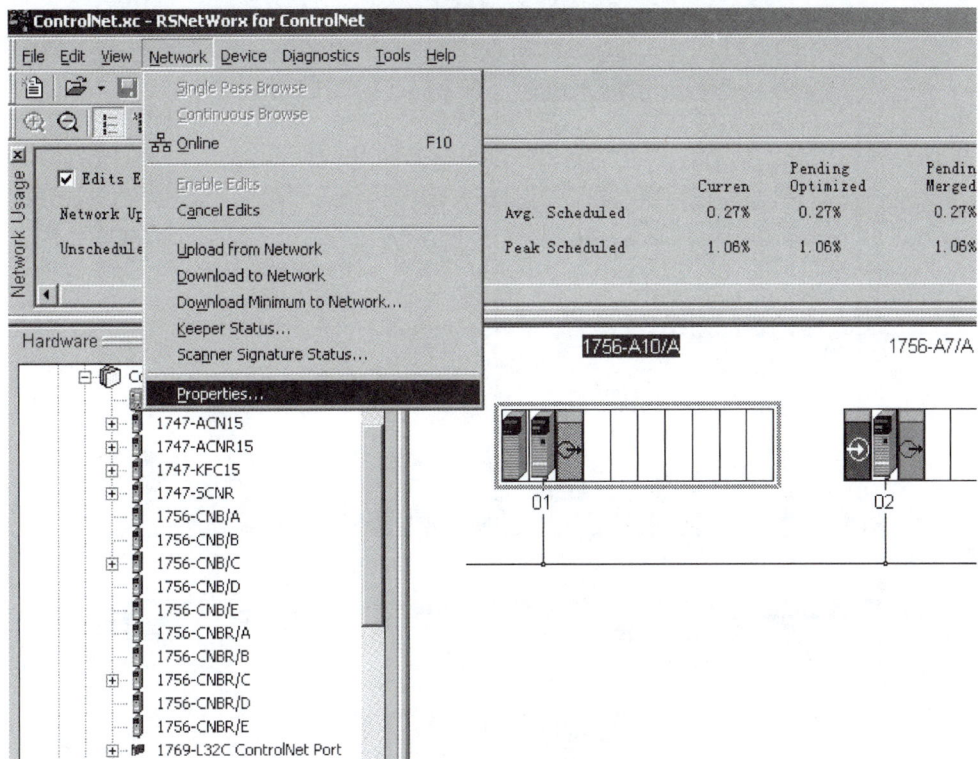

图4-36　编辑属性

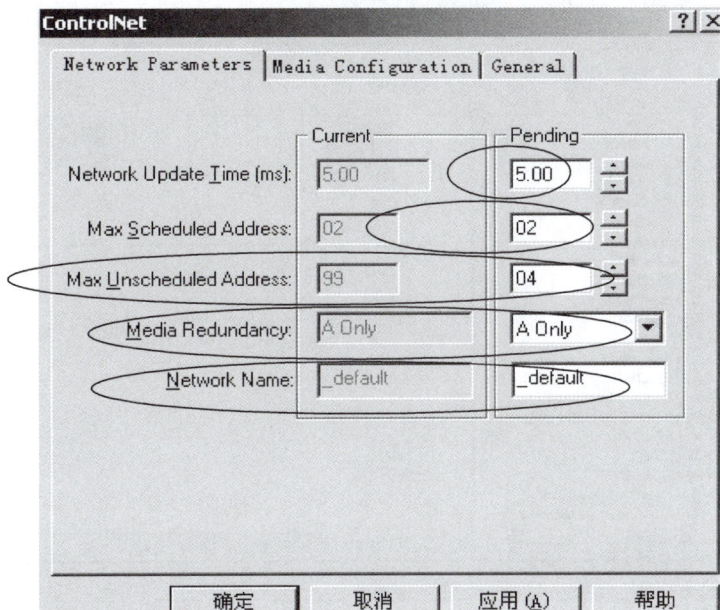

图4-37　编辑属性

如果通过光纤介质，要把光纤介质选到右边栏中。

6）编辑完毕下载组态信息到网络模块中（图4-39）

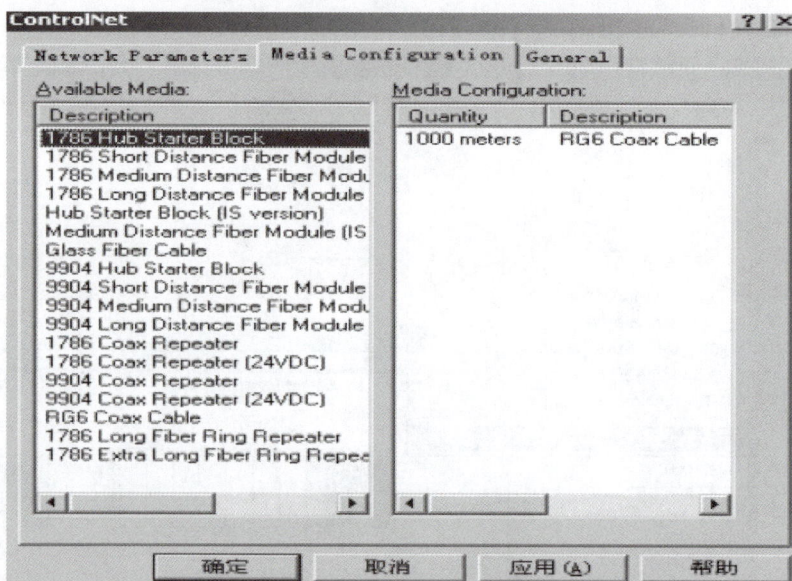

图 4-38　编辑属性

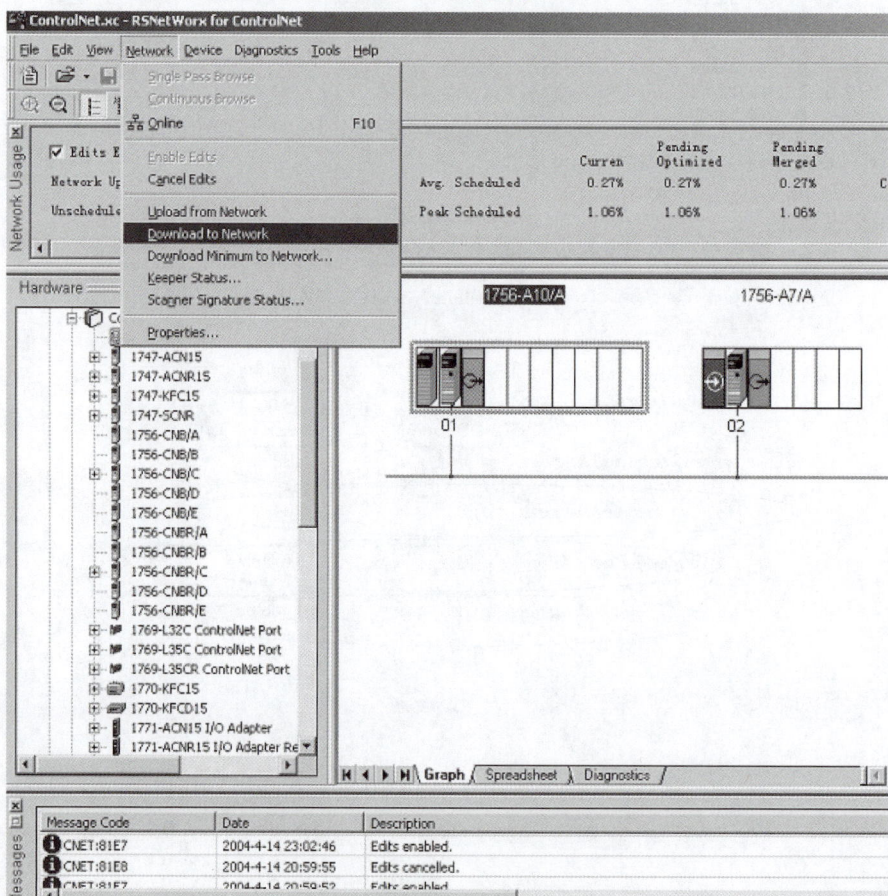

图 4-39　下载组态信息到网络模块中

下载完后保证此处没有红色的出错图标。

4.2.5 LOGIX5000 软件应用基础

(1)PLC 基本指令

使用继电器型指令监控和控制数据表中的位状态,如输入位或者计时器控制字的位,继电器型指令如表4-8 所示。

表4-8 继电器型指令表

目 的	指 令
检查一位是 ON 状态	XIC
检查一位是 OFF 状态	XIO
保持一位是 ON 或 OFF 状态(非保持)	OTE
锁存一位是 ON(保持)	OTL
解锁一位是 OFF(保持)	OUT
立即更新输入映象位	IIN
立即更新输出映象位	ZOT

利用这些指令,用户可以寻址存储器所有空间上的位,但是本节中的例子仅表示如何在 I/O 映象文件内寻址,处理器中输入映象文件存放的是与输入模板端子相连接输入设备的状态,见表4-9。

表4-9 输入状态表

输入设备状态	对应输入映象位状态
接通(ON)	置位(1)
断开(OFF)	复位(0)

在梯形逻辑中,用户可编程这些指令去监控位状态,对于位使用逻辑地址。输出映象文件是控制与输出模板端子相连接输出设备的状态,见表4-10。

表4-10 输出状态表

输出设备状态	相应的输出设备映象
置位(1)	接通
复位(0)	断电

1)阶梯逻辑

当每个状态指令执行时,检测寻址位,输入的设备状态(ON 或 OFF)。如果检测到一条连续通路状态,则阶梯被置位真。从阶梯开始到输出,阶梯必须保持指令为真的连续通路。

2)常开节点 XIC(图 4-40)

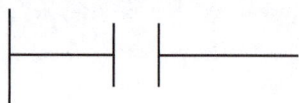

图 4-40　常开节点

①描述

当一个外部输入设备接通它的电路时,输入端子与外部设备相连的输入模板检查这个节点,处理器的数据表上反映为接通(ON)状态。当处理器找到一条寻址位与输入端子相对应的 XIC 指令时,处理器将确定外部设备是否接通(ON)。如果处理器检查到接通(ON)状态,则该指令是逻辑将被设定为真(ture);如果处理器检查到断电(OFF)状态,则该指令的逻辑将被设定为假(false)。

若 XIC 是阶梯中唯一的指令,那么当 XIC 指令是真时处理器使能输出指令。当 XIC 指令是假(输入断电)时,处理器不使能输出指令。

常开节点指令是真或者假取决于处理器在寻址位上是否找到一个接通(ON)的状态,见表 4-11。

表 4-11　状态表

位	指　令
On(接通)	真(true)
Off(断开)	假(false)

②图例(图 4-41)

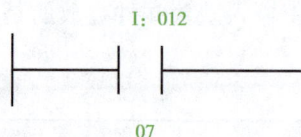

I:012

07

图 4-41·常开节点

该指令告诉处理器,若发现数据表中的位 I:012/7 是接通(ON)状态,则指令设定为真。

该位与 I/O 机架 1 组 2 输入模板的端子 7 相对应。若输入电路为真,则指令为真。

3)常闭节点 XIO(图 4-42)

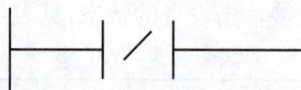

图 4-42　常闭节点 XIO

①描述

当一个外部输入设备关断它的电路时,输入端子与外部设备相连接的输入模板检查这个常闭节点,处理器的数据表上反映为断开(OFF)状态。当处理器找到一条地址与输入端子相对应的 XIO 指令时,处理器将确定该设备是否断电(OFF)。若处理器找到 OFF 状态,则设定指令为真(ture);若处理器找到 ON 状态,则设定指令为假(false)。

若 XIO 指令是阶梯中仅有的状态指令,则当 XIO 指令为真(输入断开)时,处理器将使能输出指令。检查常闭节点是真或者假取决于处理器在寻址位上是否找到一个 OFF 状态,见表 4-12。

表 4-12　状态表

位	指　令
ON（接通）	真（true）
OFF（断开）	假（false）

②图例（图 4-43）

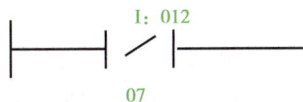
I：012
07

图 4-43　常闭节点

该指令告诉处理器，若发现数据表中 I：012/7 位是 OFF 状态，则设定指令为真。该位与 I/O 机架 1 组 2 模板中的端子 7 相对应。若输入电路为假，则指令为真。

4）输出线圈 OTE（图 4-44）

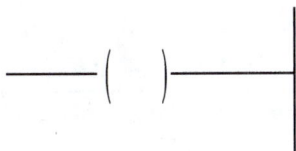

图 4-44　输出线圈

①描述

OTE 指令是用于控制存贮器中的一位。若该位对应输出模板上的一个端子，则当该指令使能时，连接到该端子上的设备被接通；反之，设备不动作。若 OTE 指令前面的输入条件是真，则处理器使能 OTE 指令；若 OTE 指令前面的输入条件是假，则不使能 OTE 指令。当阶梯条件变为假时，相应的设备不接通。

一条 OTE 指令如同一个继电器一线圈。OTE 指令由它前面的输入指令控制，而继电器的线圈由硬触点控制。OTE 指令告诉处理器去控制基于阶梯条件的地址位，见表 4-13：

表 4-13　状态表

阶梯条件	处理器控制位
真	ON
假	OFF

②图例（图 4-45）

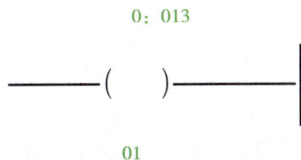
0：013
01

图 4-45　图例

若阶梯为真，则该指令使处理器把输出映象表中的 O：013/01 位置为 ON 状态；若阶梯是假，则置为 OFF。该地址位与 I/O 机架 1 组 3 输出端子 1 相对应。

5）输出锁存 OTL（图4-46）

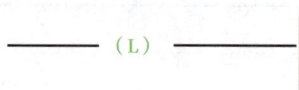

图4-46　输出锁存

①描述

OTL 指令是一条仅用于置位的输出保持指令（它不能复位），该指令通常与 OUT 解锁指令成对使用，两条指令寻址相同的位。

当用户为 OTL 指令分配一个与输出模板端子相对应的地址时，在处理器存储器中该位置位（使能），则连接该端子上的输出设备接通。若 OTL 指令前面的输入条件是真，则处理器使能 OTL 指令；若当阶梯条件变假（是逻辑真之后），则该位保持有效并且相应的输出设备保持接通。使用 OUT 指令可以把由 OUT 指令锁存的位解锁。

当阶梯条件是真时，输出锁存指令告诉处理器置位地址位，然后该位保持置位，此后不关心阶梯条件的变化，直到该位被复位。典型情况是由另一阶梯中的输出解锁（OUT）指令解锁，见表4-14。

表4-14　状态表

阶梯条件	处理器控制位
真（true）	ON（1）
假（false）	不变化

②图例（图4-47）

0:013

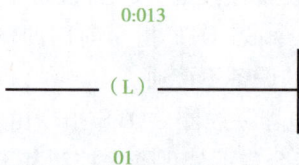

01

图4-47　图例

如果阶梯条件是真，则该指令告诉处理器把输出映象表中的 O:013/01 位置位。该位与 I/O 机架组3 的输出端子1 相对应。

6）输出解锁 OTU（图4-48）

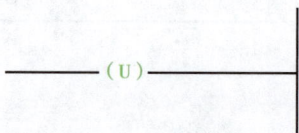

图4-48　输出解锁

①描述

OUT 指令是一条仅用于解锁的输出保持指令（它不能使能地址位）。该指令通常与 OTL（输出锁存）指令成对使用，两条指令寻址相同的位，OUT 指令是复位由 OTL 指令锁存的位。

当处理器从运行方式改变到编程方式或者当电源断电时（有备用电池），由锁存/解锁对的阶梯是真最后设定的位状态被保持。

OUT 指令告诉处理器去关闭基于阶梯条件的位,而且此后该保持关闭,不受阶梯条件的影响直到被置位为止。典型情况是由另一阶梯中的 OTL 指令置位,见表 4-15。

表 4-15　状态表

阶梯条件	处理器控制位
真(true)	off
假(false)	不变化

②图例(图 4-49)

0：013

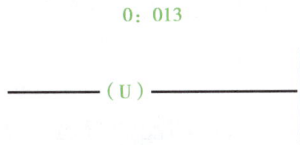

图 4-49　图例

如果阶梯条件是真,则该指令告诉处理器复位输出映象表中的 O:013/01 位。该位与 I/O 机架 1 组 3 的输出端子相对应。

7)立即输入 IIN(图 4-50)

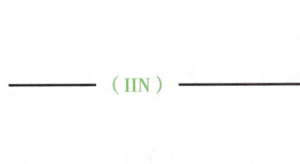

图 4-50　立即输入

①描述

立即输入指令是一条输出指令。当使能时,在下一次正常输入映象更新之前它更新输入映象区中的一个字。

对于本地机架上的输入,当扫描 I/O 槽输入时将中断程序。若本地机架上的块传送(block—transfer)在进行时,假若程序碰到一条使能的 IIN 指令,则处理器在执行 IIN 指令之前先完成块传送。

对于远程机架上的输入,仅当用由远程 I/O 缓冲器(来自最近的 I/O 远程扫描)建立的最后输入状态更新输入映象时,才中断程序扫描。在程序扫描继续之前,将不扫描输入。

②图例(图 4-51)

011

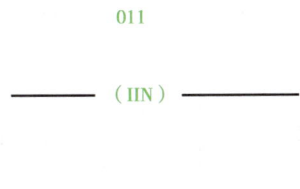

图 4-51　图例

当输入条件是真时,处理器将更新对应于 I/O 机架号 0 组号 1 的输入映象字。

8）立即输出 IOT（图 4-52）

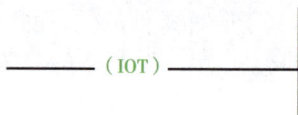

图 4-52　图例

①描述

立即输出指令是一条输出指令。当使能时,在下一次正常输出映象更新之前更新输出。

对于本地机架上的输出,当寻址 I/O 组输出扫描时,中断程序扫描。在程序扫描继续之前,该指令把输出电路设定到输出映象表中的输出位的当前状态。块传送进行的同时如果程序碰到一条使能的 IOT 指令,处理器将在执行 IOT 指令之前先完成块传送。

对于远程机架上的输出,仅当具有输出映象位当前状态的远程 I/O 缓冲器更新时,才中断程序扫描。程序扫描继续的同时,该功能使得这些状态立即应用到下一次远程 I/O 扫描。程序继续扫描之前,将不扫描输出。

②图例（图 4-53）

001

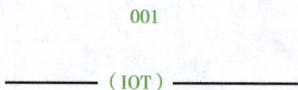

图 4-53　图例

当输入条件是真时,处理器用与 I/O 机架 0,组 1 相关的映象字更新输出。

(2)PLC 梯形图逻辑原理

梯形图为二次世界大战期间所发展出来的自动控制图形语言,是历史最久、使用最广的自动控制语言,最初只有 A(常开)接点、B(常闭)接点、输出线圈、定时器、计数器等基本机构装置(今日仍在使用的配电盘即是),直到可程控器 PLC 出现后,梯形图之中可表示的装置,除上述外,另增加了诸如微分接点、保持线圈等装置以及传统配电盘无法达成的应用指令,如加、减、乘及除等数值运算功能。无论传统梯形图或 PLC 梯形图其工作原理均相同,只是在符号表示上传统梯形图比较接近实体的符号表示,而 PLC 则采用较简明且易于计算机或报表上表示的符号表示。在梯形图逻辑方面可分为组合逻辑和顺序逻辑两种,分述如下:

1）组合逻辑

分别以传统梯形图及 PLC 梯形图表示组合逻辑的范例,见图 4-54、图 4-55。

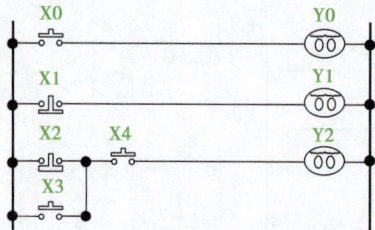

图 4-54　传统梯形图

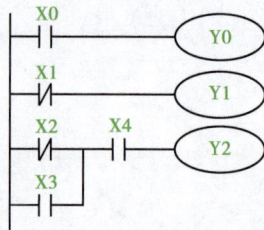

图 4-55　PLC 梯形图

行 1:使用一常开开关 X0(NO:Normally Open)亦即一般所谓的"A"开关或接点。其特性是在平常(未按下)时,其接点为开路(Off)状态,故 Y0 不导通,而在开关动作(按下按钮)时,其接点变为导通(On),故 Y0 导通。

行 2:使用一常闭开关 X1(NC:Normally Close)亦即一般所称的"B"开关或接点,其特性是在平常时,其接点为导通,故 Y1 导通,而在开关动作时,其接点反而变成开路,故 Y1 不导通。

行 3:为一个以上输入装置的组合逻辑输出的应用,其输出 Y2 只有在 X2 不动作或 X3 动作且 X4 为动作时才会导通。

2)顺序逻辑

顺序逻辑为具有反馈结构的回路,亦即将回路输出结果送回当输入条件,如此在相同输入条件下,会因前次状态或动作顺序的不同,而得到不同的输出结果,如图 4-56、图 4-57 所示。

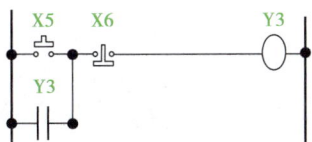

图 4-56 传统梯形图

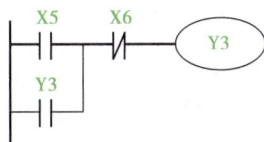

图 4-57 PLC 梯形图

分别以传统梯形图及 PLC 梯形图表示顺序逻辑的范例。

在此回路刚接上电源时,虽 X6 开关为 On,但 X5 开关为 Off,故 Y3 不动作。在启动开关 X5 按下后,Y3 动作,一旦 Y3 动作后,即使放开启动开关(X5 变成 Off)Y3 因为自身的接点反馈而仍可继续保持动作(此即为自我保持回路),其动作见表 4-16:

表 4-16 动作关系表

装置状态 / 动作顺序	X5 开关	X6 开关	Y3 状态
1	不动作	不动作	Off
2	动作	不动作	On
3	不动作	不动作	On
4	不动作	动作	Off
5	不动作	不动作	Off

由表 4-16 可知,在不同顺序下,虽然输入状态完全一致,其输出结果也可能不一样,如表中的动作顺序 1 和 3 中,X5 和 X6 开关均为不动作,在状态 1 的条件下 Y3 为 Off,但状态 3 时 Y3 却为 On,此种 Y3 输出状态送回当输入(即所谓的反馈)而使回路具有顺序控制效果是梯形图回路的主要特性。在本节范例中仅列举 A、B 接点和输出线圈作说明,其他装置的用法和此相同。

3)梯形图编辑说明

梯形图为广泛应用在自动控制的一种图形语言,这是沿用电气控制电路的符号所组合而成的一种图形,透过梯形图编辑器画好梯形图形后,PLC 的程序设计也就完成,以图形表示控制的流程较为直观,易为熟悉电气控制电路的技术人员所接受。在梯形图形很多基本符号及动作都是根据在传统自动控制配电盘中常见的机电装置,如按钮、开关、继电器(Relay)、定时器(Timer)及计数器(Counter)等。

PLC 的内部装置:PLC 内部装置的种类及数量随各厂牌产品而不同。内部装置虽然沿用了传统电气控制电路中的继电器、线圈及接点等名称,但 PLC 内部并不存在这些实际物理装置,它对应的只是 PLC 内部存储器的一个基本单元(一个位,bit),若该位为 1 表示该线圈得电,该位为 0 表示线圈不得电,使用常开接点(Normal Open,NO 或 A 接点)即直接读取该对应位的值,若使用常闭接点(Normal Close,NC 或 B 接点)则取该对应位值的反相。多个继电器将占有多个位(bit),8 个位,组成一个字节(或称为一个字节,byte),二个字节,称为一个字(word),两个字,组合成双字(double word)。当多个继电器一并处理时(如加/减法、移位等)则可使用字节、字或双字,且 PLC 内部的另两种装置:定时器及计数器,不仅有线圈,而且还有计时值及计数值,因此还要进行一些数值的处理,这些数值多属于字节、字或双字的形式。

由以上所述,各种内部装置,在 PLC 内部的数值储存区,各自占有一定数量的储存单元,当使用这些装置,实际上就是对相应的储存内容以位或字节或字的形式进行读取。

4.2.6　BAS 系统 UPS 运行与维护

(1)电池外观
①电池表面是否干净,定期清洁电池表面,检查电池是否有结晶现象,如果有结晶请检查结晶物质的可能来源。
②检查是否存在电解液的泄漏,电解液有无异常颜色,是否有电池的液位低于其他电池及低于下液位线。
③电池必须清洁和干燥,使用天然纤维擦拭材料进行擦拭。

(2)电池架和抗震夹持系统
检查是否存在损坏部分(裂缝、断裂),有没有氧化,楔块紧密地插入在恰当的位置上。电池架必须清洁和干燥,使用天然纤维擦拭材料进行擦拭。

(3)连接片和电缆
检查是否存在氧化或硫化痕迹,检查连接的紧密性和润滑。

(4)电池端极柱连接
检查电池端极柱表面是否有氧化,腐蚀现象,电池的端极柱周围的很多材料的属性不同,不同材料在有条件的情况下,容易发生微小的电化学腐蚀。

(5)电池连接
电池的连接是否牢固,变形,电池的连接线连接是按照一定的扭力矩来连接的,扭力矩太大可能导致电池的端极柱与电池内部物质产生应力,破坏电池的密封结构;扭力矩太小都有可能影响电池的连接,电池间的连接阻值增大,甚至可能有电火花出现。

(6)电池的外界条件
电池的环境条件,电池的充电条件,电池的负载情况。
①电池的环境——电池室的温度,湿度。电池应该存储在常温干燥的环境中,如果电池处在存储的状态下,应该将电池充满电,同时应该定期补充电,电池的环境温度直接影

响电池的寿命。理论上讲:电池环境温度每升高十度,化学腐蚀的速率将加快一倍,即电池的寿命将缩短一半,房间温度必须为 10～40 ℃,持续高温会导致过量的水损耗并缩短电池寿命,持续低温将降低放电性能。

②电池的充电——充电机的充电电压和电流设置。电池的充电电压和电流过高,将导致电池的温度升高,电池的失水加快;电池的腐蚀和电池的寿命都受到影响;电池的充电电压和电流过低,将延长充电时间,电池欠充,甚至导致结晶析出,活性物失效,电池失效的可能。

③电池的负载情况——电池的负载应该均匀分配。不均匀的负载可能导致部分电池长期欠充,电池电压偏低等情况,电池的负载所需要的功,应该小于电池所能承受的能力,电池的过度放电一般不被允许。在有特殊情况下,应尽可能在过放电后立即将电池充满电,否则电池可能因为活性物变成的不可逆物质,电池失效。

(7)电池电压的测量

①开路电压/静止电压:电池的开路电压与电池电解液的浓度有关,对于判断存储中的电池状态很有用。电池电解液直接反应了电池的充电状态,可以用来判定存储中电池的剩余容量。但通过电池的开路电压来判定其剩余容量在精确程度上有一些局限。如果电池在近 24 小时内有过充电或放电过程,则该电池的剩余容量数值精度为 +10%,如果电池保持开路 72 小时以上,则精度可达到 +2.5%。

②电池的在线电压测量——测量电池的在线电压。请先检查电池的总电压,请直接测量电池的正负两端(测量整流器的输出端)浮充状态电压在电池组两端接线柱上的浮充状态电压必须在下面值之间,相当于每个电池 2.23～2.25 V±1%。如果电压低于合适的值,调节充电器浮充状态电压,向电池组充电并在充电终止后重复检查 24 小时。如果电压高于合适的值,调节浮充状态电压。

(8)电池的温度测量

①电池的环境温度对电池有直接的影响,环境温度每增加 10 ℃,电池的寿命会减少一半。

②电池间温度差别超过 5 ℃电池的阻值差别较大,有可能电池在安装过程中有问题。

(9)故障处理

1)电池破裂

①电解液处理

如果大量电解液溢出,用诸如氢氧化钾为主的液体中和,然后彻底地冲洗这个区域。如果电解液溢出或溅到皮肤上,充分地冲洗。

如果电解液溅进眼睛内,用洗眼杯冲洗,并立即请眼科专家治疗。使用木制或塑料镊子除去任何可能落入电解液的外来物质。如果任何金属物落入电解液,则分析电解液,如果需要则更换电池。

②更换电缆/连接片

断开电缆的两端,擦拭电池接线柱,用新的垫圈和螺母安装新电缆。

③更换电池

除非制造商另有规定,应该更换不多于 15% 的原有电池。一旦电池组已运行 8 年,不推荐更换电池,在这种情况下,更换整组电池往往是更可取。建议电池操作者对于每种情况的检验与供货商取得联系。

检查电池组与它的负载和它的充电器断开。

如果需要,拆除抗震夹持架(取决于电池的位置)。

松开螺母并拆除电池的连接片。拆除电池,如果需要,使用一根提升带。

检查电池架、绝缘子、基座板处在良好状态并更换任何有缺陷或可疑的零件。

如果需要重新油漆抗震夹持架,安装一个新电池在合适的位置上(极性符合正确的顺序,即新电池的正(+)极连至前一个电池的负(-)极。而负(-)极连至后一个电池的正(+)极)。

重新连接电池并拧紧螺母到相应扭力值。

向电池组再充/均衡充电。在再充/均衡充电状态充电 15 小时后,检查所有电池的浮充电压和电解液密度。如果需要,调节浮充状态电压以便使每个电池的电压都不低于 2.23 V ±1%。

任务 4.3　FAS 及气灭系统

4.3.1　火灾自动报警系统及气体灭火控制系统故障诊断

(1)注意事项

在进行设备板卡更换前,必须使用必要的措施去除身体上的静电(如佩戴防静电护腕、洗手释放静电等)。在更换设备板卡时,必须按照正确的方法以及流程进行更换操作。更换设备前应准备好相关的工具及设备板卡。

(2)系统类故障诊断

1)故障名称:控制器接地故障(GROUND FAULT)

故障说明:控制器内由一个接地故障。

故障分析:此接地故障多数是由于 DC 24 V 电源接地造成。

故障解决:查找现场或控制器内部,找到接地点进行处理。

2)故障名称:主电故障(AC FAIL)

故障说明:AC 220 V 主电源掉电。

故障分析:消防负荷是两路电源互投供电,一般原因是交流电源的开关没有合闸造成,但也不排除配电箱故障或两路电源都没有电的可能。

故障解决:在确认消防配电箱供电正常的情况下,查看电源开关是否合闸。

注:在消防配电箱内和 FAS 主机柜内各有一个电源开关。

3)故障名称:备电故障(BATTERY)

故障说明:控制器的电源模块检测不到备电电压。

故障分析:造成此现象一般有两种情况。第一,电源模块与备电之间的连接线路出现断线故障;第二,备电电池的电压低,一般是在无主电的情况下用备电为控制器长时间供电,超过备电的使用时常,导致电池用亏。

故障解决:第一,查看电源模块与备电电池之间的连接线是否完好;第二,若确认备电电池用亏,请更换新的备电电池。

注:国家标准要求,控制器备用电池应能满足备电电池在放电至终止电压条件下,充电24小时,其容量应可提供控制器在监视状态下工作8小时后,在报警、联动状态下工作30分钟。

4)故障名称:环形一回路正断线(STYLE 6 POS LOOP 1)

故障说明:一回路的正线没有形成环路。

故障分析:造成此故障的原因为回路线正线没有从回路卡的B+到A+形成通路。

故障解决:检查线路找到断开位置点进行连接。

注:其他回路的同类型故障与此相同,唯故障代码不同(具体代码见附表),不再赘述。

5)故障名称:环形一回路负断线(STYLE 6 NEG LOOP 1)

故障说明:一回路的负线没有形成环路。

故障分析:造成此故障的原因为回路线负线没有从回路卡的B−到A−形成通路。

故障解决:检查线路找到断开位置点进行连接。

注:其他回路的同类型故障与此相同,唯故障代码不同。

6)故障名称:逻辑程序损坏(CORRUPT LOGIC QUAT)

故障说明:控制器逻辑方程数据库被损坏。

故障解决:重新下载编程数据库。

7)故障名称:编程数据库损坏

故障说明:控制器编程数据库被损坏。

故障解决:重新下载编程数据库。

8)故障名称:一回路未安装设备

故障说明:控制器一回路未编写或登录任何带地址设备。

故障分析:当控制器连接若干回路卡后,在没有进行设备点编程或自动登录时会出现此故障,此时为正常。若在控制器正常调试完毕后出现此故障,说明编程数据库丢失,需及时下载数据库。

9)故障名称:显示控制器1故障

故障说明:显示控制器1(ACM24-AT或ACM48A)故障。

故障解决:更换新的显示控制器。

注:其他显示控制器的同类型故障与此相同。

10)故障名称:显示控制器1通信故障

故障说明:显示控制器1与控制器通信故障。

故障分析:造成此故障可能有以下几种原因:

a.显示控制器1的地址拨码不正确,地址不是1。

b.显示控制器1与控制器之间的通信线路有故障。

c.显示控制器1的通信口有故障。

d.控制器与显示控制器的通信接口有故障。

故障解决:根据上述的几种故障原因分析对应的解决方法如下:

a. 修改显示控制器 1 的地址拨码,地址更改为 1。

b. 检查显示控制器和控制器之间的通信线路,并排除故障。

c. 更换新的显示控制器板卡。

d. 更换新的控制器板卡。

11) 故障名称:网络端口 A 通信故障

故障说明:控制器所连接的网卡 A 端口与其他网卡某端口通信失败。

故障分析:造成此故障可能有以下几种原因:

网卡间的通信光纤(本项目为单模)有故障。

本端或另外一端的网卡本身有故障。

故障解决:根据上述的几种故障原因分析对应的解决方法如下:

检查网卡间的通信单模光纤,并排除故障。

检查两块网卡是否正常,根据检查情况进行网卡板卡更换。

注:每块网卡有 A 和 B 两个通信端口;两块网卡之间的单模光纤的衰减率不能大于 8DB。

12) 故障名称:高级步行测试

故障说明:控制器进入高级步行测试模式。

故障分析:当控制器进入高级步行测试模式时,会出现此故障。

故障解决:退出高级步行测试模式后,该故障自动消除。

13) 故障名称:充电器故障

故障说明:电源模块无法为备用电池充电。

故障分析:造成此故障可能有以下几种原因:

a. 电源模块有故障。

b. 备用电池有故障。

故障解决:根据上述的几种故障原因分析对应的解决方法如下:

a. 更换电源模块。

b. 更换备用电池。

14) 故障名称:二回路接地故障

故障说明:控制器的信号总线第二回路接地。

故障分析:造成回路接地现象可能有多种原因引起,但其特征是回路线对地或模块外接线对地的阻值太小。

故障解决:分段进行检查,找出接地点并进行排除。

注:国标要求回路线及模块外接线对地阻值应不低于 20 MΩ。回路线路长时间处于接地状态有可能导致回路卡不能正常工作。

15) 故障名称:编程模式被激活

故障说明:控制器进入编程界面。

故障分析:在一个站级消防网络中有网络显示器时,当站级消防网络中任一控制器进入手动编程界面时,此信息会出现在网络显示器上,以示提醒。

故障解决:当控制器退出编程界面,网络显示器上的此故障即消除。

16）故障名称：程序下载中无服务

故障说明：正在进行程序下载，不能进行正常的服务功能。

故障分析：当在为控制器下载新的应用程序或编程数据库时，控制器暂时不能进行服务。

故障解决：当程序下载完毕，系统重启进入正常服务模式后，该故障会自动消除。

17）故障名称：基本步行测试

故障说明：控制器进入基本步行测试模式。

故障分析：当控制器进入基本步行测试模式时，会出现此故障。

故障解决：退出基本步行测试模式后，该故障会自动消除。

18）故障名称：故障 24 小时提醒

故障说明：当控制器上至少有一个故障时，故障被确认后，会在每天上午 11：00 再次响起蜂鸣器，同时弹出此故障信息。

故障解决：按下确认按钮或在控制器内设置取消故障 24 小时提醒。

注：本项目中"故障 24 小时提醒"功能被设置为取消。

19）故障名称：NVRAM 存储器电池故障

故障说明：NVRAM 存储器电池未正常供电。

故障分析：所有控制器在出厂时，NVRAM 的纽扣电池接触点上均会用塑料套管隔离开，防止电池在控制器未通电的情况下用亏。另一种情况有可能是纽扣电池本身失效造成。

故障解决：去掉 NVRAM 纽扣电池上的塑料套管或更换新的纽扣电池。在更换纽扣电池时不可断掉控制器的电源，否则所有程序将被清空。

20）故障名称：本地演习开始

故障说明：控制器进入本地演习模式。

故障分析：当控制器进入本地演习模式时，会出现此故障。

故障解决：退出本地演习模式。

21）故障名称：网络演习开始

故障说明：控制器进入网络演习模式。

故障分析：当控制器进入网络演习模式时，会出现此故障。

故障解决：退出网络演习模式。

22）故障名称：打印机缺纸

故障解决：在打印机内安装打印纸。

23）故障名称：打印机离线

故障说明：打印机没有处于联机状态。

故障解决：设置打印机处于联机状态。

24）故障名称：进入手动模式

故障说明：在显示控制器上映射的控制模块点位进入手动模式。进入手动模式后，这些控制模块点位只能通过显示控制器操作启动或停止。

故障分析：误操作按下显示控制器上的手动模式按钮。

故障解决：再次按下显示控制器上的手动模式按钮，系统进入自动模式。

注:当系统出现此故障后,要立即到现场进行处理,并使之退出手动模式,因当在手动模式状态下,显示控制器上映射的控制点将不能根据逻辑关系进行设备联动。

25)故障名称:网卡通信失败

故障说明:控制器与网卡通信失败。

故障分析:造成此故障一般有以下几种原因:

①控制器与网卡间的连线故障。

②控制器或网卡的通信接口故障。

故障解决:上述几种故障对应的解决方法如下:

①检查网卡与控制器之间的连线是否完好,并确认板卡接口插槽插接可靠。

②检查控制器和网卡的通信接口,然后更换控制器板卡或网卡板卡。

26)故障名称:非环形一回路 A 端口短路

故障说明:非环形回路中,一回路的 A 端口(A + 、A −)短路故障。

故障分析:回路中某端口短路,是端口正负间的电阻非常小,接近于 0 Ω,一般是信号总线线路直接短路或某个外设器件损坏造成的。

故障解决:检查线路,找出线路短接处进行排除或更换损坏的外设器件。

注:其他回路的同类型故障与此相同,唯故障代码不同,当某回路端口出现短路现象,回路卡将不会输出电压。而且常时间短路有可能导致回路卡不能正常工作。

27)故障名称:环形一回路短路

故障说明:环形回路中信号总线的正、负线短路故障。

故障分析:回路短路,是端口正负间的电阻非常小,接近于 0 Ω。一般是信号总线线路直接短路或某个外设器件损坏造成的。

故障解决:检查线路找出线路短接处进行排除或更换损坏的外设器件。

注:其他回路的同类型故障与此相同,唯故障代码不同。当某回路端口出现短路现象,回路卡将不会输出电压。而且常时间短路有可能导致回路卡不能正常工作。

28)故障名称:自诊断测试失败

故障说明:控制器自诊断测试功能失败。

故障解决:更换控制器板卡。

29)故障名称:网络不兼容

故障说明:消防专用网络中安装了不同品牌的控制器、网卡或网关。

故障分析:在消防专用网络中,某一品牌的网络只允许连接同一品牌的设备。否则会报出网络不兼容的故障。

故障解决:查找出不同品牌的网络设备,进行更换。

30)故障名称:系统初始化

故障说明:当控制器通电与外部设备进行通信连接时,会报出此故障。

故障分析:当控制器开机或有新的设备进行安装时,会报出此故障。若此故障时有时无或一直存在,则说明某个外设处于连接不稳定状态,此时控制器会断续地报出该设备"无效应答"故障。

故障解决:当所有设备都连接完毕,故障会自动消除。若某个设备连接不稳定,则查找出此设备进行可靠连接或更换此设备。

31）故障名称：软件不匹配

故障说明：控制器、回路卡和网卡之间的应用程序版本不匹配。

故障分析：控制器、回路卡和网卡的应用程序厂家会不定时地进行升级和更新，若在进行上述设备应用程序更新或升级时操作不当，则会出现此故障。另外当更换新的控制器、回路卡或网卡时也有可能造成此故障。

故障解决：更新或升级应用程序，使相互之间的版本匹配。

32）故障名称：电源未安装

故障说明：控制器没有检测到电源模块。

故障分析：控制器和电源模块之间在正确连接和设置后，两者之间通过485总线进行通信。

故障解决：检查控制器和电源模块之间的连线，并确认设置正确。

若仍然不能消除故障，则有可能是控制器或电源模块的通信口损坏，此时需更换控制器或电源模块板卡。

33）故障名称：回路1—2通信失败

故障说明：控制器和回路卡1—2通信失败。

故障分析：造成此故障可能有以下几种原因：

①控制器和回路卡之间的通信线路有故障。

②控制器本身有故障。

③主回路卡（1回路）和副回路卡（2回路）中有一块回路卡有故障。

故障解决：上述几种故障对应的解决方法如下：

①检查控制器和回路卡之间的通信线路，并排除故障。

②更换控制器板卡。

③更换有故障的回路卡。

此故障会是两两回路成组出现，其他回路的同类型故障与此相同，唯故障代码不同。

(3)外设类故障诊断

1）故障名称：无效应答

故障说明：控制器和外部带地址设备不能通信。

故障分析：造成此故障一般有以下几种原因：

①探测器在底座上没有拧紧，导致接触点没有可靠连接。

②回路总线有断线，回路总线电压没有到达设备。

③回路总线没有在设备上可靠连接。

④设备拨码不正确。

⑤设备本身有故障。

2）故障解决

上述几种故障对应的解决方法如下：

①将探测器在底座上拧紧，使接触点可靠连接。

②检查线路，找出断线点，并排除故障。

③检查设备接线，使线路可靠连接在设备上。

④修改地址拨码。

⑤更换设备。

3）故障名称：地址重码

故障说明：在某一台控制器内，同类设备（模块或探测器）地址编码有至少两个地址码相同的设备。

故障分析：在设备安装或更换过程中由于人为原因，导致两个设备的地址码相同。

故障解决：找到故障设备，修改拨码错误的设备。

4）故障名称：测试失败

故障说明：控制器对探测器测试失败。

故障分析：探测器硬件有故障。

故障解决：更换新的探测器。

5）故障名称：低室值

故障说明：探测器腔室内读数太低，探测器不能正常工作。

故障分析：探测器有故障。

故障解决：更换新的探测器。

6）故障名称：维护请求（探测器脏）

故障说明：探测器脏，需要清洗。

故障分析：探测器安装环境长期灰尘较大。

故障解决：清洗探测器或更换新的探测器。

此时探测器需清洗，探测器即将超过漂移补偿范围可能会引起误报。探测器清洗必须返回原厂进行。

7）故障名称：紧急维护（探测器脏）

故障说明：探测器太脏，需要立即清洗。

故障分析：探测器安装环境长期积灰较大，且已不能再正常工作。

故障解决：清洗探测器或更换新的探测器。

此时探测器超过了漂移补偿范围，有误报风险，必须立即进行清洗。探测器清洗必须返回原厂进行。

8）故障名称：硬件不匹配

故障说明：编程数据库中编辑的点类型与实际现场安装的设备类型不相符。如：数据库中编辑 L1D1 为"感烟探测器"，实际现场安装的却是"感温探测器"。

故障分析：此故障在设备安装调试初期较常见，多数是由于编码错误或编程错误导致的。后期进行设备更换中也可能出现，在更换设备时注意设备类型和地址即可。

故障解决：更换正确的设备类型、调整设备拨码或修改编程数据库。

9）故障名称：模块外部电源掉电

故障说明：控制模块所需的外部 DC24 V 电源没有供到。

故障分析：一般是由于外部 DC24 V 联动电源电压未到模块或联动电源无电造成的。也有可能是电源线未在模块上连接牢靠所致。

故障解决：检查线路和联动电源，并使之处于正常工作状态。检查模块接线，并使电源线可靠地连接在模块上。

10）故障名称：开路故障

故障说明：模块未检测到外部连接线终端电阻。

故障分析:模块外部接线的终端电阻其作用本身就是为了检测从模块到第三方设备之间的线路是否正常。出现此故障说明中间线路有断线或与第三方设备没有可靠连接。

故障解决:检查线路及线路两端的设备接线,并排除。

注:控制模块和监视模块的终端电阻均为 47 kΩ 1/2 W。

11)故障名称:短路故障

故障说明:控制模块检测到外部线路所连接的受控设备的电阻值小于 47 kΩ。

故障分析:对于受控设备(如继电器)本身电阻值小于 47 kΩ 的,在安装过程中已在线路中串接二极管,此时出现此故障说明有线路故障或二极管被击穿。

故障解决:检测线路并排除故障或更换二极管。

注:此故障仅会在控制模块上出现。当控制模块控制的设备为警铃时无须串接二极管。二极管型号:1N4007。

(4)专用工器具的使用

CP900/MOD800R 现场读出设备的使用

1)总述

CP900/MOD800R 现场读出设备用于对火灾自动报警系统回路总线编址设备的现场性能检测,可检测探测器类(含感烟探测器、感温探测器)、模块类(含手动报警按钮、输入模块、输出模块)等回路总线编址设备的工作性能,可点对点读取所测设备的各项数据信息。

CP900/MOD800R 现场读出设备结构紧凑,内置中央处理单元,面板上设有探测器测试座(含外接端子)、液晶显示器、操作键盘,随机附带专用测试线,全套设备放置在便于携带的专用箱内。该产品使用简单,功能实用,携带方便,工作可靠,可给回路总线编址设备的现场测试带来很大方便。

2)工作原理

回路总线配套设备在与火灾报警控制主机通信时,将自身状态及模拟量信息实时传送到火灾报警控制主机。其反馈的信息主要由 5 部分组成,详见如下:

PW1:通信参考值

PW2:控制检验值

PW3:产品系列值

PW4:模拟量值

PW5:产品类型值

CP900/MOD800R 现场读出设备可以模拟火灾报警控制器与回路总线配套设备的通信过程,并可以通过操作,现场读取设备的状态值,将读取的值与后附的状态参数表比较,可以明确判断设备的状态。

CP900/MOD800R 现场读出设备可以在正常的室内环境中使用。在室外或危险的场合使用时需考虑设备的环境适用性。

3)注意事项

在对现场设备进行在线测试前,在完成所有必要的导线极性、电路通路和绝缘检查后,还需确保火灾报警控制盘用于连接测试设备的信号回路单元无通讯信号输出(最好能够断开所测线路与火灾报警控制器之间的连接)。

4）操作说明

①接通电源（设备随机带有 AC220 V 三相插头），打开电源开关，液晶显示器显示"P"，表示现场读取设备处于初始状态。

②装上或接通所需检测的设备或设备所在的线路，探测器可装在探测器测试座上，模块类设备可通过专用数据线进行连接，红色线两端分别接模块和测试座上的 2 号端子，黑色线两端分别接模块和测试座上的 1 号端子（注：输入模块和手动报警按钮测试时需接上终端电阻，输出模块除需接上终端电阻外，还需接 DC24 V 工作电源）。

③按下"＊"键，再按下"#"键读取当前设备地址码。

④探测器类设备输入地址后，按下"#"键后，开始与对应地址设备通信，模块类设备，先按下"＊"键，显示器显示"E"，输入地址后按下"#"键后，开始与对应地址设备通信。

⑤在通信状态下，按下对应数字功能键读取相应状态值或试验。

5）测试方法

①开机与输入地址按上节操作说明中相应步骤，进入正常的通信状态。

②按下对应数字功能键"4"，查看读取值并与状态参数表中的值比较，确认是否在 PW4 的范围内；

③按下对应数字功能键"1"，查看读取值并与状态参数表中的值比较，确认是否在 PW1 的范围内；

④按下对应数字功能键"6"，模拟测试探测器报警或模块动作，确认设备的 LED 指示灯是否常亮或输出正确，这时现场读出设备显示当前的 PW4 读取值；按下数字功能键"1"至"5"的任一键，即可解除报警或动作模拟。

⑤如果以上 2 到 4 步骤中任何一个值超出工作范围或不正常，即可判定为故障，需返厂维修。

⑥按下对应数字功能键"9"，复位设备及所测设备后，可继续测试下一个设备。

6）状态参数表（表 4-17）

表 4-17 状态参数表

产　品	PW1	PW2	PW3	PW4	PW5
智能感烟探测器	240-360	240-360	240-360	558-1240	751-1100
智能感温探测器	240-360	240-360	240-360	400-1700	200-400
智能输入模块	240-360	240-360	240-360	670-1430	240-420
智能输出模块	240-360	240-360	240-360	670-1430	421-720
手动报警按钮	240-360	240-360	240-360	670-1430	240-420

GAY-04 型感温式火灾探测器加温试验器的使用：

GAY-04 型火灾探测器加温试验器，采用热风机予以改制，可对感温型火灾探测器的"受温报警性能"进行"定性试验"。

主要工作原理为："使用电热丝为加热源，通过风泵将加热后的空气从出风口压出，导致感温火灾探测器的感温室内（或感温元件），进行探测器感温功能的试验"。

本试验器结构紧凑、质量轻、体积小、操作方便，输出温度范围恒定。试验器主体内部设置有"过热自动断电保护装置",能够防止意外因素所造成的损伤。

①技术指标

使用电源:AC220 V±10%

额定功率:550 W

伸缩杆长度:0.5~2.5 m(标准配置)

　　　　　　　1.0~4.5 m(选购)

出口温度:≥80 ℃

保护温度:105 ℃

②使用方法

a.将导风喷嘴安装至试验器主体出风口一端,方法为:将试验器出风口处的"▲"标志对准导风喷嘴的"▲"标志后,顺时针旋转导风喷嘴直至锁住。

b.拔出伸缩杆无电线一端的"保护封口"。

c.推伸缩杆尾部的电线,使伸缩杆内的"电源插头"伸出适当长度后,再将该插头插入"试验器主体"尾部的"电源插座"。

d.然后将"试验器主体"尾部的"连接柄",与伸缩杆镶有金属环的一端插紧。

e.检查"试验器主体"的"热源开关",其位置必须处于"0点"位置(1挡为中低温,2挡为高温)。

f.散开伸缩杆尾端的电源线,调整好伸缩杆的使用长度。

g.将电源线的插头接至供电电源插座。

h.在需要加温的时段内,将电源线中部的"电源开关"推至闭合位置(露出"ON"字样)。不进行试验时,请及时将电源开关恢复至断开状态(露出"OFF"字样)。

i.若试验地点与供电插座之间距离较远,中间需过渡使用"拖板式线盘"。

j.试验工作结束后,按相反的步骤和方法进行各部分解体,然后依原位重新置于箱内(导风喷嘴的解体方法为:按住push按钮的同时,再逆时针旋转导风喷嘴至"▲"标志与主体"▲"标志对准后,拔出导风喷嘴)。

③注意事项

a.加热状态时,切忌堵塞进风通道,以防止空气不流通导致"试验器主体"温度过高(试验器主体内部设置有"过热自动断电保护装置",超温时将会自动切断电源。超温后,保护装置将强制试验器主体冷却5~10 min。此段时间内,试验器无法启动)。

b.严禁任何异物通过进风口进入试验器主体,引起短路。

c.存放环境必须干燥,防止水蒸气及其他腐蚀性气体劣化试验器的绝缘程度。

d 请勿使用湿手进行操作。

e.使用中请留意观察试验器主体内部的电机是否停转,出现异常时切勿自行拆装,需立即关闭电源,送生产厂家修理。

f.使用中严禁碰撞、跌落。

④加温试验器组成

试验器主体热源基座	1支
导风喷嘴	1支
伸缩杆(标准配制,2.5 m)	1支

拖板式线盘(线长约10 m)　　　　　　　　1 盘

4.3.2　火灾自动报警系统及气体灭火系统日常维护和保养

火灾自动报警系统及气体灭火系统日常维护和保养是消防系统发挥正常功能的前提和保障。依照国家《火灾自动报警系统施工及验收规范》《自动喷水灭火系统施工及验收规范》《建筑自动消防设施及消防控制室规范化管理标准》等规定,结合现场的设备实际和管理要求,以使整个维保工作系统化、规范化、档案化,使整个设备系统良好运行,完整好用和遇警时万无一失。

(1)火灾自动报警系统及气体灭火系统日常维护和保养基础

①设计消防系统维保分布图。详阅各类图纸资料,熟悉消防设备的现状。

②制订维保检查计划。

③建立《消防值班人员职责》《消防控制室管理制度》《消防设施维保管理制度》等消防管理的规章制度。

④消防设施检测仪器及维保工具到位。

⑤维保人员佩证上岗。

**火灾自动报警器
日常维护及保养**

(2)火灾自动报警系统及气体灭火系统进行定期检修维护

1)火灾报警控制器的检测

每月检查消防控制室工作环境以及火灾报警控制器、联动控制器、探测器、手动报警按钮等是否处于正常工作状态。

每月检查火灾报警控制器自检功能、消音、复位功能、故障报警功能、火灾优先功能、报警记忆功能和主备电源自动转换功能,确认处于正常工作状态。

每季度按安装总量的25%采用专用检测设备对探测器进行模拟火灾响应试验和故障报警试验。

每季度按安装总量的25%进行手动报警按钮模拟火灾响应试验和故障报警试验。

每季度对警铃及声光报警器进行模拟火灾状态下的响应试验。

每季度手动或自动试验相关消防联动控制设备的控制和显示功能。

2)探测器加烟功能测试

探测器作为火灾发生时首先报警及后续工作的基础,在整个火灾发现和扑灭中起着举足轻重的作用,所以必须保证它的可靠性和灵敏度。需定期对所有的探测器进行加烟试验,以检查所有探测器的可靠性和灵敏性,并严格保证每个探测器报警地址的准确性,对有问题的探测器进行清洗、维修或更换。

3)消防警铃及火灾事故广播的功能测试

消防警铃及火灾事故广播作为火灾中引导现场人员及时有序地疏散设备,在火灾中尤为重要。

建筑物每层通常有多个警铃或扬声器。在测试中,不应以能听到声响为准,而应确保每个警铃或扬声器都能正常工作。广播扬声器的音量应为全功率输出。

消防广播主机的功率放大器应能满足建筑物中所有扬声器开启时的功率要求。测试时可与业主协商合适的时间对设备进行全部播放。

在有人员正常工作和滞留的场所,试验火灾广播时切忌使用火灾发生时的语言和电子录音。

检测消防警铃及火灾事故广播的分区控制和相关层联动功能。以便火灾发生时引导现场人员及时有序地疏散。

4)消火栓系统

每月检查消防泵房的工作环境、消防泵、屋顶高压稳压设备系统运行状态、电源控制柜、管网、阀门等是否处于正常工作状态。每月手动启动电动消防泵,并模拟自动控制条件进行自动启动消防泵,进行主、备泵切换功能试验。

每季度按安装数量的10%试验远距离启泵按钮,检查自动启泵功能和信号显示是否正确。

每季度对屋顶消火栓或最不利点消火栓进行出水试验,检查管网压力和水质。

每月试验与消防控制室联动控制功能、信号反馈是否正确。

每季度抽样检测室内消防栓出水水压是否符合要求。

5)气体灭火系统

准备工作:切断启动钢瓶电磁阀24 V控制线(钢瓶间),取下配电柜控制继电器。

检查钢瓶压力:测量钢瓶压力,再次确认启动钢瓶控制线路已经断开,关闭钢瓶间。

探测器检查试验:切断声光报警器、警铃控制线,逐个对现场探测器进行火警试验,并作好记录。

手动打阀试验:断开钢瓶控制线路,主机、钢瓶盘设定为自动状态,手动启动紧急启动按钮,检查钢瓶控制线、警铃输出、声光输出、延时控制是否有电压,拉开压力开关,气体释放灯是否亮,恢复压力开关、紧急启动按钮,钢瓶盘复位。

6)防排烟系统

防排烟系统由正压送风阀、排烟阀、风道、排烟风机、送风机组成。正压送风是阻止烟气进入疏散区域,而排烟系统是将烟气排出建筑物外,是人员安全疏散的重要保证。

观察阀体关闭是否严密,大量阀体关闭不严将影响排烟或送风效果,导致火灾发生的场所分压不够,不能得到足够的风量,影响人员的及时疏散,甚至导致人员伤亡。探测器报警联动后阀体打开时应通畅,否则应及时修理,以避免火灾发生时阀体打开角度不够或根本无法打开,其原因一般是阀的质量不太好,或是安装不当,在维修过程中应引起重视。阀动作后,核对消防控制室的返回信号,同时应能联动消防风机启动。因一台风机供多个阀使用,应对每个阀体动作后联动风机的情况进行检查。在大型消防系统中,因用户软件量大,调试人员疏忽造成上述现象确有可能,所以在维修保养过程中应细心工作,达到完善系统的目的。对消防风机的测试除自动功能外,还应测试消防中心的远程直接启动功能,以及风机电控柜的现场启动功能,同时应检查返回信号。

每月检查送风、排烟机房的工作环境,送风机、排烟机、电源控制柜、送风口、排烟口、防火阀等是否处于正常完好状态。

每季度按安装数量的10%试验自动方式打开排烟口,启动送风机、排烟风机。

每季度试验自动方式关闭空调系统、电动防火阀。

每半年按安装数量的20%试验手动关闭防火阀。

每季度通过消防控制室进行联动试验,检查送风机、排烟机、防火阀等动作及反馈信号是否正确。

7）其他消防设施

火灾发生时,现场人员不能使用电梯疏散,必须强制电梯回到首层,门自动打开,同时切断电梯口按钮的呼叫功能。定期对电梯停止试验,对出现的问题及时检修。

每季度检查消防电梯迫降按钮、集水坑排水设备、缓降器、氧气或空气呼吸器、自救逃生设备、消防电源及切换设备等是否处于正常工作状态。

每季度试验消防电梯的迫降功能是否正常。

火灾发生时必须强制切断相关区域的非消防电源。定期进行分区切断或整个区域的电源强制切断试验,对出现的问题及时检修。

每季度试验消防电源的末端切换功能是否正常。

每季度进行切断非消防电源切断试验。

(3)火灾自动报警系统及气体灭火系统日常保养要求

1）火灾探测器

固定牢固、外观完好、无损伤、接线无松动,表面有无被涂料涂装;

探测器内外均无灰尘、水汽和腐蚀;

探测器灵敏度适中,报警及巡检和报警显示功能正常,无误报警现象;

编码正确、无探测器屏蔽;

红外光束感烟探测器之间应无遮挡物;

点型、线型探测器周围应无影响探测效果的阻碍物妨碍热气流或烟正常流动的情形。

2）手动报警按钮、消火栓按钮

固定牢固、外观完好、面板无损伤、接线无松动;

内外均无灰尘、水汽和腐蚀;

编码及所控制设备的控制程序正确;

指示灯指示正常。

3）供电线路

导线绝缘层无老化、破损、绝缘电阻不小 20 MΩ;

导线与导线、导线与设备连接可靠、无松动;

穿线管固定牢固、密封严密、表层无锈蚀。

4）火灾报警控制器

固定牢固、外观完好、无损伤、接线无松动;

火灾及故障报警、火警优先及地址显示功能;

自检、巡检、声光报警、消音及复位功能;

手动自动转换及紧急启停功能;

主、备电自动转换及工作状态显示和故障报警功能;

备用电源的欠压和过压报警功能;

电源自动转换功能;

打印功能等均应正常。

5）消火栓灭火系统联动功能

接收启泵按钮报警,并显示报警地址。

联动控制器直接启停消防水泵。

显示水泵的工作及故障状态。

6）气体灭火系统联动功能

显示系统的手动、自动工作状态。

在报警喷射各阶段，控制器应有相应的声光报警信号，并能有手动切除声响报警信号。

在延时阶段，应能自动关闭防火门、窗，停止通风空调系统，关闭有关部位防火阀。

显示报警、喷放及防火门、通风空调等设备的状态。

7）防排烟及通风空调联动功能

停止有关部位的空调风机，关闭电动防火阀，并接收其反馈信号；

启动有关部位的防烟和排烟风机、排烟阀等，并接收其反馈信号；

控制挡烟垂壁，并接收其反馈信号。

复习思考题

1. 简述 SystematICS 数据模型系统中的四种数据流。

2. 简述交换机常用的配置方法。

3. 简述 C306 组态设置的六个内容。

4. 简述"Common Data"中的"Control Tables"的作用。

5. 如果误操作（如不慎将模式删除），该怎么恢复？

6. 填写继电器型指令对应的表格？

目 的	指 令
（检查一位是 ON 状态）	
（检查一位是 OFF 状态）	
（保持一位是 ON 或 OFF（非保持））	
（锁存一位是 ON（保持））	
（解锁一位是 OFF（保持））	
（立即更新输入映象位）	
（立即更新输出映象位）	

7. BAS 与照明的接口功能分别是什么？

8. BAS 与电伴热的接口功能分别是什么？

9. 阻塞模式的指令来源以及执行流程是什么？

10. BAS 自由模式的定义是什么？

11. 简要说明控制器接地故障处理方法和注意事项。

12. 简要说明探测报无效应答原因及处理方法。

13. 隔离模块具有什么样的特性？

14. 简述 GAY-04 型感温式火灾探测器加温试验器的使用。

15. 简要说明火灾自动报警主机的维护方法。

项目五　高级工理论知识及实操技能

任务 5.1　综合监控专业

5.1.1　设备高级维护管理知识

(1)服务器高级维护管理知识

1)ILOM 管理

①ILOM 网络管理

以下列出了可用来连接到 ILOM 的不同方法：

- 以太网管理连接
- 串行连接
- 本地互连接口

默认情况下，ILOM 使用 IPv4 DHCP 来获悉服务器 SP 的 IPv4 地址。如果网络环境不支持 DHCP，或者用户希望设置静态 IPv4 地址，则可在 ILOM 中通过 CLI 或 Web 界面配置 IPv4 地址。图 5-1 中显示了 ILOM Web 界面设置示例。

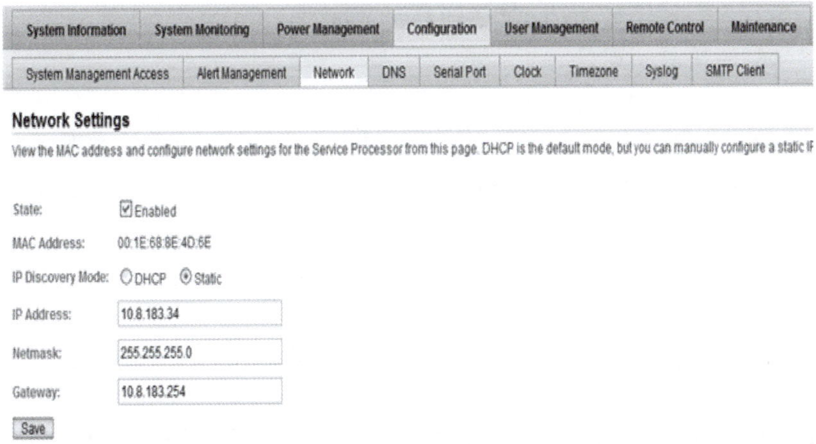

图 5-1　ILOM Web 界面设置

从 ILOM 3.0.12 开始，ILOM 中添加了被称为本地互连接口的信道，可用于从主机操作系统（operating system，OS）与 ILOM 进行本地通信，而无须使用与服务器之间的网络管理（NET MGT）连接。想要从主机操作系统本地执行以下 ILOM 任务时，ILOM 的本地互连功能尤其有用。

在 ILOM 执行服务器管理：一般从 ILOM CLI、Web 界面或 IPMI 接口通过服务器上的网络管理（NET MGT）连接来执行这些任务。

到达 ILOM 的数据传输（例如固件升级）：一般从主机使用 IPMI 闪存工具通过键盘控制器方式（Keyboard Controller Style，KCS）接口来执行这些任务。尤其需要说明的是，与 ILOM 之间的本地互连接口可提供比传统 KCS 接口更可靠、更快捷的数据传输。

启用 Oracle 将来提供的服务器监视与故障检测工具。

②系统监视

通过 ILOM 中的系统监视功能，可以轻松确定系统的运行状况，并且在出现错误时能够立即检测出这些错误。

a. 传感器读数

所有的 Oracle Sun 服务器平台都配有多个传感器，用于测量系统的电压、温度、风扇速度以及其他属性。ILOM 中的每个传感器都包含九种属性，用于描述与传感器相关的各种设置，例如传感器类型、传感器类、传感器值，以及传感器阈值上限和下限。ILOM 会定期轮询系统中的这些传感器，并向 ILOM 事件日志报告所发现的有关传感器状态更改或传感器越限的所有事件。此外，如果在系统中启用了与越限级别匹配的警报规则，ILOM 将会自动向您所定义的警报目标生成警报消息。

b. 系统指示灯

一般由 ILOM 基于服务器平台策略来控制系统上的系统 LED 指示灯的亮起。通常，在发生以下任意情况时，ILOM 将使系统 LED 指示灯亮起：

在组件中检测到故障或错误。

需要对现场可更换单元（field-replacement unit，FRU）进行维修。

可以移除热插拔模块。

FRU 或系统上正在执行活动。

可以从 ILOM Web 界面或 CLI 查看系统指示灯的状态。此外，在某些情况下，还可以修改系统指示灯的状态。

c. 组件管理

利用 ILOM 中的组件管理功能可以监视服务器上安装的或由机箱监视模块（Chassis-Monitoring Module，CMM）管理的各种组件的状态。例如，通过使用组件管理功能可以执行以下操作：

●识别组件名称和类型。

●识别和更改组件状态（启用或禁用）。

●识别组件的故障状态，如果需要，还可以清除故障。

●准备安装或移除组件。

按照故障状态、组件状态、硬件类型和"准备删除"状态对组件管理显示的内容进行过滤。或者，创建一个定制过滤器，以按组件或 FRU 名称、组件或 FRU 部件号码、"准备删除"状态（就绪或未就绪）以及故障状态（正常或出现故障）对组件管理显示的内容进行过滤。

根据组件类型，可以查看组件信息，也可以查看和修改组件的状态。

d. 故障管理

大多数 Oracle Sun 服务器平台都支持 ILOM 中的故障管理软件功能。使用此功能,可以主动监视系统硬件的运行状况,并在发生硬件故障时进行诊断。除了监视系统硬件以外,故障管理软件还监视环境状况,并在系统环境参数超出可接受范围时进行报告。系统组件上的各种传感器将连续受到监视,检测到问题时,故障管理软件将自动:

- 使故障组件上的"需要维修操作"LED 指示灯亮起。
- 更新 ILOM 管理界面以反映故障状况。
- 在 ILOM 事件日志中记录故障的相关信息。

故障管理软件所监视的系统组件和环境状况类型由服务器平台决定。

e. 在更换服务器或 CMM 上出现故障的组件之后清除故障

基于 ILOM 的服务处理器(service processor,SP)可接收有关在主机的主要系统组件(CPU、内存和 I/O 集线器)和机箱内的环境子系统(如风扇、电源和温度)中出现的错误事件的错误遥测。然后,会将这些组件和情况诊断为故障事件并将其捕获在 ILOM 事件日志中。

在 ILOM 3.0.3 中,清除故障所必需的步骤在很大程度上取决于所使用的服务器平台的类型(服务器模块与机架装配服务器),例如:

一旦做好了正确移除某个服务器模块的准备并从机箱中物理移除此服务器模块,在此服务器模块上出现的基于 ILOM 的故障将不会持续存在。因此,在物理更换组件后,不需要执行任何服务操作来清除故障。故障消息会被捕获到 ILOM 事件日志中,用作历史记录。

在机架装配服务器上出现的基于 ILOM 的故障会持续存在,因而可能需要在物理更换组件后执行服务操作才能清除故障,除非该组件是可热交换的组件(如风扇或电源)。可热交换的组件是特定于平台的;因此,有关可热交换的组件列表,请参阅平台文档。故障消息会被捕获到 ILOM 事件日志中,用作历史记录。在机架装配服务器上,在物理更换不是可热交换的组件后,必须手动清除以下故障:

CPU 故障

DIMM(内存模块)故障

PCI 卡故障

主板故障(如果没有更换主板)

在更换发生故障的组件后,ILOM CMM 会自动清除在包含 CMM 的机箱中安装的组件上出现的基于 ILOM 的故障。但是,如果机箱级别的组件不是可热操作的组件,需要从 ILOM CMM 中手动清除该故障。特别是,在更换发生故障的以下机箱级别的组件后,CMM 会自动清除组件上的故障:

CMM 故障

风扇故障

电源故障

Network Express 模块(NEM)故障

PCI Express 模块故障

③ILOM 备份和恢复操作

a. ILOM 配置管理任务可以执行以下 ILOM 配置管理任务:

将 ILOM 配置备份到远程系统上的 XML 文件。

使用备份文件将 ILOM 恢复到备份的配置。

使用备份文件将备份的配置安装到其他 ILOM SP。

将 ILOM 配置重置为默认设置。

可按以下方式结合使用"备份和恢复"以及"重置为默认值"功能：

将 ILOM 配置保存到 XML 备份文件，将 ILOM 配置重置为默认设置，以及使用命令行界面（command-line interface，CLI）或 Web 界面创建新的 ILOM 配置。

将 ILOM 配置重置为默认设置，然后使用已知良好的 ILOM 配置备份文件进行恢复。使用 CLI 或 Web 界面创建新的 ILOM 配置，将该 ILOM 配置保存到 XML 备份文件，编辑该 XML 文件以删除特定于具体系统的设置，然后执行恢复操作以将该备份文件加载到其他系统。

基于上述功能，以下使用案例说明了通常情况下如何使用这些功能：

您更改了 ILOM 配置，但该配置不再有效，您想通过将 ILOM 配置恢复到已知良好的配置来恢复 ILOM。为此，请先将 ILOM 配置重置为默认设置，然后使用已知良好的配置来执行恢复操作。

您想使用备份和恢复功能将 ILOM 配置复制到其他系统。为此，请创建一个标准的 ILOM 配置，备份该配置，编辑备份的 XML 文件以删除特定预具体系统的设置（例如 IP 地址），然后执行恢复操作以将该配置复制到其他系统上。

您创建了最低的 ILOM 配置，但为了使该配置完整，您需要配置多个用户（ILOM 对每台服务处理器最多支持 10 个活动用户会话）。如果您先前已经备份了具有相同用户的配置，可编辑 XML 文件以使其仅包括用户信息，然后只需执行恢复操作即可使用具有这些用户账户的配置覆盖此最低配置。重用大型网络配置（例如 Active Directory）是此方法的另一个使用案例。

b. 备份和恢复操作

ILOM 支持备份和恢复这两个独立的操作。

备份操作包括将当前 ILOM 配置数据收集到一个 XML 文件中并将该文件传送到远程系统。

恢复操作包括检索 XML 备份文件并使用该文件将 ILOM SP 恢复到备份的配置。因此，可使用备份和恢复将 ILOM 配置保存到 XML 备份文件，以后再将该备份文件恢复到同一系统。另外，如果要在其他系统上使用该 XML 备份文件，可编辑该 XML 文件以删除或更改唯一的设置（例如 IP 地址）。该 XML 备份文件是可读文件且可手动编辑。

可在系统上配置的所有信息都可以进行备份。分配给用于执行备份操作的用户账户的权限数决定了 XML 备份文件中包括的配置数量。出于安全原因，如果用于执行恢复操作的用户账户比用于创建备份文件的账户具有的权限少，某些配置可能无法恢复。对于由于缺少权限而未恢复的每个配置属性，系统将创建一个日志项。因此，验证所有配置属性是否都已恢复的一种方式是检查事件日志。

也可使用具有有限权限的用户账户来限制 XML 备份文件中包含的信息量。例如，分配了 Admin（a）、User Management（u）、Console（c）、Reset and Host Control（r）以及 Read Only（o）角色的账户将具有完全权限，并且可创建最完整的配置备份文件。为此，建议在执行备份和恢复操作时使用分配了 a、u、c、r 和 o 角色的用户账户。

配置备份和恢复操作不会更改主机操作系统的电源状态。但是,这两种操作都会导致 ILOM SP 上的所有会话在备份或恢复操作完成之前暂时挂起,备份或恢复操作通常会持续两到三分钟,之后所有登录的会话都将恢复正常运行。

2）Solaris 管理

①文件系统管理

a. 磁盘文件系统

磁盘文件系统存储在硬盘、CD-ROM 以及软盘等物理介质中,磁盘文件系统可以采用不同的格式进行读写操作,这几种格式是:

ufs,UNIX 文件系统(基于 BSD Fat File 系统,BSD 4.3 Tahke 版提供),它是 SunOS 5. x 系统软件中缺省的磁盘文件系统。

hsfs,High Sierra and ISO 9660 文件系统,High Sierra 是第一个 CD-ROM 文件系统,ISO 9660是官方标准,hsfs 文件系统用在 CD-ROM 上,是只读文件系统,SunOS 5. x hsfs 支持 RockRidge 扩展,该扩展提供除可写性和硬链接以外的所有 ufs 文件系统语义和文件类型。

pcfs,PC 文件系统,该文件系统可以存取微机上基于 DOS 格式软盘上的数据和程序。

在 SunOS 5. x 系统软件中,没有包含由系统 V 版本提供的传统的 System V(S5)文件系统,这是由于此文件系统最多为 64 000 个文件;文件名最长 14 个字符和分配限额(quota)等。

每一种类型的磁盘文件系统通常与某一特定的存储介质相对应:

ufs 与硬盘和其他介质(如:磁带,CD-ROM,软盘)相对应:

hsfs 与 CD-ROM 相对应

pcfs 与软盘相对应

这些对应也并不是绝对的,如:ufs 文件系统也可以安装在 CD-ROM 和软盘上。

b. 普通命令语法规则

大部分普通命令的语法是:

[-F][-v][][-o][][operands]

普通文件系统管理命令:

命令	说明
clri(1M)	清除 inode
df(1M)	报告磁盘空间、空闲磁盘块和文件数
ff(1M)	列出一个文件系统的文件名和统计信息
fsck(1M)	检测一文件系统的完整性,并修复发现的损坏
fsdb(1M)	文件系统调试器
fstyp(1M)	确定文件系统的类型
labelit(1M)	当文件系统拷贝到磁带上时,列出或提供文件系统的标号(适用于 volcopy 命令)
mkfs(1M)	建立新的文件系统
mount(1M)	安装文件系统和远程资源
mountall(1M)	安装文件系统表中说明的全部文件系统

ncheck(1M)	用 inode 号产生路径名清单
umount(1M)	拆卸文件系统和远程资源
umountall(1M)	拆卸文件系统表说明的全部系统
volcopy(1M)	产生文件系统映象

c. 交互式恢复文件

恢复单个文件或目录时,将它们存入临时目录(例如:/var/tmp)是个好方法,经过确认后才执行恢复操作,事实上要确保不会用备份带上的旧版本文件重写已有的新版本。下面是交互式恢复文件的步骤:

进入超级用户;

将磁带写保护;

将备份带放入磁带驱动器中;

键入 cd /var/tmp,如果你希望将文件存放在其他目录下,则用相应的目录名代替/var/tmp;

键入 ufsrestore if /dev/rmt,将会显示相应的提示信息或提示符号显示;

建立要恢复的文件清单;

用 ls 命令列出一个目录的内容:键入 cd 改变目录;加一个目录名或文件名到将要恢复的文件清单,键入 add;若要删除将要恢复的文件清单中的目录名或文件名,键入 Delete;保持当前目录的模式不变,键入 setmodes 然后键入 n 并回车;

建完清单后,键入 extract,ufsrestore 会问你用哪一卷;

键入卷号回车,如果只有 1 卷,键入 1 并回车,清单中的文件或目录就被取出并恢复到当前工作目录中;

键入 quit 则显示 shell 提示符;

用 ls-l 命令列出已恢复的文件或目录;

检查文件列表,确保所有文件或目录均被恢复;

用 mv 命令将文件移到合适的目录中。

d. 从备份带中恢复单个文件(ufsrestore)

下面是从备份带上恢复单个文件的过程:

进入超级用户;

将备份带插入;

键入 cd /var/tmp 进入/var/tmp 目录下,如果要将备份文件恢复到不同的目录中,用相应的目录代替/var/tmp 即可;

键入 ufsrestore xf /dev/rmt,x 任选项说明拷贝文件或目录时是否设置所有者/模式的信息;

键入 n,目录的模式保持不变;

键入卷号,如果只有 1 卷,键入 1,这时文件被恢复到当前工作目录中;

键入 ls-l,文件清单显示出来;

用 mv 命令将文件移到合适的目录中。

②管理网络服务

a. 检查远程系统状态

这一节说明显示远程系统状态的命令：rup、ping 及 rcpinfo -d。

命令 rup 告诉你系统运行的时间及平均负载。当键入这个命令时系统显示出主机名、运行时间及平均负载。

gtxa% rup ash

ash up 59 days,3:42,load average:0.12,0.12,0.01

gtxa%

如果在命令后面不跟随任选参数，还可以显示出子网上所有远程主机的一些信息，如果是以表的形式显示，则可以使用表中的任选项对输入分类。

选项 功能

-h 按主机名字字母顺序分类显示

-l 按平均负载字母顺序分类显示

-t 按运行时间长短分类

下例说明，输出按主机名的字母顺序分类；

gtxa% rup -h

ash up 1 day,1:42,load average:0.00,0.31,0.34

elm up 14 days, 0 min, load average:0.07,0.01,0.00

maple up 32 days,14:39,load average:0.21,0.05,0.00

gtxa up 8 days, 15:44,load average:0.02,0.00,0.00

gtxa%

下面的步骤判断一个远程系统是否在运行：

键入 ping ,回答信息"is alive"。意指这个系统在网络上是可以存取的,若出现信息"ping:unknownhost",指这个系统可能不存在,因为名字解析系统不能找到这个名字的机器。若出现信息"ping:no answer from",指远程系统可能没有运行。

键入 rup 显示系统运行时间及平均负载的信息。

键入 rpcinfo -p,显示服务的相关信息。

键入 rlogin,注册到远程系统。

还可以键 ping 的命令格式,系统会显示信息"is alive",意指系统在网络上是可存取的。若显示信息"ping:no answer from",即意指网络上没有激活。或显示信息"ping:un-reachable address from …",即意指这个系统在网络上可能不存在,因为没有路由可以到此地址。

b. 注册到一个远程系统(rlogin)

下面是注册到远程系统的步骤：

键入 rlogin <系统名>,这时系统可能提示键入口令。

如果你在想注册的那个系统上有一个本地账号,则键入口令。否则,键入你 NIS + 口令。如果你在这上系统上有一个可存取的主目录,就注册进入到那个目录。否则只能注册到根(/)目录上。

③系统之间传送文件(rcp、ftp)

如果网络环境设置了 automount,可以直接使用 cp 及 mv 命令在系统之间传送文件,但本节只讨论如何使用 RCP 及 FTP 命令在系统之间传送文件。

要使用远程拷贝命令从远程系统上传送文件到本地机器上,键入 RCP ＜源 PATH-NAME＞ ＜目标＞,如果你有存取这个远程系统的合法权限,那么,文件就拷贝到你指定的目标路径位置上。

下例说明,将文件 quest 从系统 ash 的/tp 目录,拷贝到系统 gtxa 的当前工作目录中:

gtxa% rcp ash:/tmp/quest

gtxa%

要从本地系统传送一个文件到远程系统,键入 rcp ,如果你有存取远程系统权限的话,就将文件从本地系统拷贝到指定的远程目标路径名中。

下例说明,将文件 quest 从系统 gtxa 的当前工作目录拷贝到系统 openet 的/tmp 目录下:

gtxa% rcp quest openet:/tmp

gtxa%

如果需要改变文件名,可以将文件名作为目标中径名的一部分。例如,将文件 quest 改名为 question,并将其放到/tmp 目录中,则键入/tmp/question 作为目标路径名。

下面是使用文件传送程序从本地系统传送一个文件到远程系统的步骤。

注:要使用文件传送程序,可能需要在每个系统上有一个你的账号,或在/. rhosts 文件中有个入口,有些系统允许匿名登录是以 anonymous 或 ftp 作为注册名,并在口令提示时键入形如电子邮件地址的字符串。

如果有一个 NIS 或 NIS + 账号,可以使用注册名及网络口令通过 FTP 存取远程系统。

键入 ftp 命令,则 FTP＞提示符显现。

键入 open ＜远程系统名＞,系统显示连接信息,并请求用户输入用户名。

键入远程系统上的用户名。

系统请求你输入口令(如果无口令,也可能不出现)。

键入口令(如果需要),系统注册信息及 FTP＞提示出现。

键入 bin 设置二进制格式,或 asc 设置 ASCII 格式,这个命令设置文件传送时的类型。bin 格式传送时对文件不作任何更改。asc 格式传送时,根据双方系统的类型,自动将文件中的换行符更改为回车符和换行符(如果文件是从 unix 系统传送至 DOS 系统),或相反(如果从 DOS 系统传送到 unix 系统),或不变(两端系统相同)。

键入 put ＜本地文件＞ ＜目标文件＞,系统就显示文件传送信息并出现 ftp＞提示。

键入 quit 则 goodbye 信息及 shell 命令提示符出现。

可以使用 send 命令替代 put 命令,还可以使用 mput 命令拷贝多个文件,但没有 msend 命令,详细内容请见 ftp(1)手册。注:你必须在对方系统上有一个账号或对方系统允许匿名登录才能使用文件传送程序。

如果你有一个 NIS 或 NIS + 账号的话,你可以使用你的注册名及网络口令通过 ftp 存取远程系统。下面是使用文件传送程序将远程系统的文件传送到本地系统的步骤:

键入 ftp 命令,则 ftp＞提示符出现。

键入 open＜远程系统名＞,系统显示连接信息,并请求你的用户名。

键入远程系统上的用户名并按回车,如果需要口令的话,会请求你输入。

如果需要,键入口令,系统显示注册信息及 ftp＞提示。

键入 bin 设置二进制格式,或 asc 设置 ASCII 格式,这一步设置文件类型。

键入 get ＜远程文件名＞ ＜目标文件名＞并按回车,显示传送信息及 ftp ＞提示信息。

键入 quit,系统显示 goodbye 信息,退出 ftp 命令,重新显示 shell 提示符。

(2)FEP 高级维护管理知识

1)组态主框架界面,如图 5-2 所示。

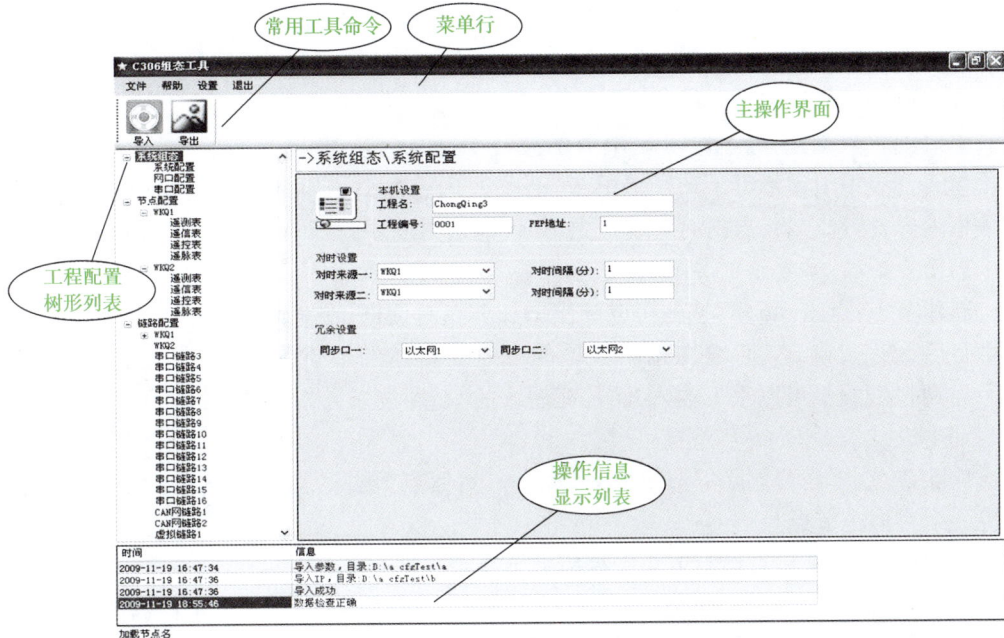

图 5-2　组态主框架界面

首先让我们认识一下组态工具的主界面。最上面为窗口的标题行,显示软件名称,第二行是菜单行,第三行是常用命令的工具条。工具条提供的功能有参数的导入和导出。

中间的左边是工程配置树形列表,分别显示对应与功能条目列表中选择的功能的具体配置列表。

中间的右边是主操作界面,显示当前选择功能的配置信息。

最下边是操作信息显示列表,显示操作结果信息。

2)组态设置

组态设置共包括系统组态、节点配置、链路配置、任务配置、转发表配置和双位遥信配置六个内容。

系统组态有系统配置、网口配置和串口配置三项内容。可以通过点击工程配置属性列表中的相应条目进行切换。

①系统配置的设置和查看

其中,工程名、工程编号、FEP 地址是必填项。对时来源来自任务组态中的所有任务(注意:任务组态设置完成后要重新设置系统配置中的对时来源)。对时来源一的优先级大于对时来源二。

注意事项:

工程名中只能输入数字和英文字符的组合。工程名中若输入汉字,将造成 C306 中的液晶显示中的乱码现象。

FEP 地址栏可以输入 0 ~ 255 内的任意数字。互为冗余的两台 C306 的 FEP 地址相同。

②网口配置的设置/查看

网口配置主要有 CAN 网配置、A 机 IP、B 机 IP 和路由配置四项内容。以太网配置有默认设置,默认设置的网段如图所示。单击"复制 A 机 IP"按钮可以将 A 机的 IP 地址第四段末位加 1 后赋值给 B 机。

③串口配置的设置/查看

串口配置界面用来设置 16 个串口的波特率、数据位、停止位、校验方式、载波控制和工作模式。表中内容不可手动键盘输入,要修改内容时双击欲修改的内容后即显示下拉列表框内容,待选定后,点击另一表格内容后,即认为刚才内容的修改完成。示例如下:

3)节点设置

新建节点:点击"新建"按钮可以弹出增加节点对话框,在对话框中输入需要增加的节点数目后,点击"确定"即增加相应数量的节点。新建的节点不会有"任务名"及"链路名",这两栏配置不可以手工输入,而是在后续的"链路配置"及"任务配置"的"链接"操作后自动生成。

删除节点:单击要删除的节点所对应的行,然后点"删除"可删除选定的节点,可一次删除一个或多个节点。

数据检查:用来检查已有节点中相应数据是否合法。

锁定:选择某一个或多个节点,单击锁定命令后,将选定节点置于不可修改模式。此时锁定按钮将加黄色背景并有边框。再次单击锁定按钮可以解除锁定。

节点配置中主要设置节点参数,包括节点 ID、节点名、任务名、链路名、设备属性名、设备类型号、FEP 地址、管理机地址、节点地址、是否允许直控、遥测量、遥信量、遥脉量、遥调量、遥控量、通用数据块大小、通用数据块数量、IP 地址 1 和 IP 地址 2、备注等多个参数。下面依次介绍各个参数的意义和设置依据。

节点 ID:一般系统自动生成,原则上不可修改,必须确保表中没有相同的节点 ID。

节点名:字母、数字的组合,最好不要使用汉字,长度不超过 12 个字符。

任务名和链路名:在节点建立时为空,将节点链接到链路以及将链路链接到任务后,自动生成对应的内容。

设备属性名:双击可以选择,共有三个选项:常规节点、网络节点、系统节点。一般选择常规节点。在配置用于反映本机运行状态的系统节点时,该项选择"系统节点"属性。

设备类型名:双击出现下拉复选框,根据需要可以选择对应的设备。

FEP 机地址:默认为本机 FEP 地址(在系统组态设置中配置的 FEP 地址),可根据需要修改。

管理机地址:根据需要设置。

节点地址:根据需要设置。

遥测数量、遥信数量、遥感数量、遥脉数量、遥调数量:根据需求设置。

是否允许直控:一般情况下,在电力监控系统中,标准的控制过程分为预置、反校和执行三个步骤,该标志置"否"。在一些非电力监控系统中控制步骤简化为一条执行命令,该标志应置"是"。

通信数据块大小及通信数据块数量：通用数据块用于扩展除遥测、遥信、遥感、遥脉、遥调之外的数据类型(根据需要设置)

节点 IP 地址 1,2：根据实际情况，按照需要设置。

备用 1~16：系统提供的可以扩展的参数，根据需要设置。

为了完成前文中提到的调试任务，我们需要新建两个节点，分别命名为 WKQ1，WKQ2。任务名和链路名暂时为空。设备属性为常规节点，设备类型选为 WKQ_顺特，该设备类型需要在 FepConfig 文件中手动添加。FEP 机地址和管理机地址分别设置为 1，节点地址分别设为 1,2。根据通信协议，设置两个遥测数量为 4，遥信数量为 8，其他参数保持默认设置。

4)链路配置

在节点配置结束后，我们需要为节点配置链路。在链路配置中，我们可以配置链路参数，并将节点链接到相应的链路中去。

①链路配置的设置和查看

在工程配置树中单击链路配置，我们就可以看到所有链路配置的主界面。

链路设置中已经存在 16 条串口链路、2 条 CAN 网络路和 1 条虚拟链路。单击"新建"按钮，输入需要新建链路的数目，可以增加链路。对于每条链路我们都可以对它的一些参数进行配置。

IP 地址和端口号：根据需要设置，对于主备冗余的链路，IP 地址不同，端口号相同，具体设置根据具体的 IP 分配确定。

转发表：根据转发协议可以选择，共有 8 个转发表可供选择。

是否双值班：需要根据不同的规约设置。一般情况下，采集规约都不是双值班类型，参数设置为 0。与此相反，转发规约大多数都需要双值班，该种情况都需要设置该参数为非 0，一般情况下设置为 1。

主链路 ID：用来标注主链路。

为了完成前文提到的调试任务，我们可以选择串口链路 1 和串口链路 2 作为此次任务使用的链路，并分别命名为 WKQ1，WKQ2。双值班类型值设为 0。主链路 ID 为 1，即 WKQ1 为主链路，WKQ2 作为备用链路。

②节点与链路的链接

在工程配置树中单击需要设置的链路或者在链路配置主界面中双击需要配置的链路所在行，即可对某一条链路进行链接配置。在我们的任务中我们需要将 WKQ1 和 WKQ2 链接到主链路 WKQ1 中。

单击链接命令，软件会弹出一个"选择节点"的列表框。双击要链接的节点所在的行，即可将该节点链接到某一条链路上。

如图所示，节点 WKQ1 已经链接到链路 WKQ1 上。"选择节点"对话框中，节点 WKQ1 将被删除。按照相同的操作我们可以将节点 WKQ2 链接到链路 WKQ1 中。链接操作结束后主界面显示如下。

可以看到，节点 WKQ1 和节点 WKQ2 的已经链接到链路 WKQ1 中去，相应的节点信息在此处会详细地显示。

在链路的链接操作完成后，我们可以看到节点配置中，链路名一栏的信息已经更新。

选中要删除的节点所在的行,单击删除链接,可以将该链接切断。链路上对应接点的链接被删除,工程配置树中会动态给出对应的显示。

5)任务配置

在我们将节点链接到链路后,就规定好了该节点所使用的链路,但是该节点上需要运行的任务我们尚未创建。在组态工具的任务设置中我们可以完成任务的创建和删除、任务参数设置、任务与链路的链接等工作。

①任务配置的设置和查看

上图为任务配置的主画面,和节点链路配置相似,我们可以单击"新建"和"删除"按钮进行相应的增删任务的设置。任务配置中的参数包括任务 ID、任务名、规约、转发表、备用等参数。

任务 ID:由系统自动生成,不需修改。必须保证每个任务 ID 的唯一性。

任务名:可以自由命名。建议使用英文和数字的组合,根据任务的现实意义命名。

规约和转发表:双击该单元格后在下拉框中根据实际情况选择。

我们创建了一个名为 WKQ 的任务,选择的规约类型为 31. MODBUS_TCP。因不存在转发,故此处未设置转发表。

②链路与任务的链接

在工程配置树中,单击某一条具体的任务,或者在任务配置主界面中双击该任务所在行,就可弹出链路与任务的链接操作窗口,如下图所示。

单击链接命令,可以弹出"选择链路"对话框。所有备选链路均会按从小到大的序号显示在选择链路对话框中,和链接节点一样,双击需要链接的任务所在行,即可将该链路链接到指定的任务中去。根据我们的调试任务,我们需要将链路 1 和链路 2 都连接到任务 1 中。完成两个链路的链接操作后,我们可以看到该任务下所有链接的链路。

备选链路中,链路 1 和链路 2 将被删除。完成链路和任务的链接操作后我们可以看到节点配置中,任务名一栏的信息已经得到更新。

在完成了节点配置、链路配置和任务配置之后,我们可以在工程配置树中查看已经完成的相应配置。

6)双位通信配置

在配置转发表之前,我们需要首先配置双位通信。

双位通信序号系统自动生成,不需修改。双位遥信名可以自己命名并任意修改。合位节点名和分位节点名可以双击单元格后在下拉菜单中根据实际情况选择。合位遥信号、分位遥信号可直接单击后按照点表进行设置。

7)转发表配置

在工程配置树中,我们可以看到转发表配置下面共有 8 个转发表供配置。点开转发表前面的小加号,我们可以看见转发表下需配置的 7 张表格,

因为我们在节点 fas1 和 fas2 中各定义了 3 个遥测量,所以在遥测表中两个节点各有 3 个遥测量需要配置。

转发序号:控制各个遥测量的转发顺序,不需修改。

节点名和遥测号:自动生成,不需修改。

转发系数和转发基值:分别用来对需要转发的遥测量进行乘除或加减的数值操作,根

据需要进行设置,如不需再进行加减和乘除操作,转发系数设置为1,转发基值设置为0。

双位遥信表的配置比较特殊。

转发序号,不需修改。选择双位遥信序号后,单击后面各个参数对应的单元格,单元格的内容会根据双位遥信配置中的信息自动显示。

8)参数文件的导入/导出

参数文件的导出是指将在软件中配置好的参数以文件的形式保存起来,导入是指将参数文件中的参数显示到界面中。

导出对话框可以设置要生成的参数文件的保存路径,参数名称分别为 Lglk. cfg、System. cfg、Node. cfg、UsrTask. cfg、ZfTab1. cfg、ZfTab2. cfg、ZfTab3. cfg、ZfTab4. cfg、ZfTab5. cfg、ZfTab6. cfg、ZfTab7. cfg、ZfTab8. cfg,分别保存链路组态、系统组态、节点组态、任务组态和 8 张转发表组态的参数。

导入对话框实现的功能恰好相反,可以将已经保存好的参数文件一次性导入。

(3)交换机高级维护管理知识

1)MACH4002 系列模块化核心交换机

MACH4002 48G-L3P:全千兆模块化工业以太网核心交换机。设备自带 16 个千兆端口,其中 8 个为光、电互换 Combo 端口。最多支持 4 个介质模块,可再扩展出 32 个千兆端口,最多可达 48 个千兆端口。该交换机支持三层路由功能,220 VAC 冗余供电,0 ~ 70 ℃ 工作范围。

MACH4002 48 +4G-L3P:千兆模块化工业以太网核心交换机。设备自带 4 个千兆光、电互换 Combo 端口和 16 个百兆电缆端口。最多支持 4 个介质模块,可再扩展出 32 个百兆端口,最多可达 48 个百兆端口和 4 个千兆端口。该交换机支持三层路由功能,220 VAC 冗余供电,0 ~ 70 ℃ 工作范围。

设备的安装和拆卸:

MACH4002 系列核心交换机:该交换机采用标准的 19 寸机架式安装方式,4 个介质模块及设备风扇均支持带电热插拔。

下图为设备正面图示,其中包括有设备的连接端口、风扇、LED 显示灯、报警输出节点、RJ11 配置端口及 USB 配置端口。

设备的配置:

设置 IP 地址的方法:通过超级终端的命令行(需要有专用的线缆:串口转 V. 24),通过 HiDiscovery 软件,搜索所有的网络设备,设置其 IP 地址和子网掩码;使用 BOOTP 和 DHCP 服务器来设置 IP 地址(本方法不推荐在这里使用),使用自动设置适配器 ACA21(USB 接口)。

常用的配置方法:通过超级终端的命令行(同上),通过 WEB 界面(需要 IE 5.5 以上,并且要装有 JAVA 1.3 以上),在 IE 地址栏里输入交换机的 IP 地址,即可访问设置界面。每次更改设置需要点击"SET"按键,并选择保存,使用网管软件 HiVision 进行配置,每次的修改同样需要进行 SET 和保存。

注意:如果要通过 WEB 界面进行配置,需要 PC 和交换机的 IP 地址在同一子网内。

2)MS30-0802SAAPHC 系列模块化交换机

MS30-0802SAAPHC:千兆模块化工业以太网交换机。设备自带一个基本介质模块,为交换机工作提供电源及相应的诊断配置端口。交换机自身不具有任何端口,所有端口均需由介质模块扩展实现。交换机最多可以实现 2 个千兆光、电互换 Combo 端口和 8 个百兆端口。该交换机为二层交换机,不支持三层路由功能,DC(直流)24 V 冗余供电,0~70 ℃工作范围。

设备的安装和拆卸:

MS30-0802SAAPHC 系列模块化交换机:该交换机采用标准的 35 mm 卡轨式安装方式。

四个模块自左至右分别为 1 个千兆介质模块(只能用于安装 MM4-2TX/SFP 模块)、1 个基本介质模块和 2 个百兆介质模块。基本介质模块无法拆卸,其余三个介质模块均可更换。在基本介质模块中,包括有设备的电源连接端子、DIP 开关、报警输出节点、RJ11 配置端口及 USB 配置端口。

四个 DIP 开关中:第一个"RM"开关用于开启冗余管理器。第二个"Ring Port"开关位于"OFF"时,介质模块 1 的端口 1 和 2 做环端口使用,位于"ON"位置时,介质模块 2 的端口 1 和模块 2 的端口 2 做环端口使用。用户可以根据介质模块的端口类型分布来选择环端口。第三个"Stand By"端口是做"Network coupling"时使用。第四个"Configuration"开关是交换机设置优先级开关,当位于"ON"位置时,交换机是硬件设置优先,当位于"OFF"位置时,交换机是软件设置优先。我们推荐网络中所有的设备均通过软件配置,可将所有的开关拨到"OFF"位置即可。LED 显示灯位于基本模块的正面。

设备的配置:

设置 IP 地址的方法:通过超级终端的命令行(需要有专用的线缆:串口转 V.24),通过 HiDiscovery 软件,搜索所有的网络设备,设置其 IP 地址和子网掩码,使用 BOOTP 和 DHCP 服务器来设置 IP 地址(本方法不推荐在这里使用),使用自动设置适配器 ACA21(USB 接口)。

常用的配置方法:通过超级终端的命令行(同上),通过 WEB 界面(需要 IE 5.5 以上,并且要装有 JAVA 1.3 以上),在 IE 地址栏里输入交换机的 IP 地址,即可访问设置界面。每次更改设置需要点击"SET"按键,并选择保存,使用网管软件 HiVision 进行配置,每次的修改同样需要进行 SET 和保存。

注意:如果要通过 WEB 界面进行配置,需要 PC 和交换机的 IP 地址在同一子网内。

设备的日常维护:

注意交换机的输入电压是否在额定电压范围,注意交换机工作环境;注意各台交换机上的 LED 灯所显示的内容是否有异常,注意 HiVision 是否有报警产生,注意交换机各端口的线缆及介质模块的拔出与插入尽量轻操作。

3)交换机具体配置过程

①交换机 IP 地址设置方法

交换机的 IP 地址设置需要使用 HiViscover 软件:首先,在配置计算机中安装 HiViscover 软件,在随设备附带的光盘内有该软件的安装文件,安装完毕后,开启交换机,将配置电脑与交换机相连接,并运行该软件,软件运行后,会自动搜索网络中所有的赫思曼交换机,并列表显示,如下图所示:

交换机初始的出厂设置是:IP 地址和子网掩码全部为 0.0.0.0,双击某个设备,可以在弹出的窗口中设置其 IP 地址和子网掩码,设置完毕后,点击"确定"即可保存在交换机内部,重启后也不会丢失。

②交换机环网设置方法

在本网络中，所有的交换机设置均采用软件设置。交换机的设置需通过 WEB 界面进行，需要配置电脑内安装 JAVA 软件，该软件的安装程序也可以在随设备附带的光盘内找到。安装完 JAVA 后，在 IE 浏览器的地址栏内输入目标交换机的 IP 地址，即可进入交换机的配置登录界面(此时需要保证配置电脑与目的交换机的 IP 地址在同一子网内)。在该界面内，需要输入用户名和密码，其中"admin"是拥有读写权限的用户名，密码为"private"，另外一个"user"用户名只具有读权限，密码为"public"，如果要修改交换机的配置，需要以"admin"用户名及密码进入配置界面。

在 HIPER-Ring 选项中进行相关的环网配置，其中需要为交换机指认环端口(Ring Port)，通常使用模块 1 的端口 1 和 2 两个千兆端口作为环端口，然后在环网中的一台交换机中(必须有并且只能有一台)，将"Redundancy Manager"选项选为 On 状态，让它作为整个网络的冗余管理器，来管理整个环网。设置完成后，需要点击"Set"按钮，使配置即时生效。

在 HIPER-Ring 选项设置完毕后，需要在"Rapid Spanning Tree"选项中修改快速生成树协议应用项，由于快速生成树协议(RSTP)和环网(HIPER-Ring)使用的是不同的冗余机制，不能共同存在，因此，需要关闭所有的交换机的快速生成树功能，将快速生成树中的"Operation"选项选为 Off，关闭该功能。设置完成后，需要点击"Set"按钮，使配置即时生效。

在成功地设置完环网并关闭快速生成树协议后，需要对交换机的配置进行保存，以保证交换机在断电重启后仍能运行正确的配置。保存交换机的配置需要在"Load/Save"选项中进行，选择"Save to Switch"，然后点击"Save configuration"按钮，稍等片刻后，即将交换机的配置存储在了交换机内部。

至此，环网的基本配置全部完成，可以使用 Ping 指令对环网的性能进行测试，以保证环网中出现一个断点的时候，交换机能在 50 ms 内自动启用备用链路，设备间的通信仍能正常进行。测试成功后环网配置即告完成。

③交换机环网络管理软件设置及使用方法

在这里，我们使用了赫思曼的两款网络管理软件用于网络系统的监控及管理。

Industrial HiVision：这是一款网络监控及初期预警软件，可以生成网络拓扑结构图。该软件对监控电脑的要求较高，需要至少 512 M 内存(推荐 1 G 以上)，如果使用的是 Windows XP 操作系统，则需要该系统是 Professional 版本的。

以上两项输入完成后，即可在软件的主界面中点击"扫描网络"选项，软件会自动搜索网络中所有的支持 Ping 指令的网络设备，并将其添加到"新建设备"一栏中。然后可将搜索到的新设备复制到"我的网络"选项中，并用右键点击"我的网络"，选择"自动生成拓扑结构"选项。

第一次绘制拓扑结构图可按上述操作所示进行选择，点击"确认"后，软件可自动生成网络拓扑结构，其中包括所有的可以 Ping 通的网络设备。

如果是在已经生成的拓扑结构图基础上进行新设备的修改，可以在将新设备复制到"我的网络"选项中以后再次自动生成网络拓扑结构图，所需要进行的选择如下所示：

HiVision 软件的序列号的输入位置在电脑的"开始菜单"→"程序"→"Hirschmann"→"HiVision 6.4 ToolBox"→"HiVision"→"Edit License"中。该软件需要有两个不同的序列

号：HiVision PC Based Enterprise 和 HiVision PC Based Industrial Line，两个序列号分别用于管理不同类型的交换机。

注意：如果两个软件需要安装在同一台监控电脑上，需要为该电脑添加一个 Windows 组件：SNMP 组件，用于接收设备报警。两个软件在安装时只能使用默认路径，更改路径可能导致软件故障。在监控站 IP 地址确定后，需要为交换机指认一个报警发送方向的 IP 地址，该地址就是监控电脑的 IP 地址，输入位置是在交换机的配置界面中的"Diagnostics"→"Alarms（Traps）"。建议监控电脑 24 小时保持开机状态，并且维护人员不定时地进行网络报警的检查以及记录的导出工作。

（4）综合监控系统设计原理及应用

1）综合监控系统主要设计思路（图 5-3）

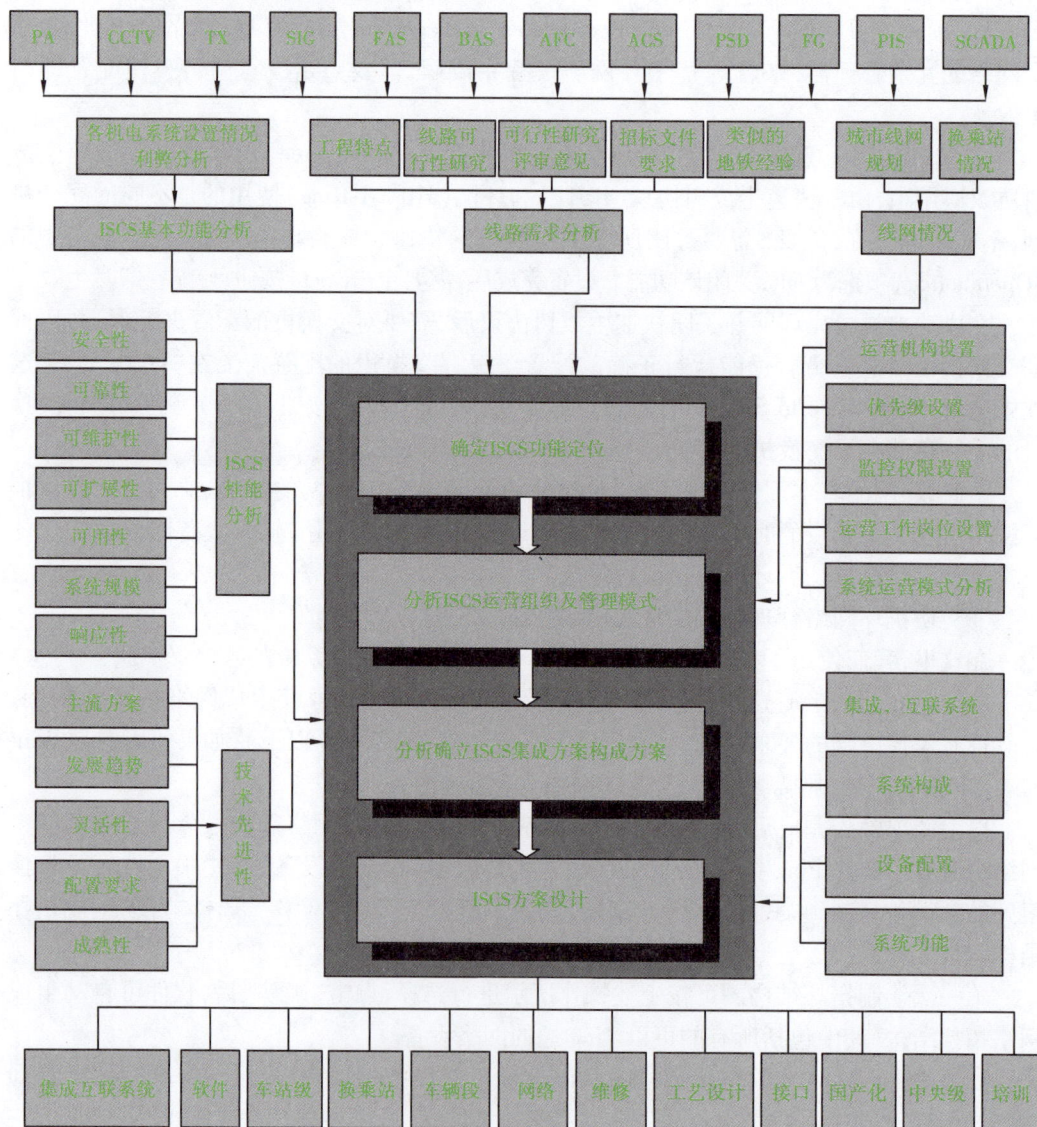

图 5-3　综合监控系统主要设计思路图

2）综合监控系统构架

系统采用中央级和车站级两级管理,中央级、车站级和现场级三级控制的模式。

5.1.2 故障处理知识

（1）交换机故障诊断及处理

1）端口故障

这是最常见的硬件故障,无论是光纤端口还是双绞线的 RJ-45 端口,在插拔接头时一定要小心。如果不小心把光纤插头弄脏,可能导致光纤端口污染而不能正常通信。很多人喜欢带电插拔接头,理论上讲是可以的,但是这样也无意中增加了端口的故障发生率。在搬运时不小心,也可能导致端口物理损坏。如果购买的水晶头尺寸偏大,插入交换机时,也容易破坏端口。

一般情况下,端口故障是某个或某几个端口损坏。所以,在排除了端口所连计算机的故障后,可以通过更换所连端口,来判断其是否损坏。遇到此类故障,可以在电源关闭后,用酒精棉球清洗端口,如果端口确实被损坏,那就只能更换端口了。

2）模块故障

交换机由很多模块组成,比如:堆叠模块、管理模块(也叫控制模块)、扩展模块等。这些模块发生故障的概率很小,不过一旦出现问题,就会遭受巨大的经济损失。如果插拔模块时不小心,或者搬运交换机时受到碰撞,或者电源不稳定等,都可能导致此类故障的发生。

当然上面提到的这 3 个模块都有外部接口,比较容易辨认,有的还可以通过模块上的指示灯来辨别故障。比如:堆叠模块上有一个扁平的梯形端口,或者有的交换机上是一个类似于 USB 的接口。管理模块上有一个 CONSOLE 口,用于和网管计算机建立连接,方便管理。如果扩展模块是光纤连接的话,就会有一对光纤接口。

在排除此类故障时,首先确保交换机及模块的电源正常供应,然后检查各个模块是否插在正确的位置上,最后检查连接模块的线缆是否正常。在连接管理模块时,还要考虑它是否采用规定的连接速率,是否有奇偶校验,是否有数据流控制等因素。连接扩展模块时,需要检查是否匹配通信模式,比如:使用全双工模式还是半双工模式。如果确认模块有故障,及时进行更换。

3）背板故障

交换机的各个模块都是接插在背板上的。如果环境潮湿,电路板受潮短路,或者元器件因高温、雷击等因素而受损都会使电路板不能正常工作。比如:散热性能不好或环境温度太高导致机内温度升高,致使元器件烧坏。

在外部电源正常供电的情况下,如果交换机的各个内部模块都不能正常工作,那就可能是背板坏了,遇到这种情况即使是电器维修工程师,恐怕也无计可施,唯一的办法就是更换背板。

4）线缆故障

其实这类故障从理论上讲,不属于交换机本身的故障,但在实际使用中,电缆故障经常导致交换机系统或端口不能正常工作,所以这里也把这类故障归入交换机硬件故障。

比如接头接插不紧,线缆制作时顺序排列错误或者不规范,线缆连接时应该用交叉线却使用了直连线,光缆中的两根光纤交错连接,错误的线路连接导致网络环路等。

从上面的几种硬件故障来看,机房环境不佳极易导致各种硬件故障,所以在建设机房时,必须先做好防雷接地及供电电源、室内温度、室内湿度、防电磁干扰、防静电等环境的建设,为网络设备的正常工作提供良好的环境。

5)系统错误

交换机系统是硬件和软件的结合体。在交换机内部有一个可刷新的只读存储器,它保存的是这台交换机所必需的软件系统。这类错误也和我们常见的 Windows、Linux 一样,由于当时设计的原因,存在一些漏洞,在条件合适时,会导致交换机满载、丢包、错包等。所以交换机系统提供了诸如 Web、FTP 等方式来下载并更新系统。当然在升级系统时,也有可能发生错误。

对于此类问题,我们需要养成经常浏览设备厂商网站的习惯,如果有新的系统推出或者新的补丁,请及时更新。

6)配置不当

初学者对交换机不熟悉,或者由于各种交换机配置不一样,管理员往往在配置交换机时会出现配置错误。比如 VLAN 划分不正确导致网络不通,端口被错误地关闭,交换机和网卡的模式配置不匹配等。这类故障有时很难发现,需要一定的经验积累。如果不能确定用户的配置有问题,请先恢复出厂默认配置,然后再一步一步地配置。最好在配置之前,先阅读说明书,这也是网管要养成的习惯之一。每台交换机都有详细的安装手册、用户手册,深入到每类模块都有详细的讲解。由于赫斯曼交换机的手册是用英文编写的,所以英文不好的用户可以向供应商的工程师咨询后再做具体配置。

7)外部因素

由于病毒或者黑客攻击等情况的存在,有可能某台主机向所连接的端口发送大量不符合封装规则的数据包,造成交换机处理器过分繁忙,致使数据包来不及转发,进而导致缓冲区溢出产生丢包现象。还有一种情况就是广播风暴,它不仅会占用大量的网络带宽,而且还将占用大量的 CPU 处理时间。网络如果长时间被大量广播数据包所占用,正常的点对通信就无法正常进行,网络速度就会变慢或者瘫痪。

一块网卡或者一个端口发生故障,都有可能引发广播风暴。由于交换机只能分割冲突域,而不能分割广播域(在没有划分 VLAN 的情况下),所以当广播包的数量占到通信总量的30%时,网络的传输效率就会明显下降。

(2)服务器故障诊断及处理

1)服务器诊断概述

可以使用各种诊断工具、命令和指示灯来对服务器进行监视及故障排除:

LED 指示灯:提供对服务器及一些 FRU 的状态的快速可视通知。

ILOM 固件:此系统固件在服务处理器上运行。ILOM 不但能够提供硬件与 OS 之间的接口,而且可以跟踪和报告关键服务器组件的运行状况。ILOM 与 POST 和 Solaris 预测性自我修复技术紧密协作,从而保持系统的正常运行,即使存在故障组件也是如此。

开机自检(Power-on self-test,POST):POST 在系统复位时对系统组件进行诊断,以确保这些组件的完整性。POST 可配置,并与 ILOM 配合工作,在需要时使故障组件脱机。

Solaris OS 预测性自我修复（Predictive Self-Healing，PSH）：此技术持续监视处理器和内存的运行状况，并与 ILOM 配合工作以便在需要时使故障组件脱机。借助预测性自我修复技术，系统可准确预测组件故障，从而使许多严重问题在发生之前得以缓解。

日志文件和控制台消息：提供了可在所选设备上访问和显示的标准 Solaris OS 日志文件和调查命令。

SunVTS™：此应用程序对系统进行测试，提供硬件验证，并找出可能的故障组件，同时提供修复建议。

LED 指示灯、ILOM、Solaris OS PSH 以及许多日志文件和控制台消息集成在一起。例如，如果 Solaris 软件检测到故障，则会显示该故障，对它进行记录，并将信息传递到记录该故障的 ILOM。根据故障的不同，可能会亮起一个或多个 LED 指示灯。在诊断流程图中，介绍了使用服务器诊断来识别有故障的现场可更换单元（field-replaceable unit，FRU）的方法。所使用的诊断以及使用这些诊断的顺序取决于要解决的问题的性质。因此，可能执行某些操作，而不执行其他一些操作。

在按照流程图操作之前，请执行一些基本的故障排除任务：

- 确认服务器已正确安装。
- 通过目视查看电缆和电源。
- （可选）执行服务器复位。

2）内存故障处理

在如何配置内存子系统以及如何处理内存故障方面，很多功能起着举足轻重的作用。

了解基本功能有助于识别和修复内存问题。本节介绍了服务器如何处理内存故障。

服务器使用高级 ECC 技术，此技术可更正半字节边界最多 4 个错误位（只要这些位都在同一 DRAM 上）。对于 2 GB 和 4 GB FB-DIMM，即使 DRAM 出现故障，DIMM 也可继续运行。

以下服务器功能独立管理内存故障：

a. POST：根据 ILOM 配置变量，POST 在服务器开机时运行。

对于可更正的内存错误（correctable memory error，CE），POST 会将该错误转发至 Solaris 预测性自我修复（Predictive Self-Healing，PSH）守护进程以进行错误处理。如果检测到不可更正的内存故障，则 POST 会显示该故障以及有故障的 FB-DIMM 的设备名称，并记录故障，然后禁用有故障的 FB-DIMM。POST 可禁用系统中一半物理内存，或禁用一半物理内存和半数的处理器线程，具体取决于内存配置和有故障 FB-DIMM 的位置。如果在正常操作中发生这种脱机处理，则必须根据故障消息更换有故障的 FB-DIMM，然后使用 ILOM 命令 set device component_state = enabled 启用已禁用的 FB-DIMM。

其中，device 是要启用的 FB-DIMM 的名称（例如，set/SYS/MB/CMP0/BR0/CH0/D0 component_state = enabled）。

b. Solaris 预测性自我修复（Predictive Self-Healing，PSH）技术：PSH 是 Solaris OS 的一个功能，可使用 Fault Manager 守护进程（fmd）来监视各种故障。当发生故障时，系统会为故障指定唯一的故障 ID（UUID），并进行记录。PSH 可报告故障，并可给出与故障相关联的 FB-DIMM 故障信息。

如果怀疑服务器有内存问题,请按流程图进行操作。运行 ILOM show faulty 命令,show faulty 命令可列出内存故障以及与该故障相关联的特定 FB-DIMM。

3)内存故障处理

通过 ILOM,可以远程运行诊断,如开机自检(power-on self-test,POST);否则只有邻近服务器串行端口的计算机才能运行这些诊断。还可以将 ILOM 配置为在系统出现硬件故障、硬件警告以及其他与服务器或 ILOM 相关的事件时发送电子邮件警报。

服务处理器独立于服务器运行,并使用服务器的备用电源。因此,当服务器 OS 脱机或服务器电源关闭时,ILOM 固件和软件仍可继续工作。

由 ILOM、POST 和 Solaris 预测性自我修复技术检测到的故障将转发至 ILOM,以进行故障处理。出现系统故障时,ILOM 可确保"需要维修"LED 指示灯亮起,更新 FRUID PROM,记录故障,并显示警报。故障 FRU 在故障消息中使用 FRU 名称进行标识。当故障不再存在时,服务处理器可以检测到这一情况,还可以采用多种方法清除故障:

故障恢复:系统可自动检测到故障状况不再存在。服务处理器会使"需要维修"LED 指示灯熄灭,并更新 FRU 的 PROM,指示故障已不再存在。

故障修复:故障已通过人工干预得到修复。大多数情况下,服务处理器会检测到修复情况,并使"需要维修"LED 指示灯熄灭。如果服务处理器没有执行这些操作,必须通过设置故障组件的 ILOM component_state 或 fault_state 来手动执行这些任务。服务处理器可以检测到是否卸下了 FRU,在许多情况下,即使在服务处理器断电(例如,在维修过程中拔下系统电源电缆)时卸下 FRU 也能够检测到。此功能可以让 ILOM 感应到对特定 FRU 诊断出的故障已经得到修复。

4)检测故障

使用 ILOM show faulty 命令可显示以下几类故障:

①环境故障或配置故障:系统配置故障,或者由故障 FRU(电源、风扇或鼓风机)、室内温度或服务器通风不畅造成的温度或电压问题。

POST 检测到的故障:由 POST 诊断检测到的设备故障。

PSH 检测到的故障:由 Solaris 预测性自我修复技术检测到的故障。

由于以下几个原因,将使用 show faulty 命令:

查看是否诊断出系统中的任何故障。

验证 FRU 更换操作已清除故障,而且没有生成任何其他故障。

在 -> 提示符下,键入 show faulty 命令。

5)清除故障

使用 FRU 的 clear_fault_action 属性,可以不必更换 FRU,或者在服务处理器无法自动检测 FRU 更换件的情况下,从服务处理器中手动清除由 PSH 诊断的故障。在 -> 提示符下,输入 clear_fault_action 属性。

(3)FEP 故障诊断及处理

PA:首先登录前端处理器(306):telnet +306 地址;回车即可,无须输入密码,输入大写 I 回车,查看进程 pa 和 iscs-pa,如果后面是 run,说明进程在此 306 运行,输入 fs 5 即可查看 306 与 pa 之间的报文,关闭报文输入 fs,当然输入 ds 5,8 可看到 iscs 和 pa 与 306 之间的报文,关闭报文同样输入 ds。

CCTV：首先登录规约转换器：telnet＋规约转换器地址；回车即可，无须输入密码，输入大写 I 回车，查看进程 cctv，如果后面是 run，说明服务在此规约转换器运行，输入 FepC-ctvShow，＋dnp 地址（例如 23）回车，即可看到 cctv 与规约转换器交互报文。

AFC：首先登录规约转换器：telnet＋规约转换器地址；回车即可，无须输入密码，输入大写 I 回车，查看进程 AFC，如果后面是 run，说明服务在此规约转换器运行，输入 di 53，＋dnp 地址，8 回车，即可看到 AFC 与规约转换器交互报文。

PSD：需要专门的工具，这个报文不需要看，一般只要看到 306 进程 run 即可，通信未断，一般不会有问题。

远程重启 306 和规约转换器：首先 telnet 登录 306 或规约转换器，回车即可，无须输入密码，输入 reboot 即可，如果两台都要重启，那么等 reboot 过后一分钟再登录另一台 306 重启。

(4) OPS 故障诊断及处理

大屏幕显示系统包含 DLP 显示单元和图形处理器两部分四个平台，分别为：

显示平台：主要设备为显示墙本身。

控制平台：主要设备为控制主机与 Xlan 主控服务器。

交换平台：顾名思义，千兆交换机及相关网线是这个平台的主角。

信号采集平台：这个平台里面包含了各种信号接入的相关接口服务器组，有视频服务器、应用服务器、Vlink 服务器等相关的设备。

这些设备各自负责不同的职能，协同一起进行图像的处理及显示。

当单独启动显示平台的时候，DLP 屏幕亮起来之后，每个屏幕会显示整幅带有 VTRON 标识的纯蓝底纯红字的屏幕拼接。

然后启动控制平台的主控服务器，主控服务器自动启动所有节点机之后，屏幕上会显示有花色蓝底，立体红字的底图。

现在启动信号采集平台，就可以将所需要显示的信号调用到大屏幕之上了，但是当所调用的信号有异常时，在大屏幕上所开的信号窗口将不能正常显示内容，一般会以纯蓝底色来显示无法接收到图像信号。

(5) UPS 故障诊断及处理

1) 电解电容问题

①输出滤波交流电容

在巡检时应注意检查输出滤波交流电容的状态，观察是否有电解液渗出或者鼓胀现象。如果发现漏液或者鼓胀应当尽快更换。

之前 120 kVA TT、200 kVA TT 和 80 kVA TM 所使用的电极为圆柱形的输出滤波交流电容存在质量问题，现在已更换为电极底部为梯形体的电容，现场发现圆柱形电极的电容应当重点检查或直接更换。

UPS 逆变器可以开环启动、可以校验，但是正常启动不能切换的情况，应当重点检查输出滤波交流电容。交流电容老化无法滤除高次谐波，用万用表测量输出交流电容之后的逆变器电压频率可达到几 kHz。

②电解电容的使用寿命

在室温 25 ℃左右的条件下，建议每 4～5 年进行一次预防性的电容更换。

③检查 MAINS2 输入端 RC FILTER

检查 MAINS2 输入端 RC FILTER 使用的电容是否为 PVC 材料,是否有过温现象。检查 MAINS2 输入电压失真 THDU,如果高于 5%,应当考虑升级 MAINS2 RC FILTER。

2）MAINS2 防倒灌选件 K4S 的问题

由于 K4S 使用中存在很多隐患,现场服务时发现该装置,应当将其屏蔽掉。

解决办法:在现场进行维护服务时将 K4S 上下端短接,并将 PARI 到 GTCI 的通信线拔出(或者将 PARI 上 3 只 2 A 的保险拔出)。

注意:在没有屏蔽 K4S 而对 GTCI 写参数的时候,K4S 供电可能会出现间断。

3）绝缘问题

UPS 在长途运输之后,有些地方需要重点检查,如图 5-4 所示。

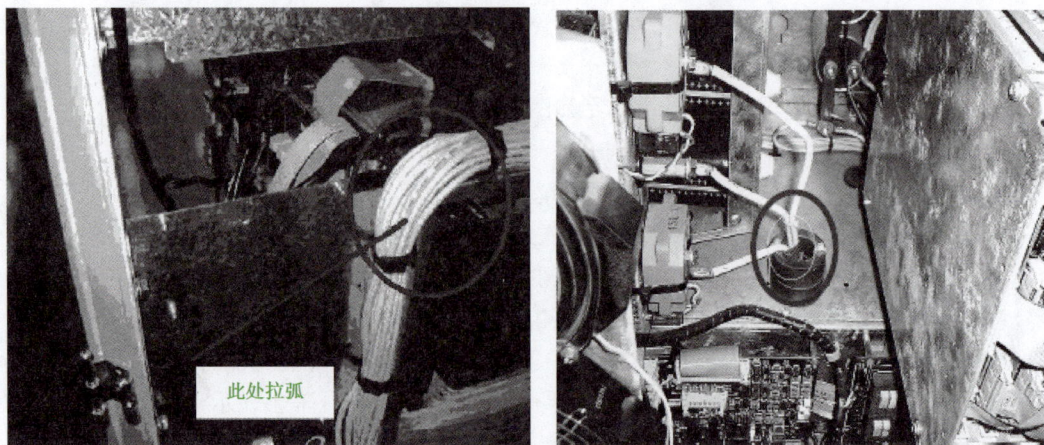

图 5-4　重点检查地方

图 5-4 所示的地方功率线容易摩擦破损,调试前应当重点检查并妥善处理,用绝缘套包裹并用扎带紧固。

4）通信、显示问题(GTCI、AFC/SI、COSI)

①电池后备时间最多显示 180 min,负载量大于 20% 时显示 120 min,这属于正常现象。

②电池后备时间显示为"＊＊＊＊＊",可重写 GTCI 参数以恢复正常后备时间显示。

③面板或者日志里有误报警,例如"Q1 open,QF1 open,Q4S open"。升级 GTCI 和 AFC/SI 到较高的版本,请参考 Technical Information F/R/033。

④并联 UPS 面板不显示"并联在线运行"而显示"在线运行",可尝试将 GTCI 升级到 NT07。

⑤电池充电结束后,电池灯仍然绿色闪烁。可以通过 SOFT-TUBER 初始化电池管理或者将 GTCI 升级到 NT07。

⑥正常运行的 UPS 面板死机或者花屏。一般重新启动 UPS 即可解决问题。

⑦UPS 面板反复重启,一般不影响 UPS 正常运行。如果正常运行的 UPS 出现这种情况,建议将 UPS 下电重启。如果由于插拔通信卡造成,一般 UPS 可自行恢复。

⑧UPS 面板黑屏,但是可以自行恢复,一般为 AFC/SI 故障。

⑨电池温度显示为 0 ℃,但是 ATIZ 正常,并且 SOFT-TUNER 可以读到温度。需要将

COSI 板升级到 ED\NT02。

⑩调试使用 AFCI 的 UPS 时,建议使用 AFSI 的芯片将系统时间校准,以便使用 BALI 或者 TLS2 下载日志的时候可以得到与时间对应较准确的状态日志。

5)AQUI

①常见问题1:更换 AQUI 之后,闭合 QM1,整流器报故障,无法开环启动。

解决办法:

闭合 QM1(保持 QF1 断开),检查面板直流电流显示值和 SOFT-TUNER 测量值的直流电流值是否已大于 SOFT-TUNER 中 Charge current(battery protection)所设定的值;如果是,拔下"EPO",将 SOFT-TUNER 中 Charge current(limitation)和 Charge current(battery protection)的值增加到大于上述直流电流值,按正常步骤开环启动整流器并校验;恢复 SOFT-TUNER 中充电电流的正常设置。

②常见问题2:面板显示负载切换故障,SOFT-TUNER 状态报警显示通风故障,但是风机运行正常。

解决办法:

闭合 Q4S,分别测量光耦管 VP1、VP2、VP3 的 4、5 脚的电压,看是否存在 24 VDC 电压;如果测量到 24 VDC 电压,在没有 AQUI 板可更换的情况下,可临时将光耦管的 4、5 脚短接以消除报警。

6)CROI

常见问题:逆变器无故停机,SOFT-TUNER 有报警"Hardware major fault",但是可以直接通过按绿色键启动逆变器。

解决办法:

建议将 CROI 升级为 DB\NT05 以上的版本,该版本也解决了逆变器输出直流分量较大的问题,同时也提高了逆变器输出的稳定精度。检查并机线的分布,应当尽量使并机线与功率线垂直分布或者远离功率线,而不是与功率线平行混放,以减少干扰。

7)风机的检查

每次进行 UPS 维护时都应仔细检查各散热风机的运行状态是否良好。没有故障检测的风机损坏将造成 UPS 逆变器间断性地过载而停机。

部分风机可能会由于周围气流扰动产生旋转而实际已经没有散热效果,仅目测无法辨别其好坏,应当采用其他手段确认风机是否正常运转。

8)GALAXY PW 维护指导

①电池的检查:

a.检查电池外观有无破损变形;

b.检查电池总正极、负极对地电压,根据测量值推算漏电的位置;

c.检查电池极板有无烧痕或渗液;

d.检查电池极板连线是否牢固;

e.检查 3P 电池开关连线是否标准(图5-5);

f.检查电池开关的设定值,应当根据最大放电电流设定开关容量;

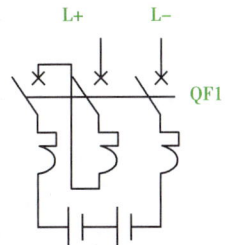

图 5-5　3P 电池开关

g.使用专用仪器(内阻测试仪、电导测试仪等),开路测试电池内阻;

h. 检查电池室通风设备,并确认其能否正常工作;

i. 电池放电测试(对于 GALAXY PW 系列可以先采用 UPS 的自动放电测试功能测试电池,以提高安全性)。

②设备物理检查:

a. 检查机房通风散热设备的运行状态,机房温度对电池和 UPS 内部电解电容的使用寿命有着直接的影响;

b. 检查设备通风路径是否通畅;

c. 设备散热风机叶片是否可自由转动;

d. UPS 内部交流电容、直流电容是否有漏液或者鼓胀现象。

5.1.3　Linux 系统安全管理及其开发维护

(1)Linux 进程管理及作业控制

Linux 是一个多任务的操作系统,系统上同时运行着多个进程,正在执行的一个或多个相关进程称为一个作业。使用作业控制,用户可以同时运行多个作业,并在需要时在作业之间进行切换,本节详细介绍进程管理及作业控制的命令,包括启动进程、查看进程、调度作业的命令。

进程及作业的概念:

Linux 是一个多用户多任务的操作系统。多用户是指多个用户可以在同一时间使用计算机系统;多任务是指 Linux 可以同时执行几个任务,它可以在还未执行完一个任务时又执行另一项任务。操作系统管理多个用户的请求和多个任务。

大多数系统都只有一个 CPU 和一个主存,但一个系统可能有多个二级存储磁盘和多个输入/输出设备。操作系统管理这些资源并在多个用户间共享资源,当提出一个请求时,便造成一种假象,好像系统只被独自占用。而实际上操作系统监控着一个等待执行的任务队列,这些任务包括用户作业、操作系统任务、邮件和打印作业等。操作系统根据每个任务的优先级为每个任务分配合适的时间片,每个时间片大约都有零点几秒,虽然看起来很短,但实际上已经足够计算机完成成千上万的指令集。每个任务都会被系统运行一段时间,然后挂起,系统转而处理其他任务;过一段时间以后再回来处理这个任务,直到某个任务完成,从任务队列中去除。

Linux 系统上所有运行的东西都可以称为一个进程。每个用户任务、每个系统管理守护进程,都可以称为进程。Linux 用分时管理方法使所有的任务共同分享系统资源。我们讨论进程的时候,不会去关心这些进程究竟是如何分配的,或者是内核如何管理分配时间片的,我们所关心的是如何去控制这些进程,让它们能够很好地为用户服务。

进程的一个比较正式的定义是:在自身的虚拟地址空间运行的一个单独的程序。进程与程序是有区别的,进程不是程序,虽然它由程序产生。程序只是一个静态的指令集合,不占系统的运行资源;而进程是一个随时都可能发生变化的、动态的、使用系统运行资源的程序。而且一个程序可以启动多个进程。

Linux 操作系统包括 3 种不同类型的进程,每种进程都有自己的特点和属性。

交互进程——由一个 shell 启动的进程。交互进程既可以在前台运行,也可以在后台运行。

批处理进程——这种进程和终端没有联系，是一个进程序列。

监控进程（也称守护进程）——Linux 系统启动时启动的进程，并在后台运行。

上述 3 种进程各有各的作用，使用场合也有所不同。

进程和作业的概念也有区别。一个正在执行的进程称为一个作业，而且作业可以包含一个或多个进程，尤其是当使用了管道和重定向命令，例如"nroff-man ps.1 | grep kill | more"这个作业就同时启动了三个进程。

作业控制指的是控制正在运行的进程的行为。比如，用户可以挂起一个进程，等一会儿再继续执行该进程。shell 将记录所有启动的进程情况，在每个进程过程中，用户可以任意地挂起进程或重新启动进程，作业控制是许多 shell（包括 bash 和 tcsh）的一个特性，使用户能在多个独立作业间进行切换。

一般而言，进程与作业控制相关联时，才被称为作业。

在大多数情况下，用户在同一时间只运行一个作业，即它们最后向 shell 键入的命令。但是使用作业控制，用户可以同时运行多个作业，并在需要时在这些作业间进行切换。这会有什么用途呢？例如，当用户编辑一个文本文件，并需要中止编辑做其他事情时，利用作业控制，用户可以让编辑器暂时挂起，返回 shell 提示符开始做其他的事情。其他事情做完以后，用户可以重新启动挂起的编辑器，返回到刚才中止的地方，就像用户从来没有离开编辑器一样。这只是一个例子，作业控制还有许多其他实际的用途。

（2）Linux 系统管理命令

wall 命令

这个命令的功能是对全部已登录的用户发送信息，用户可以先把要发送的信息写好存入一个文件中，然后输入：

wall < 文件名

这样就能对所有的用户发送信息了。

在上面的例子中符号"＜"表示输入重定向，有关它的含义和用法请参阅项目十的有关内容。例如：

wall'Thank you！'

Broadcast message from root（tty1） Fri Nov 26 14:15:07 1999…

Thank you！

#

执行以上命令后，用户的屏幕上显示出"Thank you！"信息后，并不出现系统提示符 $（#），再次按回车键后，屏幕出现系统提示符。

write 命令

write 命令的功能是向系统中某一个用户发送信息。该命令的一般格式为：

write 用户账号［终端名称］

例如：$ write xxq hello

此时系统进入发送信息状态，用户可以输入要发送的信息，输入完毕，希望退出发送状态时，按组合键＜Ctrl + c＞即可。

上述命令执行的结果是，用户 xxq 的屏幕上会显示：

message from test@ test.tlc.com.cn tty1 at 15:51…

hello

EOF

mesg 指令

mesg 命令设定是否允许其他用户用 write 命令给自己发送信息。如果允许别人给自己发送信息,输入命令:

mesg y

否则,输入:

mesg n

对于超级用户,系统的默认值为 n;而对于一般用户系统的默认值为 y。如果 mesg 后不带任何参数,则显示当前的状态是 y 还是 n,如:

$ mesg is

y

或:

mesg is

n

sync 命令

sync 命令是在关闭 Linux 系统时使用的。用户需要注意的是,不能用简单的关闭电源的方法关闭系统,因为 Linux 像其他 Unix 系统一样,在内存中缓存了许多数据,在关闭系统时需要进行内存数据与硬盘数据的同步校验,保证硬盘数据在关闭系统时是最新的,只有这样才能确保数据不会丢失。一般正常的关闭系统的过程是自动进行这些工作的,在系统运行过程中也会定时做这些工作,不需要用户干预。sync 命令是强制把内存中的数据写回硬盘,以免数据丢失。用户可以在需要的时候使用此命令。该命令的一般格式为:

sync

shutdown 命令

shutdown 命令可以安全地关闭或重启 Linux 系统,它在系统关闭之前给系统上的所有登录用户提示一条警告信息。该命令还允许用户指定一个时间参数,可以是一个精确的时间,也可以是从现在开始的一个时间段。精确时间的格式是 hh:mm,表示小时和分钟;时间段由"+"和分钟数表示。系统执行该命令后,会自动进行数据同步工作。

该命令的一般格式为:shutdown[选项][时间][警告信息]命令中各选项的含义如下:

-k 并不真正关机,而只是发出警告信息给所有用户。

-r 关机后立即重新启动。

-h 关机后不重新启动。

-f 快速关机,重启动时跳过 fsck。

-n 快速关机,不经过 init 程序。

-c 取消一个已经运行的 shutdown。

需要特别说明的是,该命令只能由超级用户使用。

(3) Linux 文件内容统计命令

wc 命令

wc 命令的功能为统计指定文件中的字节数、字数、行数,并将统计结果显示输出。

语法:wc[选项]文件…

说明:该命令统计给定文件中的字节数、字数、行数。如果没有给出文件名,则从标准输入读取。wc同时也给出所有指定文件的总统计数。字是由空格字符区分开的最大字符串。

该命令各选项含义如下:

-c 统计字节数。

-l 统计行数。

-w 统计字数。

这些选项可以组合使用。输出列的顺序和数目不受选项的顺序和数目的影响。总是按下述顺序显示并且每项最多一列。行数、字数、字节数、文件名,如果命令行中没有文件名,则输出中不出现文件名。

(4)Linux 文件内容查询命令

grep、fgrep 和 egrep 命令

这组命令以指定模式搜索文件,并通知用户在什么文件中搜索到与指定的模式匹配的字符串,并打印出所有包含该字符串的文本行,在该文本行的最前面是该行所在的文件名。grep 命令一次只能搜索一个指定的模式,egrep 命令检索扩展的正则表达式(包括表达式组和可选项),fgrep 命令检索固定字符串,它不识别正则表达式,是快速搜索命令。

这组命令在搜索与定位文件中特定的主题方面非常有用。要搜索的模式可以被认为是一些关键词,您可以用它们来搜索文件中包含的这些关键词。编写程序时,可以用它来寻找某一个函数,或是相关的词组,grep 命令的搜索功能比 fgrep 强大,因为 grep 命令的搜索模式可以是正则表达式,而 fgrep 却不能,有关正则表达式请参见 shell 一章。

该组命令中的每一个命令都有一组选项,利用这些选项可以改变其输出方式。例如,可以在搜索到的文本行上加入行号,或者只输出文本行的行号,或者输出所有与搜索模式不匹配的文本行,或只简单地输出已搜索到指定模式的文件名,并且可以指定在查找模式时忽略大小写。

这组命令在指定的输入文件中查找与模式匹配的行,如果没有指定文件,则从标准输入中读取。正常情况下,每个匹配的行被显示到标准输出。如果要查找的文件是多个,则在每一行输出之前加上文件名。

5.1.4 pgAdmin Ⅲ 数据库工具的使用

要打开一个到服务的连接,在树中选择所需的服务,并双击它,或使用"工具"菜单上的连接即可。

(1)主窗体

要在主窗口中,显示数据库的结构,可以创建新的对象,删除和编辑现有的对象,如果使用的是当前连接到数据库用户的权限,在主窗口的左侧显示所有服务器,以及它们所包含的对象树。

右上方显示,目前在树中选定的对象的详细信息。右下方包含一个 SQL 脚本。

（2）导航菜单功能

1）文件菜单

在文件菜单中点击服务器根节点下某个节点时可以更改连接密码。

点击选项（o）按钮中您可以调节些属性，例如：用户界面的语言，偏好，SQL语法高亮的颜色等。菜单中还可以对 postgresql. conf,pg_hba. conf,pgpass. conf 文件进行编辑。来优化 postgresql 的性能。添加所需的服务器，使用菜单中"添加服务器"。在新服务器登记的时候可以选择组。当按下"确定"按钮时，将出现新组并且服务器包含在其中。这个类似文件夹的功能可以将服务器按照类型或用途分组。

2）编辑菜单

点击编辑菜单可以对数据库和对象进行相应的操作（右键所选对象相当于编辑中所有相关功能）。

3）插件

启动 psql 控制台并连接到在 pgAdmin 中所选的数据库。可以输入相应的命令。

4）视图

用来调节页面视图的显示。例如：打开与关闭 SQL 窗口。

5）工具

在主窗体左面的对象树中点击不同的节点，工具中菜单的高亮显示可做相应的操作（所选对象右键操作可达到相同效果但工具中可以打开查询工具）。

6）帮助

可以查看帮助文档。

在 SQL 编辑器中输入相应的 SQL 语句，点绿色箭头可以执行该 SQL 语句，也可以选中部分执行（执行 SQL 语句快捷键 F5），在下方输出窗口中可以查看相应的结果。点击菜单查询解释（快捷键 Shift + F7）分析会出现相应的解释图类似于图形化查询，还可以保存数据。

图形化查询构造器允许用鼠标来构建查询：从导航器中拖动数据表和视图到图形面板中，在他们之间添加连接，点击检查框增加字段，追加条件以及设置结果顺序。

可以从桌面拖拽一个文件到查询文本框然后释放它，查询工具会自动打开这个文件。右上方为连接下拉框中用一个方框显示服务器颜色，点击下拉菜单和新建服务器连接。

查询语句历史自动保存在一个文件里，这个文件的内容显示在查询文本框上方的下拉框中，同时具有删除文件中选中查询或者全部查询的功能。

（3）数据库与表的创建

1）数据库的创建

选中数据库 => 右键 => 新建数据库，一般都选择默认就可以。在结构树中目录中存放的是系统的对象和系统表等。系统默认模式为 public 可以建其他模式。只有相应的权限才能看见模式下的内容。

2）表的创建

选中数据表 => 右键 => 新建数据库表（特别注意新建表时表名与字段名要小写，因为它会区分大小写。大写或者大小混写的会加上双引号）。

3）表的修改

右键选中所要操作的表选择新建对象可以对表做相应的操作。例如：新增字段等。右键选中所要操作的表查看数据所有行，可以查看该表的数据，并可以做相应的修改。（注意：想要以表格形式修改此表，该表必须有主键）。在表格中右键选中字段可以过滤与排序等。使操作更加快捷方便。

在修改表的时候允许编辑 SQL 标签，例如：当追加一个带有缺省值和非空制约的新字段时，pgAdmin 无法在一个动作中完成，因为需要先新增字段，然后修改所有已存在记录的值，最后再设置非空制约。而现在，可以使用 UI 一次完成。接下来，点击"只读"检查框进入直接编辑模式，更新语句并执行。

(4)数据库的备份与恢复

右键选择要备份的数据库。用 pgadmin 可以把 postgres 备份成三种格式：compress、tar、plain。compress 最小，是压缩过的，但是里面乱码。文件以".backup"结尾，tar 比较大，上面有几行是乱码，下部分都是数据，格式看上去不太整齐。文件以".backup"结尾，plain 也很大，但不是乱码，里面的内容很整齐，分为两部分，上部分是相关的属性和数据表的信息，下部分全是数据，字段用一个 Tab 分隔。然而恢复时只有 compress 和 tar 的文件能够恢复，也就是以".backup"结尾的。

注意：恢复数据库时，先删除原数据库，新建一个空库进行恢复。如果在原库上恢复，会造成数据丢失。

5.1.5　权限分离

此次以西安地铁 2 号线权限分离为例，工作量可分为调试准备期和调试期。

(1)调试准备期

1）调试人员需要在调试笔记本中安装 Microsoft Office Access 软件，主要用于数据库的修改并导出服务器识别的 cfg 文件。

2）调试笔记本还需要安装 Ftp(FileZilla)工具，百度上均能下到，主要用于将 Access 数据库中导出的 cfg 文件导入到车站服务器中。

3）调试笔记本最好有 Ubuntu 虚拟机(如果没有可以用车站工作站或者将你要调试车站的环控系统画面按类拍下来)，这样做的目的是让你对每个系统的设备数量和类别有更清楚的了解，以免漏改设备。

4）数据库的修改

以体育场例，综合监控数据库系统软件修改流程如下：

用 access 打开数据库文件，选中 Common Data Configuration ---> Areas，修改 OCC、车站权限划分配置，将区域修改完毕；

用 access 打开数据库文件，选中 Common Data Configuration ---> Categories 修改事件过滤的分类，将区域修改完毕；

划分权限转移区域：用 access 打开数据库文件，选中 Service Configuration ---> ControlHandover ---> Control Hand Objects，将通风及空调系统修改为小系统，同时增加大系统和隧道通风系统两项配置。同时需要注意选择车站系统区域(area)和 OCC 系统区域

（OCCRemoteArea），将权限转移区域进行修改。修改权限移交中 HandoverObject 字段，即小系统的修改为 tyc_bas_air_small，大系统的修改为 tyc_bas_air_big，通风隧道系统的修改为 tyc_bas_air_tuv；

接着修改 Service Configuration ---> Control Handover ---> Control Handover_Point 中的权限交接控制 DO、AO 点的所属系统范围（注意修改此文件时要严格按照各个车站环控系统所属设备修改）。

5）数据库 SCADA 数据点划分区域

用 access 打开数据库文件，选中 Service Configuration ---> scada ---> bas. cfg ---> Digital Control Points，修改数据库 DO、AO（DO 点包括控制点和挂牌点两类）。需要注意的是，模式控制 AO 点也要修改。

6）画面修改

权限交接画面一共是两类，一类是 OCC 调度工作站用的，即 tyc_bas_handover_occ，一类是车站工作站调用画面，即 tyc_bas_handover_stn，全线所有画面都可以按照一个方法去做，只要将画面里面的函数域名改成对应车站就可以了，因为全线的权限交接画面都是一个模板，所以可以"复制"。

(2) 现场调试

1）数据库备份

备份之前先得清楚要导哪些数据库文件。此次权限分离一共需要导入服务器四个文件，分别是 client. cmn、server. cmn、bas. cfg 以及 ContronlHand-Over. cfg 四个文件。四个文件分别是在车站的 01 和 02 号服务器中。此处只写一台服务器操作方法，命令如下：

telnet 192. 2. 1. 1

engineer 服务器用户名

e   用户类密码，此处还可以直接输入 root（用户）roor（超户密码）

su   超户用户名

root   超户密码

cd /opt/scada/var/BKZ   进入要备份的文件目录下

ls   查看待备份文件是否存在

cp client. cmn client20130829. cmn   在此文件目录下将其备份

ls   查看备份情况

至此，备份结束，其他三个文件备份方法如法炮制。

同时画面也要做好备份，备份方法一样。

做备份的时候可以思考一下，假如调试遇到问题如何恢复。

数据库恢复就将备份还原再重新启停一下服务就可恢复，画面恢复通过复制还原。

2）数据库导入

数据库导入分两步，第一步将库从 access 软件中导到本地计算机上，生成服务器识别的 cfg 类文件，将修改好的数据库导到本地电脑，图示如下：

可以从 access 中看到导出本地目录为：F:\export\tyc\，在你计算机可以找到导出生成相应的文件。

第二步,使用 ftp 工具将四个文件分别导入 1、2 号服务器中,要注意每个文件的目录地址(client. cmn、server. cmn 的上述已经提到,bas. cfg 目录在服务器中的/opt/scada/var/BKZ/scada/A,ContronlHandOver. cfg 目录在服务器中的/opt/scada/var/BKZ/ControlHandover/A 下),数据库导入服务器以后在确保无误的情况下可进行停起服务操作。

因为权限分离要导入两个系统服务文件和两个 cfg 文件,所以对系统服务要求全部停止然后再重起,对 cfg 文件要删除 SGI 临时文件,待两台服务器均停止后再删除服务器中的临时 SGI 文件(删除临时文件工作可提前做好删除准备,这样可以减少因导库通讯中断时间)。

删除临时 SGI 文件命令:(此处只有 bas. cfg 和 ControlHandover. cfg 要删除临时文件,待两台服务器中的四个 cfg 的 SGI 临时文件删除成功以后,这时再对服务进行重启,即在上述停服务的终端里面输入:/opt/scada/bin systematics start 两台服务器均如此操作(先启一台看没问题接着启第二台,打开系统里面的系统状态可以查看到服务是否正常运行,主要看 scada 服务)。

如果此时服务停起一切正常,那么说明导库工作已经成功。如果服务没重启,此时不必惊慌,可以通过如下方法恢复原来状态:

分别进入到原来备份好的服务器中相对应的目录下将四个备份文件替换回去,cp client20130829. cmn client. cmn,其他三个文件同样方法操作,此时还得打开删除 SGI 文件的终端进行删除 SGI 文件,然后等待服务全部停止后再将 SGI 删除,然后再重启服务(跟正常导库操作一样的步骤)。

3)权限移交时工作站中 pertab 文件修改(只改工作站):调试本地工作站上打开终端。

4)观察数据库运行情况,如果新的数据库运行良好则正常开始权限交接的调试。

调试过程中主要将权限从 OCC 下放到车站,此时分别去看各个系统是否在 OCC 不能控而在车站能控(此处要说明的是,调试时为了不影响环调的正常工作,所以我们远程到总调用总调模拟环调,这样效果跟环调一样,待调试好以后给环调更新画面让其再进行测试,直到确认无误),以及从车站交回到 OCC,然后分别看权限在车站是否能控而不是在 OCC 能控,如此调试,如果单点每个设备都可以达到此要求则证明权限分离、调试成功,待调度确认恢复就可结束作业。

调试成功并结束时记得给 OCC 13、16、17 和 18 号工作站更新画面,并让其再次确认。

5.1.6 事件丢失

(1)调度工作站事件丢失现象
以西安地铁 2 号线为例,综合监控系统各调度工作站事件信息丢失情况统计如下:

①2011 年 10 月 7 日,电调工作站事件丢失。

②2011 年 10 月 19 日,环调,电调工作站发生事件丢失,南瑞厂家提取相关日志交澳大利亚厂家进行分析。

③2011 年 11 月初,南瑞厂家修改配置并新增 JAVA 版事件显示栏。

④2011 年 11 月 16 日,电调工作站原事件版本出现事件丢失现象,JAVA 版事件确认正常。

⑤2011 年 11 月 21 日,环调工作站原事件版本出现事件丢失现象,JAVA 版事件确认正常。

⑥2012 年 2 月 5 日,各调度工作站事件信息全部丢失,经确认 JAVA 版事件栏存在同样故障。

⑦2012 年 2 月 11 日,北客站早通风模式无事件信息,JAVA 版事件栏存在同样的故障。

⑧2012 年 2 月 11 日晚,完成对电调、环调、维调等综合监控工作站安装 JAVA 版事件栏作业。

⑨2012 年 3 月 5 日 23 点至 3 月 6 日 20 点 28 分,全线除北客站、北苑站、市图书馆站、体育场站、纬一街站外其余各站事件丢失,后自动恢复,与 2 月 5 日故障现象相同。

⑩2012 年 5 月 10 日,电调工作站事件丢失。

⑪2012 年 7 月 8 日,控制中心各调度综合监控工作站事件丢失。

⑫2012 年 10 月 7 日,调度工作站事件丢失。

⑬2012 年 10 月 30 日,南瑞厂家对综合监控软件进行了升级,至今未有事件丢失情况发生。

(2)故障简析

由于此故障原因较为复杂,下面分为三个阶段进行分析。

1)JAVA 新版事件客户端的使用

2011 年 10 月,厂家通过对相关日志的分析,确认故障原因为:服务器软件参数设置以及客户端查询程序问题,从而造成各站点历史服务异常退出。

但是,对于程序问题,厂家未能从根本上解决。同时,厂家就此问题开发了一套基于 JAVA 虚拟环境平台的事件栏。

从 2011 年 11 月初修改软件参数设置和 JAVA 新版事件栏安装后至 2012 年 2 月初,四个月时间内共发生了两次老版本事件丢失的故障,同时 JAVA 版事件确认正常。故障发生率的减小和测试的结果表明,服务器软件参数设置错误和客户端查询软件问题是事件丢失的原因。

2)服务端数据清理问题

自 2012 年 2 月初开始,JAVA 版和老版本事件栏的表现在与随后发生的事件丢失故障惊人的一致。由于两版事件栏在故障发生时的一致性和此前四个月 JAVA 新版事件栏所表现出来的稳定性,厂家基本排除故障由客户端引发。通过对服务端的排查,发现在每次故障发生时,历史服务器硬盘数据库分配空间已被填满。在厂家通过 3 月份和 5 月份两次对历史数据清理软件升级后,截至 2012 年 7 月初,故障发生率明显下降。以上结果表明,数据清理软件未能在硬盘空间填满时及时清理数据是导致事件丢失的原因。

3)数据库问题

①数据库连接数问题

2012 年 7 月 8 日,事件在硬盘空间未填满时再次丢失。JAVA 事件栏的稳定性和硬盘空间未满表明此时有新的问题导致了故障的发生。专家和厂家经过充分的沟通后,初步确认为客户端和数据库的连接出现了问题。事件产生的原因为:下方设备产生动作引发信号进入综合监控服务器数据库,同时客户端工作站在不停地对数据库进行查询,当数据库产生一条数据时,客户端(即工作站事件栏)通过查询数据库显示一条新的事件。数据进入数据库和客户端对数据库查询都可称为对数据库的一个连接,在完成后程序会自动释放连接。在故障发生时,历史服务器中数据库最大连接数为100,当对此连接数增大至500时,故障恢复。

以上结果表明,当以超过数据库最大连接数的设备连接数据库时,数据库会出现异常情况,导致事件丢失故障的发生。

②数据库堵塞问题

2012年10月7日,调度工作站事件再次丢失。

经过分析,事件产生—>进入数据库<—客户端查询—>客户端显示,在此过程中,数据库中没有查询到相关已发生事件的信息。这表明,已产生事件没有能够进入到数据库之中。

此时,故障原因已然非常清楚。即在数据库最大连接数完全满足已产生事件进入数据库的通道时,信息依然无法进入数据库。

信息在进入数据库时,调用insert命令插入数据库。问题很明显,在大量信息产生时,为了抢占唯一一条通道,出现了堵塞现象,结果造成信息无法进入数据库,客户端也就不能从数据库中查询出已产生的事件信息。

为了解决此问题,经过专家和厂家的讨论,决定增加一个中间软件,功能是梳理信息,让产生的信息按照排队方式进入数据库。原理如图5-6所示:

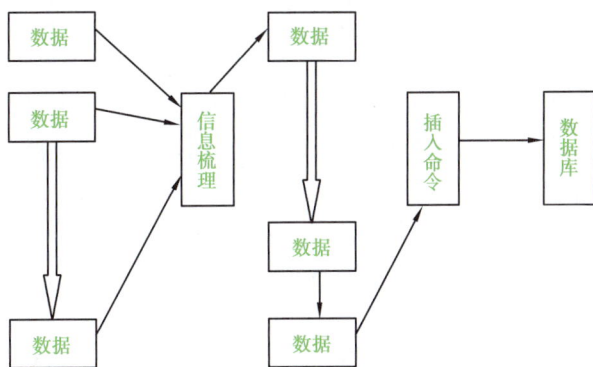

图5-6　原理图

2012年10月底,厂家按照上图所示原理开发并安装了信息梳理软件,对系统实施了升级。

由于调度工作站是从两台冗余历史服务器中随机取得事件信息,所以为了测试软件的稳定性,厂家将调度工作站配置为从一台历史服务器中获取事件信息。测试一直维持至2013年4月,6个月的测试过程中再未出现事件丢失现象,证明故障点寻找正确。2013年4月中旬,厂家将调度工作站还原为从两台冗余历史服务器中获取事件信息。截至6月中旬,未出现事件丢失故障。

以上结果表明,大量数据的产生会使数据库堵塞,导致事件丢失故障的发生。

(3)故障原因总结

①服务器软件参数设置错误导致历史数据的缓存机制不适应于冗余历史服务器环境。

②客户端查询软件问题导致事件部分丢失。

③数据清理软件未能在硬盘空间填满时进行数据清理导致新的信息未能及时进入数据库并显示在客户端。

④数据库最大连接数配置过小导致数据库连接出现异常,客户端不能及时显示事件信息。

⑤在大量信息产生时,为了抢占唯一一条通道,出现了数据库堵塞现象。

5.1.7 系统命令集

(1)cd 命令

①功能:改变工作路径,相当于 DOS 中 cd 命令

②格式:cd 　　［directory］

③常见形式:

cd

cd ..

cd 　/usr/bin

cd 　home

说明:在系统中,通常"."表示本级目录,".."表示上级目录

(2)pwd 命令(print working directory)

①功能:不跟任何参数,显示工作路径

②格式:pwd

③举例:

#pwd

/opt/scada/var/BKZ/scada/A

(3)ls 命令(list)

①功能:列出目录中的文件,相当于 DOS 的 dir 命令

②格式:ls ［option］ ［file-list］

③［option］常用选项:

　　-a(all)显示包括隐含文件在内的所有文件和目录

　　-l(long)以长格式显示当前路径下的文件

④举例:

ls -l home

d rwxr-xr-x 　2 　root 　root 　2 　July23 11:44 　home

文件		目录
r	可读和复制文件	可以查看目录内容
w	可修改文件	可在目录中增删文件
x	可执行文件	可通过命令读写目录

(4)mkdir 命令

①功能:创建新目录

②格式:mkdir 　directory

③举例：

    mkdir　-m　770　　testdir

    mkdir　-p　dir1／dir2／dir3

(5)touch 命令

①功能：创建一个新的空文件

②格式：touch　filename

③举例：

touch　　／reconfigure

(6)cat 命令

①功能：创建、连接或显示文件

②常见形式：

显示 cat　　exist_file

创建 cat ＞　　new_file

追加 cat ＞＞ some_file

合并 cat　file1　file2 ＞ file3

(7)ln 命令

①功能：链接，使两个或多个文件共享同一磁盘空间。可以节约磁盘空间的使用

②链接种类：硬链接、符号链接

③命令形式：

ln　　exist_file　new_file

ln　-s　exist_file　new_file

(8)cp 命令(copy)

①功能：复制文件

②常见形式：

cp　source_file　dest_file

cp　-r　source_dir　dest_dir

cp　-p　source　dest

注意：文件属性的问题

③举例：

ls -l

-rw-r--r--　1　root　　other　　13 Jan 7 16：44　　a

-rw-r--r--　1　user1　staff　　13 Jan 7 16：45　　c

-rw-r--r--　1　user1　staff　　13 Jan 7 16：45　　d

cp　a　b；cp a　c；cp -p a　d；cp -p　a e

ls -l

-rw-r--r--　1　root　　other　　13 Jan 7 16：44　　a

-rw-------　1　root　　other　　13 Jan 7 16：47　　b

-rw-r--r--　1　user1　staff　　13 Jan 7 16：47　　c

-rw-r--r--　1　root　　other　　13 Jan 7 16：44　　d

-rw-r--r-- 1 root other 13 Jan 7 16:44 e

(9)mv 命令(move)

①功能:移动文件位置

②格式:

mv source destination

③举例:

mv file1 file2 将文档 file1,更改档名为 file

mv file1 dir1 将文档 file1,移到目录 dir1 下,档名仍为 file1

mv dir1 dir2 若目录 dir2 存在,则将目录 dir1 及其所有档案和子目录移到目录 dir2 下,新目录名称为 dir1,若目录 dir2 不存在,则将 dir1 及其所有文档和子目录更改为目录 dir2

(10)rm(remove)命令

①功能:删除文件和目录

②格式:

rm [-r] filename (filename 可为档名,或档名缩写符号)

③举例:

rm file1 删除档名为 file1 的文档。

rm file? 删除档名中有五个字元,前四个字元为 file 的所有文档。

rm f* 删除档名中,以 f 为字首的所有文档。

rm -r dir1 删除目录 dir1 及其下所有文档及子目录。

(11)more 命令

①功能:逐屏显示文件

②格式:more filename

③执行过程中:

按空格显示下一屏,回车显示下一行。

q 或^c 退出显示

(12)grep 命令

①功能:在文件中查找字符串,并显示符合要求的行。

②格式:

grep string filename

③举例:

grep sh /etc/passwd

(13)file 命令

①功能:查看文件类型

②格式:file filename

(14)find 命令

①功能:查找文件位置

②格式:

find dir -name filename command

③例子：

find . － name hello-print 寻找目前目录及所有的子目录内叫 hello 的文档。

find . -ctime ＋7 -print 找出七天内未被更动的文档。

find . -size ＋2000m -print 找出大小超过 2 000 bytes 的文档。

find /tmp -user b1234567 -print 在/tmp 下属于 b1234567 的文档。

find . -name '＊. c'-exec rm ┤┤删除所有的. c 档。

find . -name test\＊ -print 显示当前目录及其子目录文件名前 4 位为 test 的文件名。

(15)chmod 命令

①功能：改变文件权限信息

②格式：

chmod who ［operation］ ［permission］ filename

who： u g o a

operation： ＋ －

permission： r w x

chmod a＋x file

chmod u＝rwx,g＝rx,o＝r file

二进制形式：file rwx r-x r-- 111 101 100

chmod 754 file

(16)chown 命令

①功能：修改文件主人和组

②形式：

chown owner filename

chown uid:gid filename

chown -R owner filename

(17)passwd 命令

①功能：修改用户口令或其他用户信息

②形式：

passwd username

(18)date 命令

①功能：显示或修改系统时钟

②形式：

date

date MMDDhhmmyyyy

(19)man 手册

①功能：为用户提供有关命令、文件、概念方面的手册帮助

②举例：

$ man ls

$ man tcp

(20)vi 编辑器

①vi 的命令(启动与退出)

启动：# vi file

退出：:q :wq :q! :wq!

②vi 命令中常见字符含义

w	写文件	c	修改
q	退出编辑	y	拷贝
0	行首	p	粘贴
$	行尾	G	文件末尾
H	屏幕最高行	M	屏幕中间行
L	屏幕最底行	x	删除
d	删除		

③vi 的命令(移动光标)

j,k,h,l:上下左右

0:行首

$：行尾

④vi 的命令(文本编辑)

i:插入命令,i 在当前光标处插入

a:追加命令,a 在当前光标后追加

o:打开命令,o 在当前行下打开一行

r,R:替换命令,r 替换当前光标处字符,R 从光标处开始替换

x:删除光标处字符

⑤vi 的命令(文本编辑)

dd：删除当前行

G:文件尾

/string 查找字符串

n 继续查找

u 取消上次操作

任务 5.2 BAS 系统

5.2.1 自动控制 PID 调节算法分析

(1)PID 控制概述

PID 控制是连续系统控制中广泛应用的一种控制方法。由于它的结构变化灵活,可根据系统的要求,在常规 PID 调节的基础上进行多种 PID 变型控制,如 PI、PD 控制,比例 PID

控制,不完全微分控制,带死区的 PID 控制等。特别是 PID 控制不需控制对象的精确的数学模型,这对大多数很难得到或根本得不到精确的数学模型的工业控制对象来说,更适合应用 PID 控制。

PID 控制框图如图 5-7 所示。

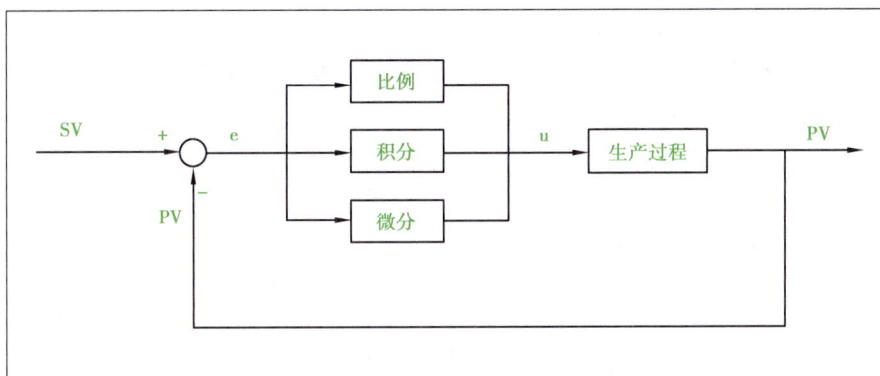

图 5-7　PID 控制框图

当控制器的微分控制作用与比例控制作用的输出相等时所需的控制时间称为微分常数 Td。微分常数 Td 选择过大会导致系统的不稳定。

针对不同的应用场合、不同的控制对象,需要合理选择 PID 控制器的参数。

(2)PID 控制算法

连续系统位置式 PID 控制算法微分方程为:

$$u = K_p\left(e + \frac{1}{T_i}\int_0^t e\,\mathrm{d}t + T_\mathrm{d}\frac{\mathrm{d}e}{\mathrm{d}t}\right) + u_0 \qquad ①$$

式①离散化,对应的位置式差分方程为:

$$u_n = K_p\left(e_n + \frac{T}{T_i}\sum_{k=0}^n e_k + \frac{T_\mathrm{d}}{T}(e_n - e_{n-1})\right) + u_0 \qquad ②$$

式②中　e_n——第 n 次采样周期内所获得的偏差信号;

e_{n-1}——第 $(n-1)$ 次采样周期内所获得的偏差信号;

T——采样周期;

u_n——控制器第 n 次控制变量的输出。

增量式 PID 差分方程

由式②可以得知,第 $n-1$ 时刻控制器的输出值为:

$$u_{n-1} = K_p\left(e_{n-1} + \frac{T}{T_i}\sum_{k=0}^{n-1} e_k + \frac{T_\mathrm{d}}{T}(e_{n-1} - e_{n-2})\right) + u_0 \qquad ③$$

用式②减式③,得到:

$$\Delta u = K_p\left((e_n - e_{n-1}) + \frac{T}{T_i}e_n + \frac{T_\mathrm{d}}{T}(e_n - 2e_{n-1} + e_{n-2})\right) \qquad ④$$

$$\Delta u = u_n - u_{n-1} \qquad ⑤$$

式⑤中　Δu——第 n 次采样周期内控制器输出信号的增量。

采用增量式 PID 控制器,只要知道当前时刻前的三个偏差值,就可以计算出当前时刻控制器输出信号的增量。

有些执行机构需要的不是控制器的绝对值而是增量,这样增量式 PID 的算式可以满足要求。即使执行机构需要的是控制器的绝对值输出,仍然可采用增量式 PID 算式进行计算,输出则采用位置式 PID 的输出形式。其计算公式为:

$$u_n = u_{n-1} + \Delta u \qquad \qquad ⑥$$

(3)PID 控制算法 PLC 应用

增量式 PID 算法编程,以 S7-300 系列 PLC 为例,增量式 PID 控制算法编程实现。根据增量式 PID 控制算法④,进一步简化计算公式为:

$$\Delta u = K_p(e_n - e_{n-1}) + K_p \cdot \frac{T}{T_i} \cdot e_n + K_p \cdot \frac{T_d}{T} \cdot (e_n - 2e_{n-1} + e_{n-2}) \qquad ⑦$$

$$\Delta u = K_p(e_n - e_{n-1}) + K_i \cdot e_n + K_d \cdot (e_n - 2e_{n-1} + e_{n-2}) \qquad ⑧$$

式中:

$K_i = K_p \cdot \dfrac{T}{T_i}$:为控制器积分系数。

$K_d = K_p \cdot \dfrac{T_d}{T}$:为控制器微分系数。

设 PID 程序块输入输出参数,如表 5-1 所示。

表 5-1 PID 程序块输入输出参数

序号	变量名	描述	输入输出	数据类型
1	SV	设定值	输入	Real
2	PV	当前过程测量值	输入	Real
3	LPV	上一次过程测量值	静态变量	Real
4	LLPV	上上一次过程测量值	静态变量	Real
5	K_p	控制器比例系数	输入	Real
6	K_i	控制器积分系数	输入	Real
7	K_d	控制器微分系数	输入	Real
8	Delta_PID	当前 PID 增量输出	输出	Real
9	Delta_P	当前比例分量输出	输出	Real
10	Delta_I	当前积分分量输出	输出	Real
11	Delta_D	当前微分分量输出	输出	Real
12	LastOUT	上一次 PID 控制器输出	静态变量	Real
13	CurrentOUT	当前 PID 控制器输出	静态变量	Real
14	LLim_OUT	输出下限值	输入	Real
15	HLim_OUT	输出上限值	输入	Real
16	PQW	模拟量模块输出	输出	Integer

由公式⑧,可以化简为有利于 LAD 语言编程的算法:

Delta_P $= K_p * ($ PV $-$ LPV $)$

Delta_I $= K_i * ($ PV $-$ SV $)$

Delta_D $= K_d * ($ PV $-$ 2LPV $+$ LLPV $)$

Delta_PID $=$ Delta_P $+$ Delta_I $+$ Delta_D

CurrentOUT $=$ LastOUT $\pm$ Delta_PID

注意:当输出量增加,检测值也增加时,采用"$-$"号,反之,采用"$+$"号。

5.2.2　BAS 控制器及通信模块选型

随着计算机、网络和控制技术的快速发展,PLC 产品的品牌和种类越来越多,功能日趋完善和强大。不同厂家的 PLC 产品其结构、性能、指令系统、编程方法和价格等各有不同,各具特点。要选择恰当的机型以满足当前控制的要求和未来发展的需要、实现生产控制的目的。

(1)控制器的选择

控制器的选择主要依据其性能指标,它是选择控制系统所首要考虑的问题,包括 CPU 的性能、I/O 处理能力、存储容量、响应速度、指令系统和开发手段等。其他的性能参数如电流消耗、工作环境要求、寿命时间等,要根据实际应用情况进行选择。

1)I/O 处理能力

I/O 点数是 PLC 的一个简单明了的性能参数,要了解产品手册上给出的最大 I/O 点数的确切含义。由于习惯不同,不同产品所给出的最大 I/O 点数含义并不完全一样。要分清 I/O 点数是否指最大输入点数和最大输出点数、模拟量 I/O 点数是否占用开关量 I/O 的点数等。

①远程 I/O 的考虑。对于较大的工艺过程和流程,控制对象较为分散,有可能采用远程 I/O。要注意控制器是否具有远程 I/O 的能力、通信速度和距离等。

②智能 I/O 的考虑。对于控制要求较复杂的系统,还要考虑智能 I/O 的能力,如高速计数、脉冲、定位、通信等特殊的控制功能。

③I/O 点数的余量。这主要是基于两方面的考虑:一是系统设计的更改,如果不留有充分的余量,一旦系统设备调整、控制功能增加,调整就会有困难,造成不必要的损失;二是满负荷运行容易带来不良的影响。为此,可根据实际 I/O 点数留有 10% ~30% 的余量,通常可预留 15% 。

2)存储容量

存储容量是指处理器的用户程序最大存储能力,通常使用互补金属氧化物半导体(CMOS)等存储器,PLC 有备用电池,使得在断电时能保护存储的信息;而失电保存信息的 EEPROM 存储器可作为选件购买。对于微、小型 PLC,通常其 I/O 点数是固定的,应用场合比较简单,控制程序不复杂,所以存储容量一般是固定的,如 1 ~4 KB,且不可扩充。对于大中型 PLC,存储容量有 4 ~64 KB,而且可扩充。实际需要的容量可根据应用进行估算,不同的 PLC 其估算方法不同。可查阅相应的处理器手册。对于小型 PLC,可以估算如下:

存储容量 =1.1 ~1.2 ×程序容量。

程序容量 =所有 I/O 点数×对应类型的字节数的总和。

例如,某个控制系统有 90 个 DI 点、65 个 DO 点、12 个 AI 点、6 个 AO 点,则该控制系统需要的存储容量 M 约为:

$$M = 1.1 \times \left[(90 \times 10) + (65 \times 5) + (12 + 6) \times 100 \right] \approx 3\ 328 (字节)。$$

考虑一定的余量,可以选择 4 KB 的存储器。

3)响应速度

对于以开关量控制为主的应用,PLC 的响应速度一般都可满足实际需要,不必给以特殊的考虑。对于有较多模拟量控制的系统,特别是具有较多闭环控制的系统,则必须考虑 PLC 的响应速度,要考虑 PLC 的语句处理时间和扫描时间。大多数手册上都给出语句指令的处理时间,如基本指令为 $1.6 \sim 3.6\ \mu s$ 指令,应用指令为数十至数百 μs 指令。在有特殊响应速度要求的情况下,还要考虑系统中断处理和直接控制 I/O 的功能。总之,不同的控制对象对响应速度有不同的要求,要根据实际需要来选择 PLC。如果控制对象信号变化速度快,则希望响应速度快;如果控制对象信号变化速度慢,对响应速度的要求就不高。

4)指令系统和开发手段

不同厂家的 PLC 指令系统相差较大,同一厂家不同型号的 PLC 指令也不完全相同,要注意以下几点:

①指令系统的总语句数,它反映了整个指令所包括的全部功能。

②指令系统的种类,主要包括逻辑指令、运算指令和控制指令。具体的要求则与实际完成的控制功能有关。

③指令系统的表达方式有多种,有的包括梯形图、控制系统流程图、语句表、顺控图、高级语言等多种表达方式,有的只包括一种或两种表达方式。

④开发手段,除专用的编程器外,注意是否提供功能较强、使用方便的软件开发手段。

5)其他因素

控制器的选择还要考虑的因素有:

①性能价格比。在考虑满足需要的性能后,要根据工程的投资状况来确定选型。

②备品备件的统一考虑。在系统硬件设计时,对于一个工厂来说应尽量与原有设备统一机型,这可减少备品备件的种类和资金积压,而且便于维护。

③技术支持和服务。包括必要的技术培训、设计指导和维护服务等。此外,用户的维护经验、使用习惯和应用规划等因素也是需要考虑的。

总之,控制器的选择是多因素的,必须在多种方案中综合各种因素后再做出选择。

(2)I/O 的选择

在确定 PLC 机型后,就要对其 I/O 模块进行选择。I/O 模块是 PLC 与工艺过程的联系接口,通过 I/O 接口模块,PLC 检测到所需要的过程信息,并将处理结果传送至各种执行机构,实现被控对象或流程的控制。为了适应各种各样的现场信号,相应地有许多种 I/O 模块,包括具有不同电压电流范围的 DI、DO、AI、AO 模块以及各种特殊的智能 I/O 模块。

(3)电源的选择

电源的选择一般要考虑模块的输入、输出电压和输出电流。输出电压必须与处理器和 I/O 系统的要求一致,输出电流必须大于所连接设备消耗电流的总和,并要有一定的余量。电源模块的输入电压,则可根据整个控制系统的电源类型来考虑确认,如交流 220 V 或直流 24 V 等。选择规则如下:

①根据系统电源类型确定电源模块的输入电压。

②计算控制系统消耗的最大电流总和,包括控制器、IO 模块、框架或背板电流等。

③将计算的电流总和估算余量(如除以 0.75)。

④从手册中选择合适电压、电流值的电源模块。

⑤对要求可靠性较高的场合采用冗余电源。

⑥可根据需要选择内置或外置于框架的电源模块。

5.2.3 LOGIX5000 软件实操应用

(1)创建一个完整的工程

ControlLogix 系统的的编程环境:作为 ControlLogix 控制器编程终端的 PC 机或笔记本电脑,通常情况是,在 Windows NT/Windows 2000/Windows XP 操作系统下安装:

- RSLogix5000 编程软件
- RSLinx 连接软件
- RSNetWorx for ControlNet 网络组态软件
- RSNetWorx for DeviceNet 网络组态软件
- RSNetWorx for EtherNet 网络组态软件

RS NetWorx 软件根据选用的网络类型有不同的安装方法。

(2)新建工程

1)新建项目

①点击 打开 RSLogix5000 编程软件。

②选择 File→New,或者点击"新建"工具,创建一个工程(图 5-8)。

点击这里

图 5-8　创建工程

③新建控制器,选择控制器类型、版本和槽号,并输入控制器的名称、描述(可选),指定框架类型和项目保存目录,然后点击"OK"(图 5-9)。

Revision:项目中选用的处理器版本要跟实际处理器的硬件版本相一致。Logix:平台提供了固件升级手段。

Type:可选择基于 Logix 平台的多种处理器。

Chassis Type:项目中选用的框架类型要跟实际处理器所在的机架相一致。

Slot:确定 CPU 所在槽位。实际上 CPU 不受槽位限制,可以插在任意槽中。

④树形目录项目管理器(图 5-10)。

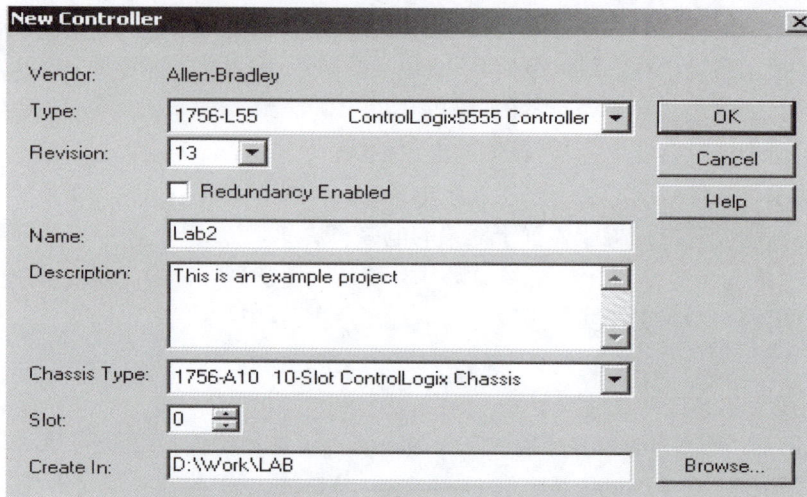

图 5-9　新建控制器

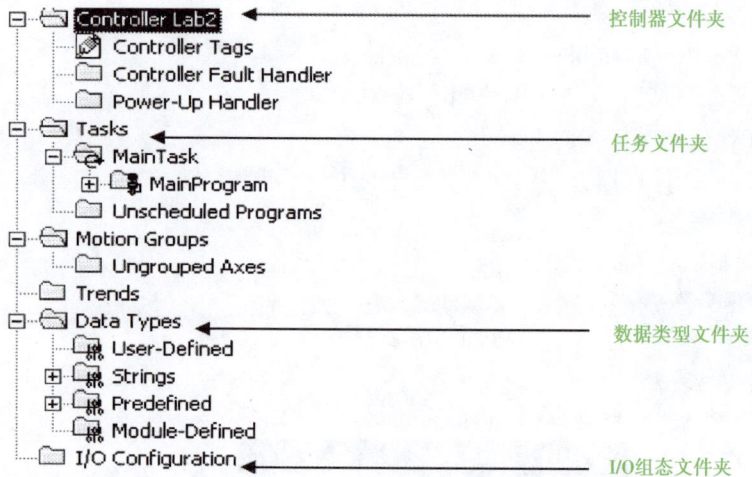

图 5-10　树形目录项目管理器

2）控制器属性设置

查看控制器属性，更改控制器类型。右键点击控制器文件夹，然后选择属性（Properties）。在 General 表中有控制器的类型、版本、名称等信息；点击 Change Controller 便可以更改控制器类型和版本。如果处于在线状态，还可以在 Major Faults、Minor Faults、Memory 等表中看到控制器的故障信息和使用信息，见图 5-11 所示。

3）I/O 配置

①组态本地数字量 I/O 模块配置（图 5-12—图 5-27）。

右键点击 I/O configuration 文件夹，然后选择"New Module"。在模块类型列表中选择 1756-OB16D（数字量直流输出模块），单击"OK"；确定版本信息后在跳出的对话框中设置模块属性，输入模块的名称、描述（可选），选择槽号、通信格式、电子锁方式等；点击"Next" 逐步设置"RPI"时间等内容。所有组态完成后，点击"Finish"。

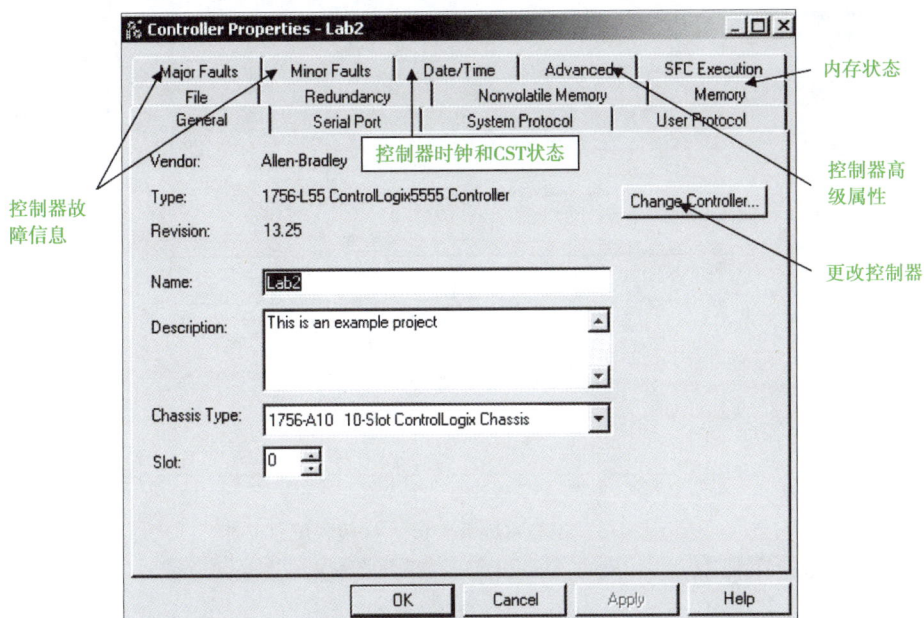

图 5-11　控制器属性设置

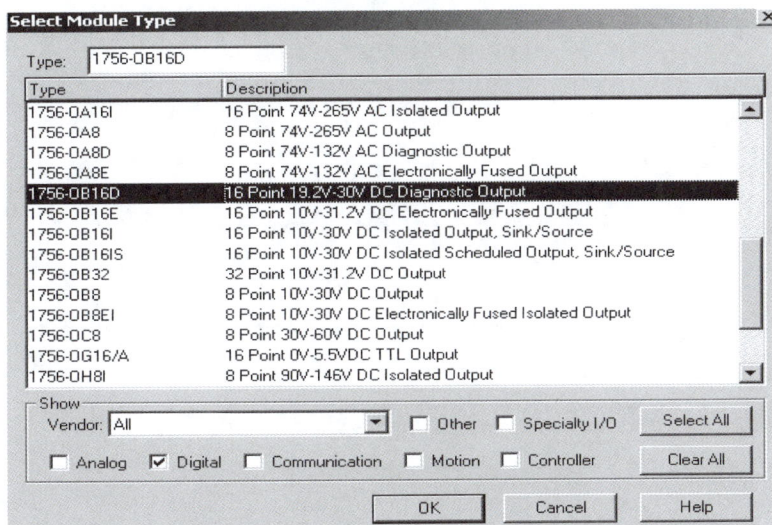

图 5-12　组态本地数字量 I/O 模块配置

选择"OK"。

Comm Format：通信格式决定了 I/O 模块使用的数据结构，也决定了模块与模块控制器所有权的连接类型，即模块组态为宿主拥有模式还是只监听模式，输入模块可以有多个宿主，而输出模块只能有一个宿主。

Electronic Keying：电子锁决定了模块与软件组态匹配的方式。

选择"Next"。

RPI：请求信息间隔是一种循环数据交换，用以指定模块广播自身数据的速率。

Inhibit Module：禁止模块将断开与该模块的全部连接，防止进行 I/O 数据通信。

选择"Next"。

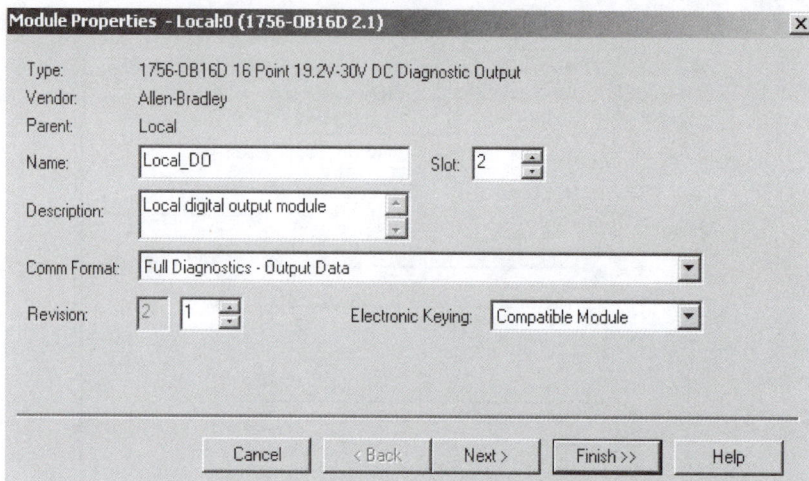

图 5-13　组态本地数字量 I/O 模块配置

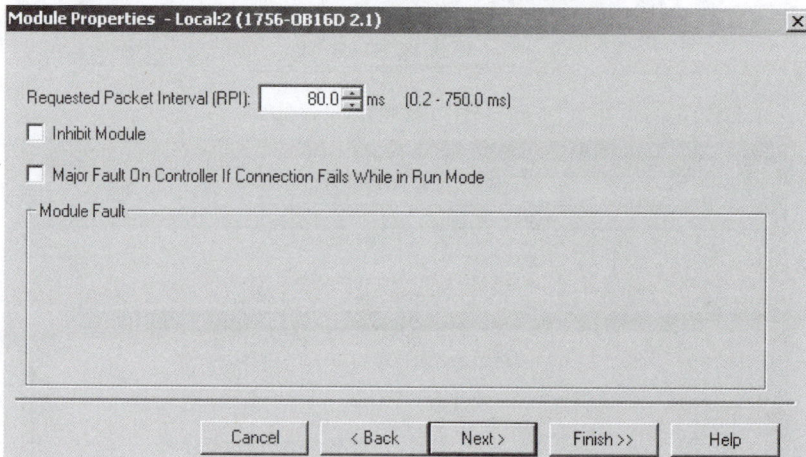

图 5-14　组态本地数字量 I/O 模块配置

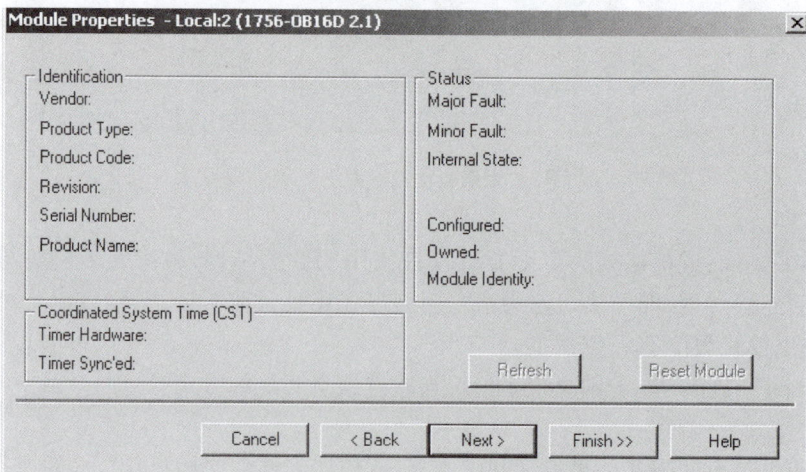

图 5-15　组态本地数字量 I/O 模块配置

该窗口用于在上线的时候监视模块的运行。

选择"Next"。

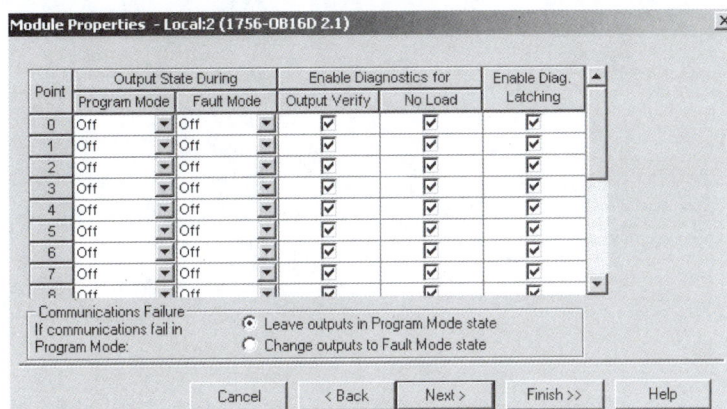

图 5-16　组态本地数字量 I/O 模块配置

组态模块在编程模式和故障模式下以及在通信失败后的输出状态。

选择"Next"。

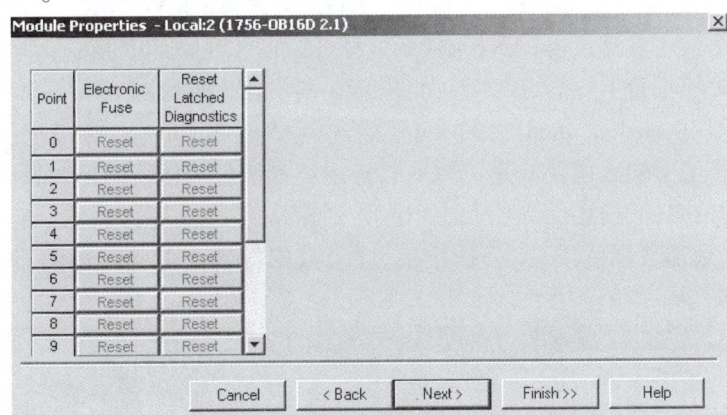

图 5-17　组态本地数字量 I/O 模块配置

该窗口用于在上线时复位电子熔断和诊断锁存。

选择"Next"。

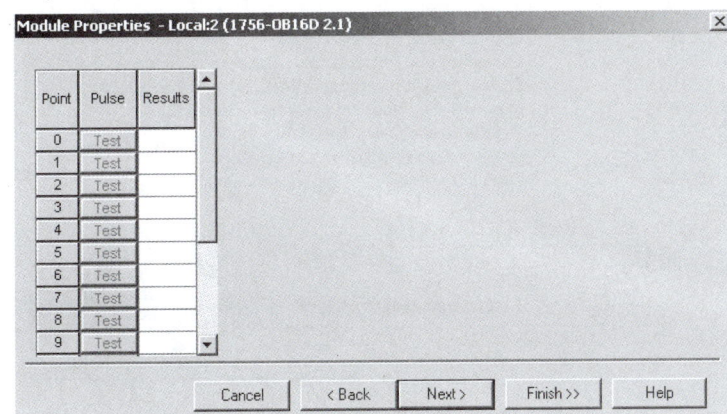

图 5-18　组态本地数字量 I/O 模块配置

在线时执行脉冲测试。

选择"Next"。

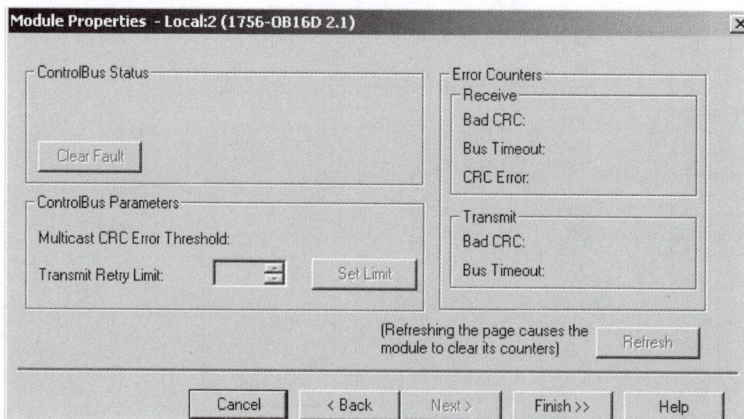

图 5-19　组态本地数字量 I/O 模块配置

选择"Finish"。

这样,一个本地数字量输入模块就组态好了,项目管理器中将出现该模块的图标,用户可以通过双击或者右键点击该图标,然后选择"属性"来更改组态信息。

②组态本地模拟量 I/O 模块配置(如图 5-26—图 5-33 所示)。

右键点击"I/O configuration"文件夹,然后选择"New Module"。在模块类型列表中选择 1756-IF16(模拟量输入模块),单击"OK",确定版本信息后在跳出的对话框中设置模块属性,输入模块的名称、描述(可选),选择槽号、通信格式、电子锁方式等;点击"Next"逐步设置 RPI 时间、通道数据范围、工程量转换、通道数据报警高低限等内容;所有组态完成后,点击"Finish"。

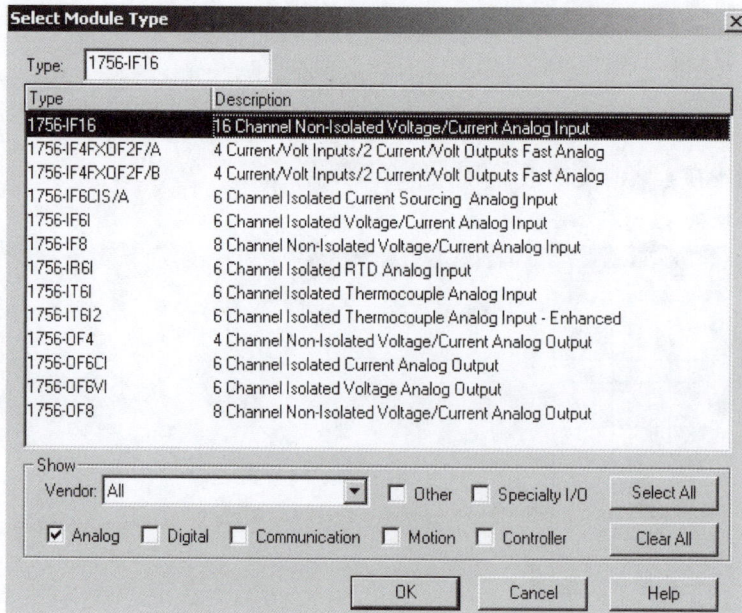

图 5-20　组态本地模拟量 I/O 模块配置

点击"OK"。

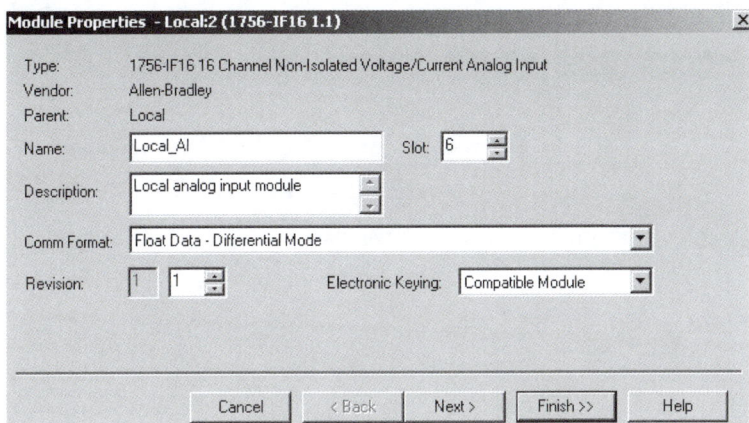

图 5-21　组态本地模拟量 I/O 模块配置

选择"Next"。

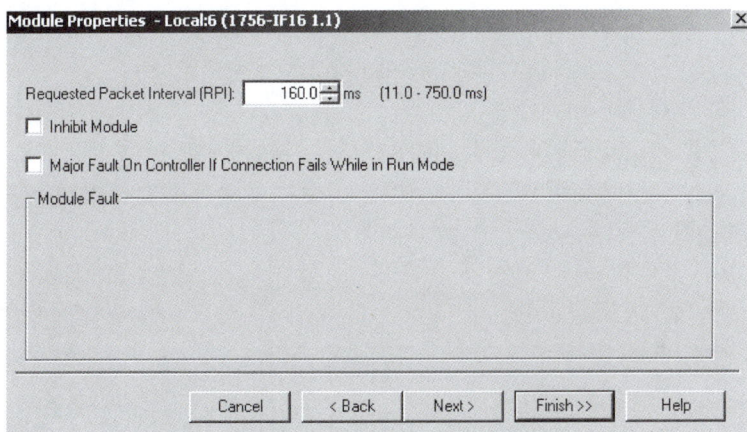

图 5-22　组态本地模拟量 I/O 模块配置

设置 RPI 时间,该时间决定了模拟量输入模块何时广播它的通道数据和状态数据。

选择"Next"。

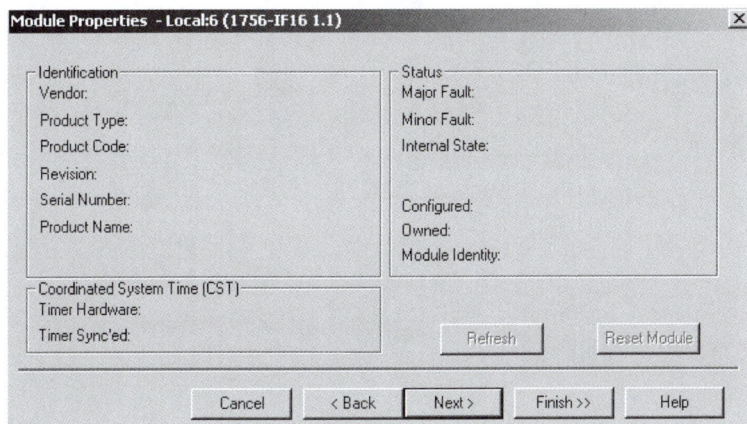

图 5-23　组态本地模拟量 I/O 模块配置

该窗口用来在上线时监视模块的运行。

选择"Next"。

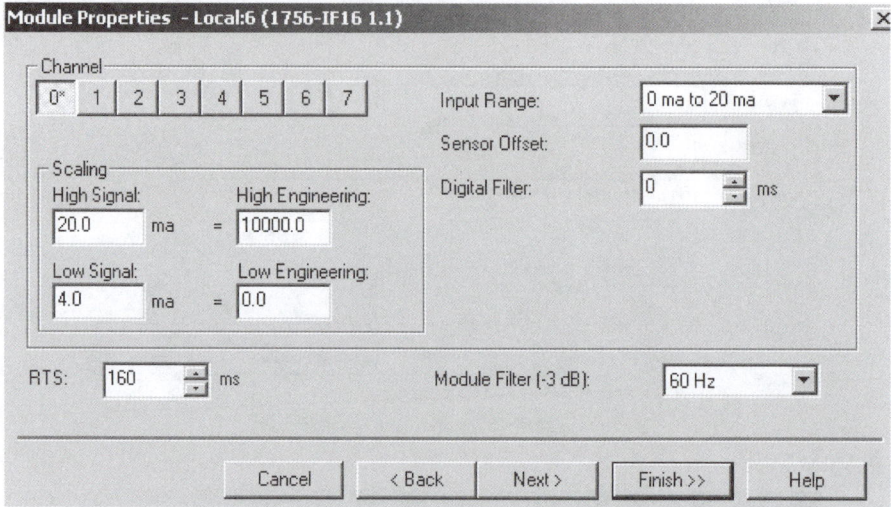

图 5-24　组态本地模拟量 I/O 模块配置

Input Range：选择信号输入范围。

Scaling：为每个通道组态定标参数，将模拟量信号转换成工程量。

RTS：设置实时采样时间周期。该时间确定了模拟量输入模块何时更新其通道数据并广播出去（和其他状态数据一样）。

Module Filter：设置模块的滤波。

选择"Next"。

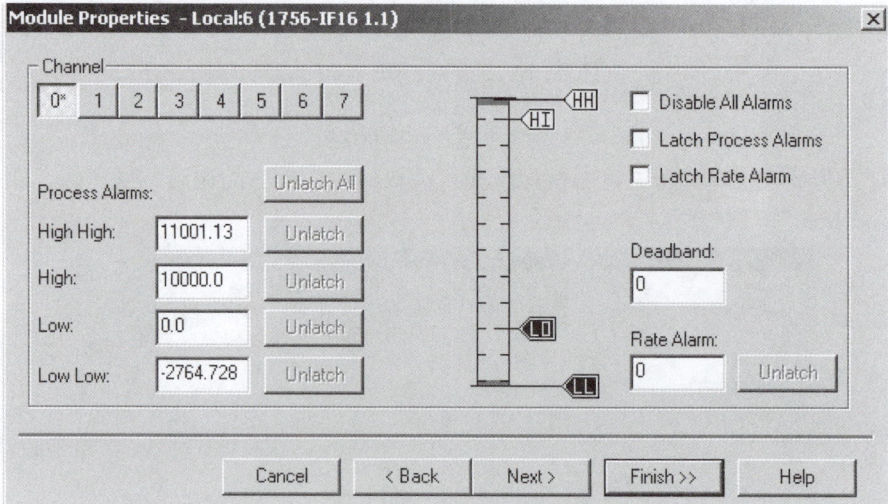

图 5-25　组态本地模拟量 I/O 模块配置

组态每个通道的过程报警。

选择"Next"。

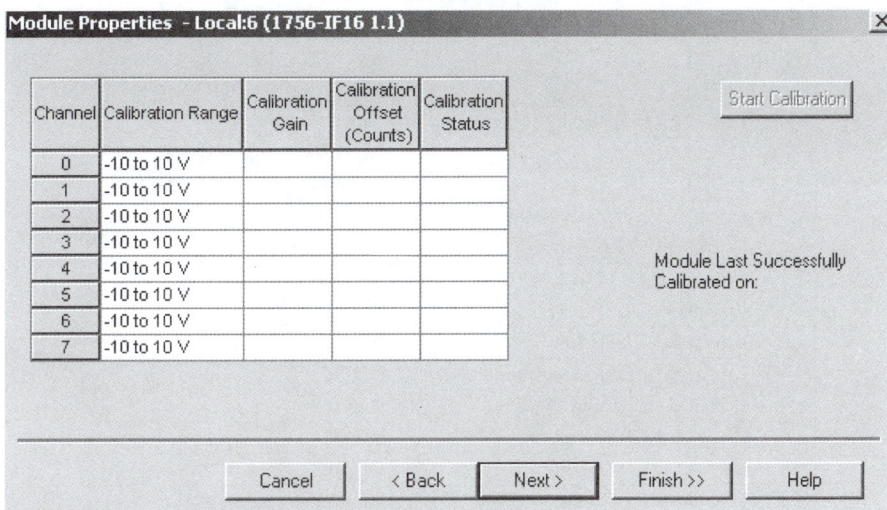

图 5-26　组态本地模拟量 I/O 模块配置

本窗口用于在校验阶段校验模拟量信号。

选择"Next"。

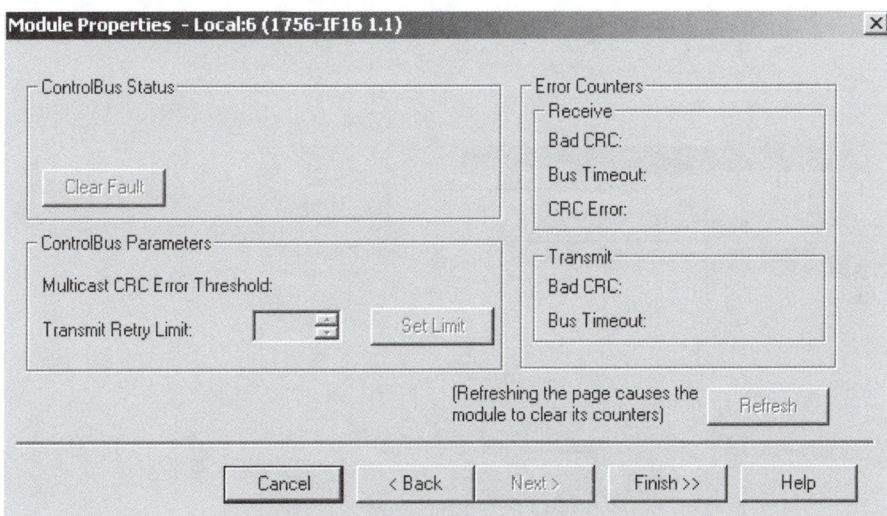

图 5-27　组态本地模拟量 I/O 模块配置

选择"Finish"。

操作完以上步骤,一个本地数字量输入模块已完成组态,项目管理器中将出现该模块的图标,用户可以通过双击或者右键点击该图标,然后选择"属性"来更改组态信息。

③双击控制器文件夹下的"Controller Tags",打开控制器域的标签数据库,系统自动生成了该模块数据,其中除了输入数据以外,还有一些状态位,用以指示数据是否被更新或者模块是否被禁止,如图 5-28 所示。

4)织数据

右键点击"Controller Tags",选择"New Tag",新建标签数据。输入标签的名称、描述(可选),选择标签类型和数据类型等,然后点击"OK",如图 5-29 所示。

⊞-Local:1:C	AB:1756_DO_DC_Diag:C:0
⊞-Local:1:I	AB:1756_DO_DC_Diag:I:0
⊟-Local:1:O	AB:1756_DO:O:0
⊞-Local:1:O.Data	DINT
⊞-Local:6:C	AB:1756_IF8_Float:C:0
⊟-Local:6:I	AB:1756_IF8_Float:I:0
⊞-Local:6:I.ChannelFaults	INT
—Local:6:I.Ch0Fault	BOOL
—Local:6:I.Ch1Fault	BOOL
—Local:6:I.Ch2Fault	BOOL
—Local:6:I.Ch3Fault	BOOL
—Local:6:I.Ch4Fault	BOOL
—Local:6:I.Ch5Fault	BOOL
—Local:6:I.Ch6Fault	BOOL
—Local:6:I.Ch7Fault	BOOL
—Local:6:I.Ch0Data	REAL
—Local:6:I.Ch1Data	REAL
—Local:6:I.Ch2Data	REAL
—Local:6:I.Ch3Data	REAL
—Local:6:I.Ch4Data	REAL
—Local:6:I.Ch5Data	REAL
—Local:6:I.Ch6Data	REAL
—Local:6:I.Ch7Data	REAL

图 5-28　标签数据库

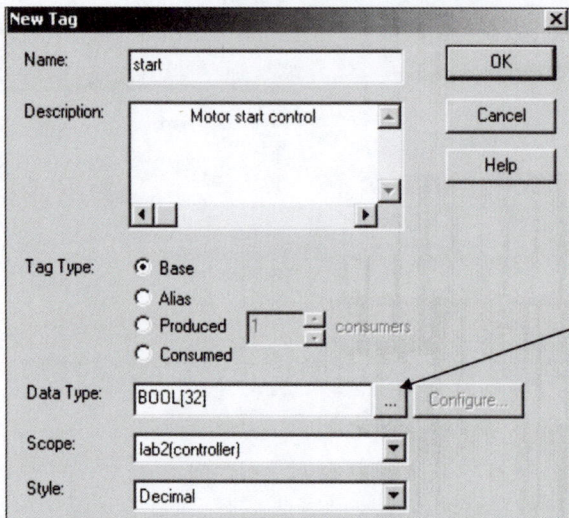

点击这里打开数据类型列表

图 5-29　新建标签数据

Name：标签的名称遵循 IEC1131-1 标识符规则：不区分大小写。

Tag Type：标签类型分为普通型、别名型、发送型和接收型四种。

Data Type：数据类型分为预定义数据和用户自定义数据两种类型。预定义数据类型包括 BOOL、SINT、INT、DINT、REAL 等变量类型和 TIMER、COUNTER、CONTROL、MESSAGE、PID 等结构体，用户可以创建自定义结构体，方法是右键点击"User—Defined"，然后选择"New Data Type"在数据类型中指定每一维的元素数目，标签便可以作为数组使用，如

图 5-30 所示。

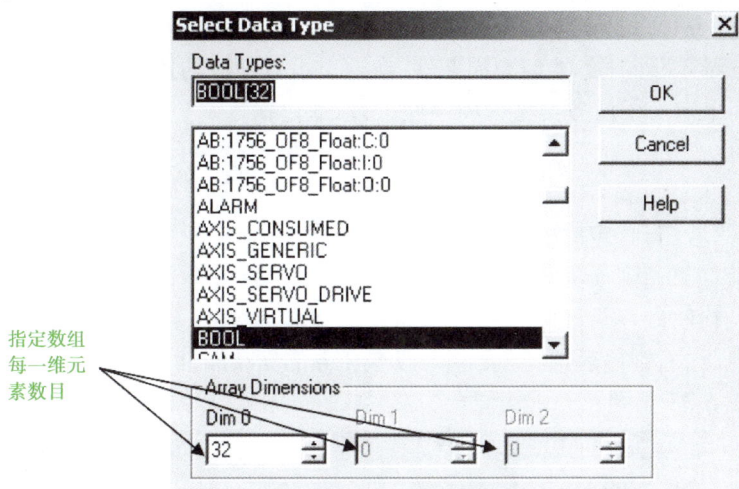

指定数组
每一维元
素数目

图 5-30 创建自定义结构体

用户还可以在标签数据库的编辑器里直接创建标签,并更改标签的属性,如图 5-31
所示。

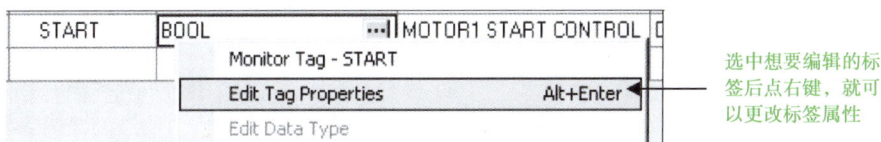

选中想要编辑的标
签后点右键,就可
以更改标签属性

图 5-31 更改标签属性

控制器将自动存储用户创建的标签,并且将其保存在内存中最恰当的位置。

5)创建并管理任务

①新建一个任务(Task)。右键点击任务文件夹,选择"New Task",输入任务的名称、
描述(可选),选择任务类型及其他相关内容,设置"看门狗"时间,然后点击"OK",如图
5-32所示。

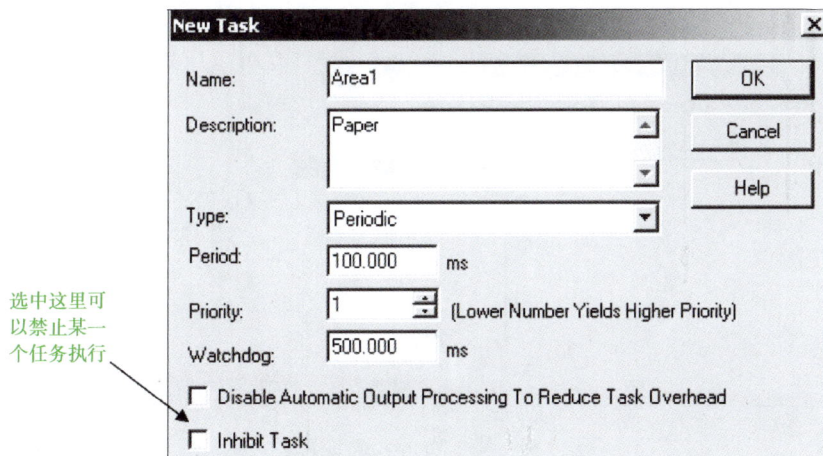

选中这里可
以禁止某一
个任务执行

图 5-32 新建任务

Type：任务类型分为连续性、周期性和事件三种。ControlLogix 控制器支持 32 个任务，其中只有一个任务可以是连续性任务。

Period：如果定义了任务类型为周期性，在这里设置任务的执行周期。

Priority：如果定义了任务类型为周期性，可以通过输入 1 至 15 的编号来指定任务的优先级；编号越低，优先级越高。连续性任务的优先级最低，可以随时被任何周期性任务中断。

Watchdog："看门狗"定时器用于监控任务的执行，它在任务启动时开始计时，任务执行完毕后停止，如果达到预置的定时值，将产生一个主要故障。

②组态已有任务。项目创建后会自动生成一个连续性任务 Main Task，用户可以在该任务文件夹上点击右键然后选择"属性"，改变任务的默认属性设置，选择适合自己工程的任务类型，如图 5-33 至图 5-35 所示。

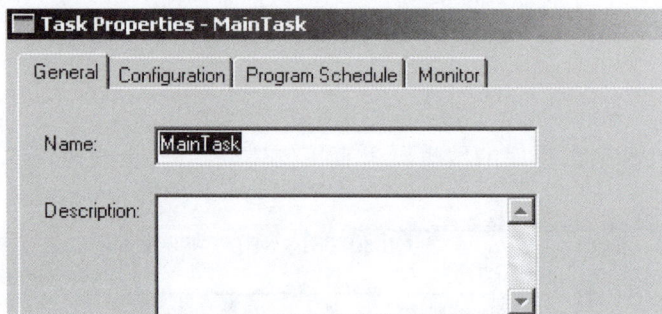

图 5-33　Main Task 设置

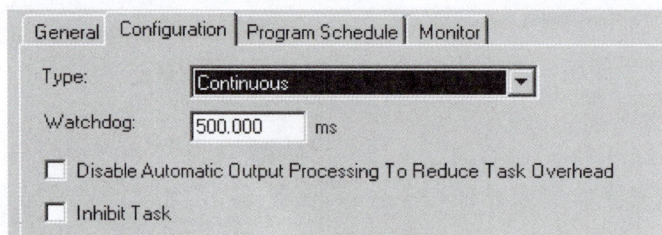

图 5-34　Main Task 设置

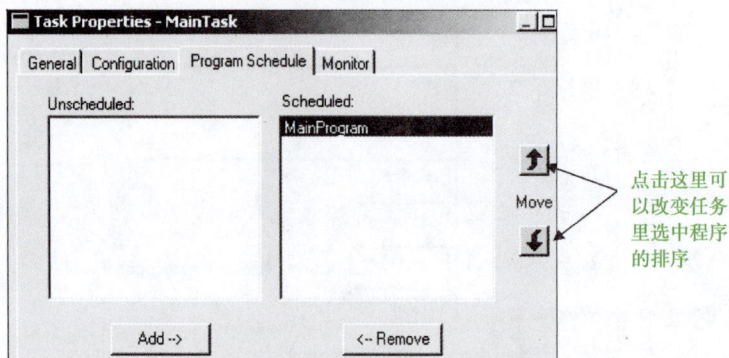

图 5-35　Main Task 设置

Unscheduled：列表窗口里显示尚未被任务排定的程序。

Scheduled：用户可以从该列表里添加或删除程序，以创建一个与当前任务有关的程序列表;该任务将按照列表中的顺序从上到下执行对应的程序。

③新建一个程序(Program)。在"Area1"文件夹上点击右键,选择"New program",输入程序名称、描述(可选),然后点击"OK",如图5-36所示。

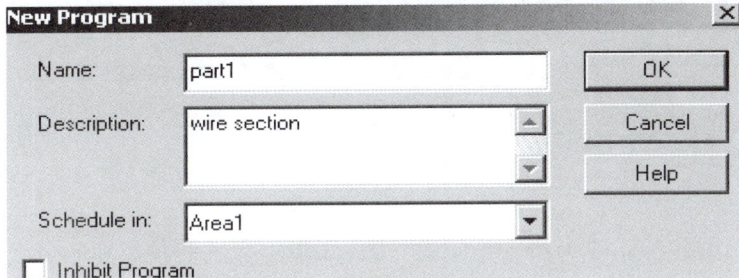

图 5-36　新建程序设置

右键点击程序文件夹然后选择属性,选择组态已有程序。

④新建一个例程(Routine)。在程序文件夹上点击右键,然后选择"New routine",输入例程名称、描述(可选),选择例程的编程语言等,然后点击"OK"。

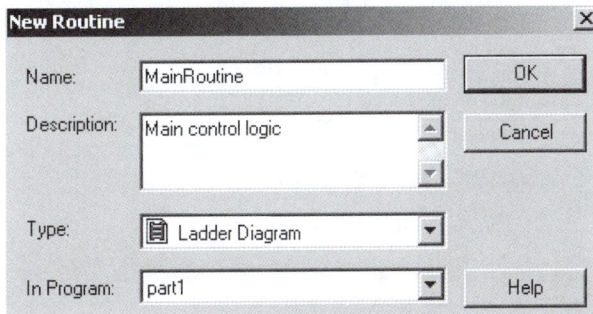

图 5-37　新建程序设置

Type:RSLogix5000 支持梯形图、功能块、结构文本和顺序功能图四种编程语言,新建例程默认的编程语言是梯形图。每个程序都应有一个主例程。控制器启动相关联的任务并调用该程序时,主例程是首先执行的例程。在主例程里可以使用如 JSR 这样的跳转指令来调用其他例程。组态某个程序时可以指定该程序的主例程。

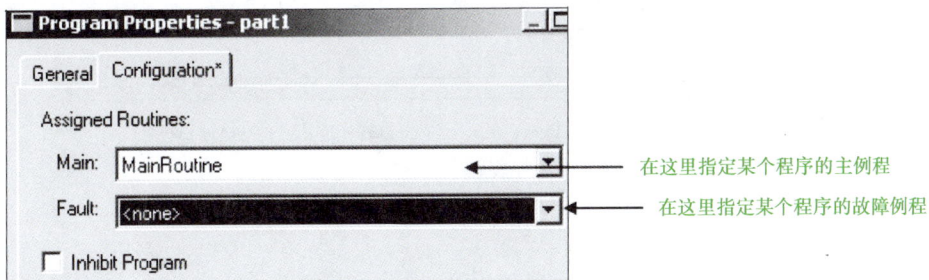

图 5-38　指定主例程、故障例程

6)编辑梯形图逻辑

①双击某一个例程打开相应的梯形图逻辑编辑窗口,使用指令工具栏可以在梯级中添加所需的逻辑,如图5-39所示。

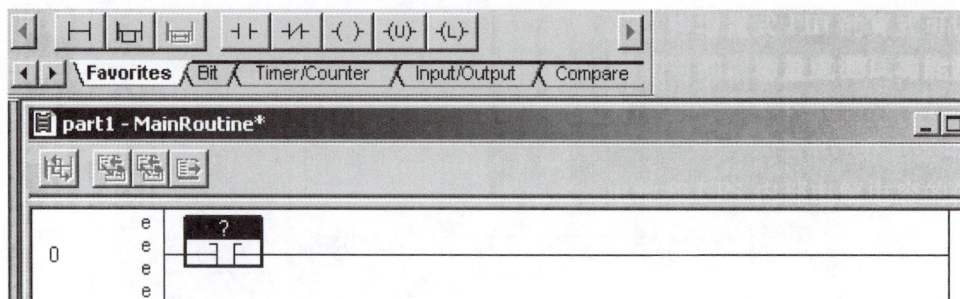

图 5-39　编辑梯形图逻辑

添加了一个指令后,要为指令指定操作数,即指定标签变量。在问号上双击,然后输入相应的标签名称或从数据库列表中选择,如图 5-40 所示。

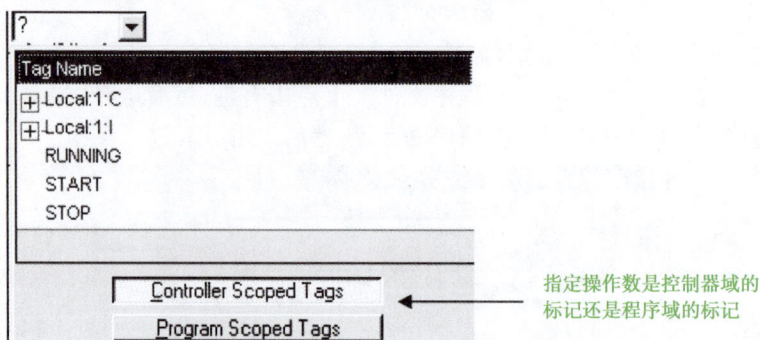

指定操作数是控制器域的标记还是程序域的标记

图 5-40　指定标签变量

②添加好程序逻辑后,使用编译工具查找程序中的问题,然后一一修正,直至没有任何错误,否则将无法进行下一步,如图 5-41 所示。

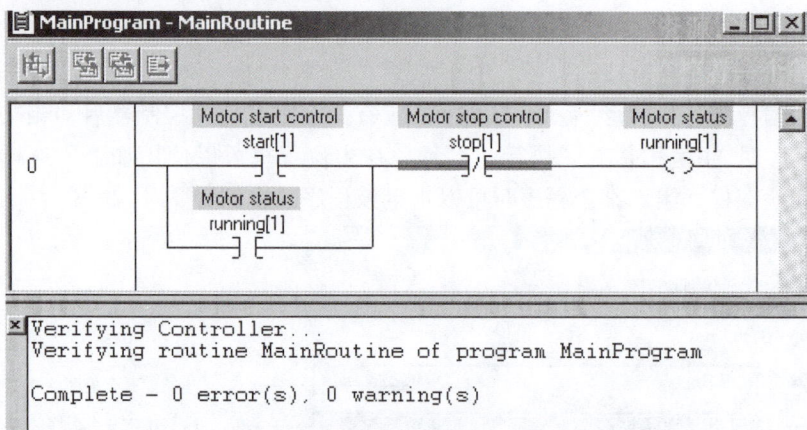

图 5-41　添加逻辑程序

7)下载工程

下载工程之前,首先要确保控制器已连接好网络,并且在 RSLinx 中组态了相应的通信驱动(组态通信的方法见实验一)。在菜单中点击"Communications",然后选择"Who Active",指定从开发工程的设备到控制器的通信路径,如图 5-42 所示。

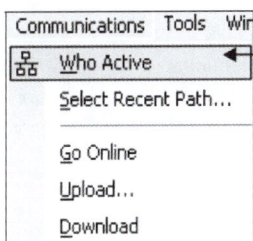

在Who Active中可以设置通信路径,继而选择上线、上载和下载等操作的目标设备

图 5-42　设置通信路径

　　下载工程的时候,控制器必须处于编程或者远程编程的状态(通过旋转处理器上的钥匙来选择控制器处于 Run、Rem 还是 Test,若为 Run 和 Test 时,不能下载工程)。

　　下载完成后,工程的控制器状态栏便处于在线状态,显示控制器的状态信息。同时,梯级执行线变成绿色的两条线。

　　在"Who Active"中可以设置通信路径,继而选择上线、上载和下载等操作的目标设备,如图 5-43、图 5-44、图 5-45 所示。

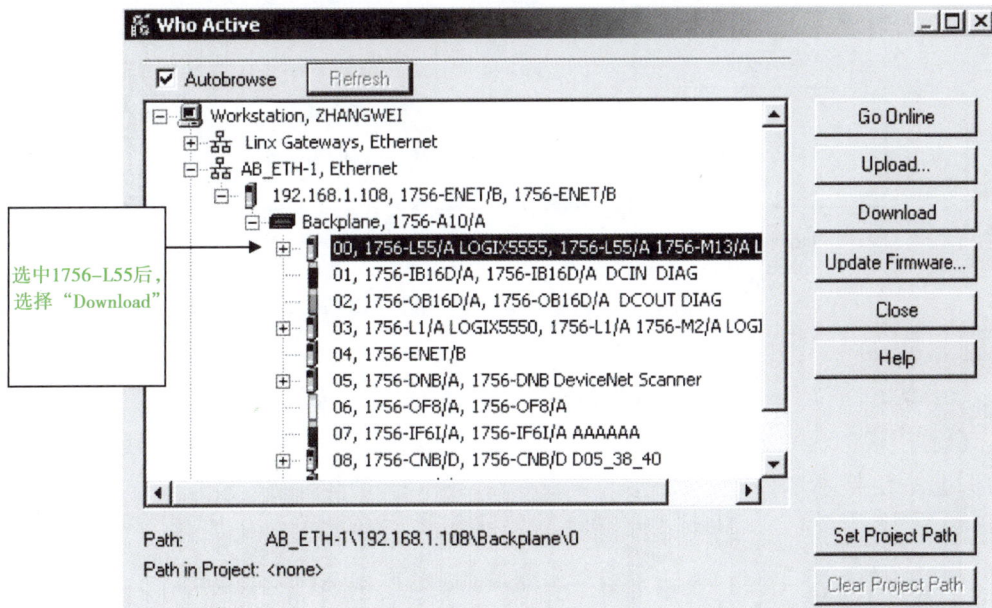

选中1756–L55后,选择"Download"

图 5-43　选择下载

选中如图 5-44、图-45 所示。

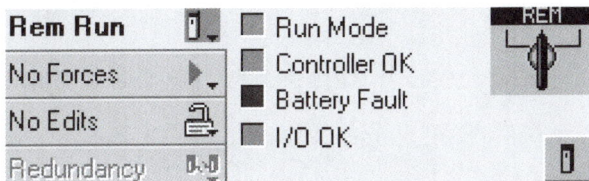

图 5-44　进行选择

这样,便可以通过改变输入条件来控制输出。

8)在线修改程序

①在上线的状态下,鼠标左键双击需要修改的梯级编号,便可以进入在线编程状态,

如图 5-46 所示。

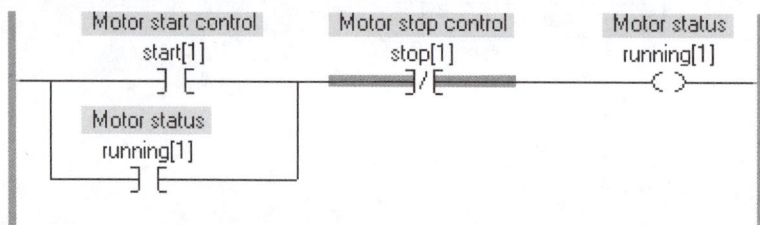

图 5-45　控制输出

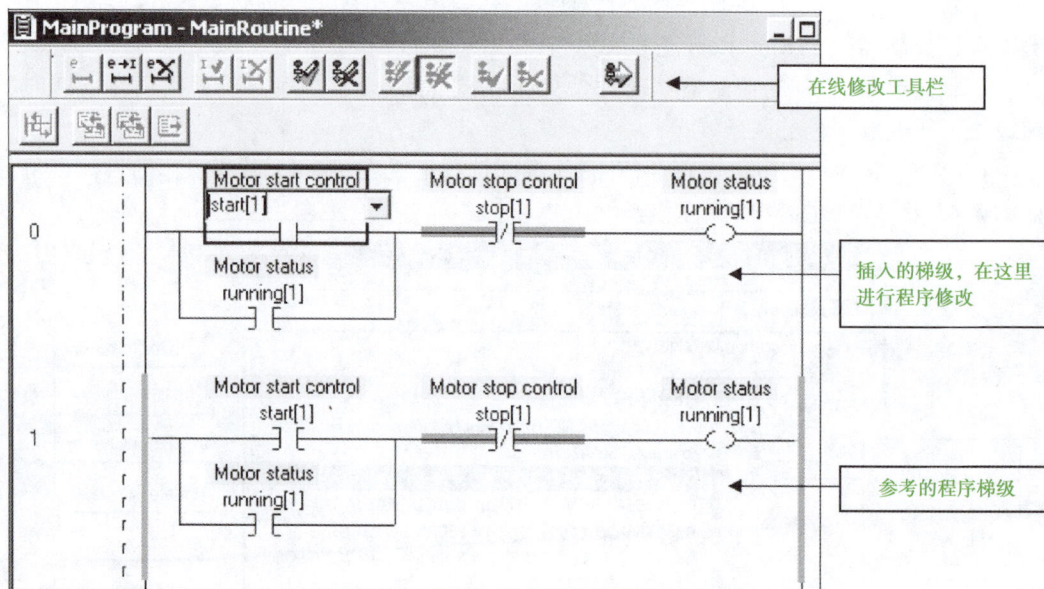

图 5-46　在线编程

②在上线的状态下,选中某一梯级,按下键盘上的"Delete"键,便可以在线删除某一行程序,如图 5-47 所示。

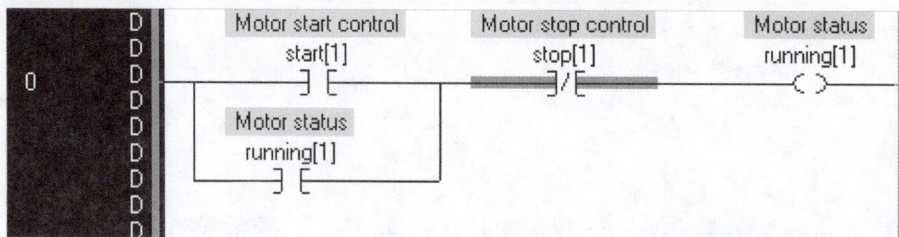

图 5-47　在线编程

修改完成并编译无误后,便可点击在线修改工具栏上的按钮 ,进行一键装载

(13 及其以上版本的 RSLogix5000 软件所支持的功能),如图 5-48 所示。

9)在线强制 I/O

在上线的状态下,可以通过强制 I/O 来进行程序逻辑的测试。方法是,打开标记数据库,在 Monitor(标签监视)下,选中某一 I/O 点,右键点击,然后在右键菜单里选择"Force

On"或者"Force Off"，如图 5-49 所示。

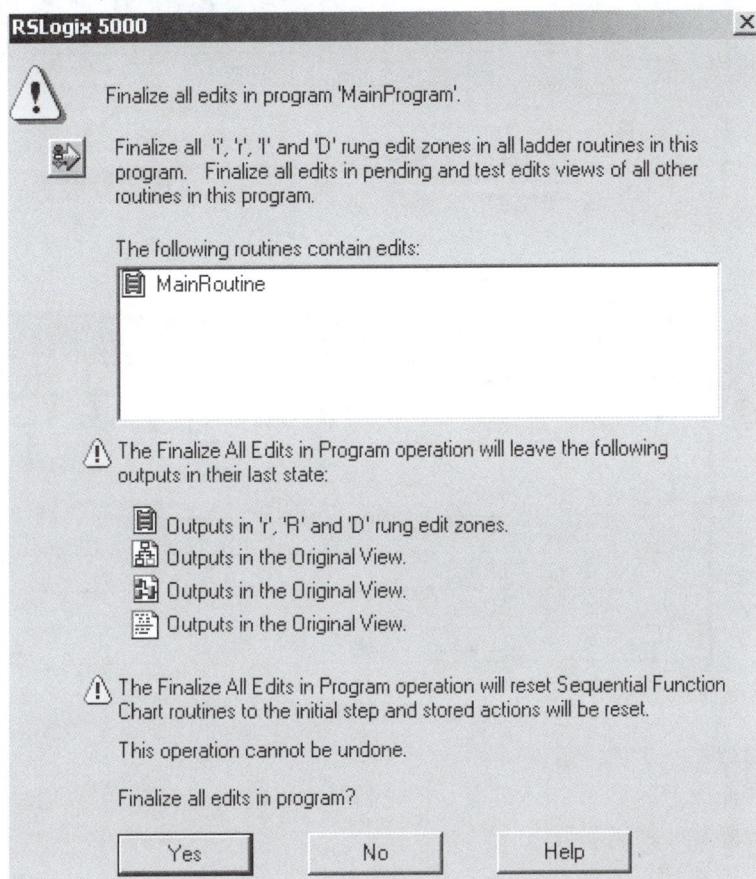

图 5-48　选择"YES"

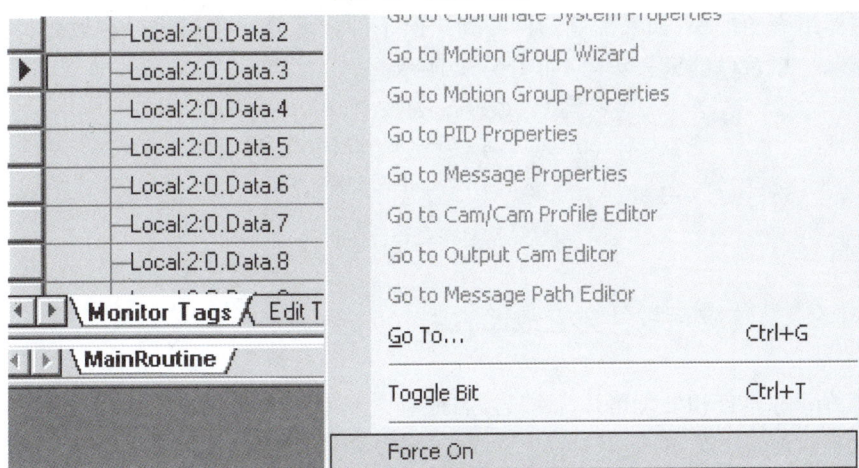

图 5-49　程序逻辑测试

　　设置好 I/O 强制后，通过控制器状态工具栏中的强制选项使能所有的强制，使强制生效，如图 5-50 所示。

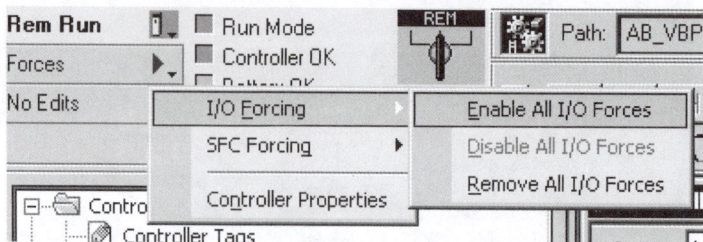

图 5-50　强制生效

使能强制后的 I/O 标签如图 5-51 所示。

图 5-51　强制后的 I/O

10）故障处理

①控制器面板上的 LED 指示灯显示了控制器的当前状态，我们可以通过监控 LED 指示灯来直接诊断某些控制器故障。

②使用 I/O 模块前端的 LED 指示灯来诊断模块故障。

③使用项目管理器中的 I/O 组态文件夹查看确定哪一个模块没有响应。该文件夹中显示控制器组态的模块，如果控制器检测到错误条件或者某一个模块存在故障，将在相应模块上显示一个黄色的警告符号，如图 5-52 所示。

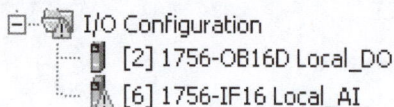

图 5-52　显示黄色警告符号

5.2.4　BAS 系统应用软件排查故障方法

系统故障的排查和处理可以归结为两种，即外部状态排查和内部诊断处理。外部状态排查大多数通过 PLC 的处理器、电源、I/O 部分和通信接口的状态。指示发光二极管（LED）和状态码，可以获得系统工作状态、I/O 状态和通信情况等信息，从而十分便于分析和判断故障可能发生的地方并做出相应的处理。内部诊断是指 PLC 系统内部较强的自诊断功能，可以通过编程器和编程调试软件进行系统的内部诊断，处理器、通信接口或适配器等都有内部诊断状态和文件，这些状态和文件反映了系统的大部分状态信息。通过内部诊断,可以排查出系统的重要状态或错误代码,从而根据对应的处理方法进行处理。

(1)排查方法

①点击编辑。

②点击属性。

③选择 Major Faults(主要故障)选项或 Minor Faults(次要故障)选项即可查看当前故障信息。

(2)故障代码信息

1)主要故障处理

主要故障影响程序的运行,如果故障不能清除,控制器将进入故障模式并关闭。

①主要故障包括:

指令执行,当执行逻辑程序时出现问题。

其他情况如电源掉电、I/O 模块故障、任务看门狗、模式转换等。

主要故障中,I/O 模块检测不到或连接 I/O 模块失败是比较常见的,用户可以将模块组态成一旦模块与控制器丧失连接,即在控制器产生一个主要故障。每一个 I/O 模块都有一个指示出现故障的状态位。用户的控制应用程序应监控这些状态位。如果产生了任何故障,用户应用程序应该采取适当措施,例如在控制方式下关闭系统。

②控制器有两种级别的主要故障处理程序:程序故障例程。每个程序都有自己的故障例程。当产生指令故障时控制器将执行程序故障例程,如果程序故障例程未清除故障,或程序故障例程不存在,则控制器将继续执行控制器故障处理程序。如果控制器故障程序不存在或不能清除主要故障,则控制器将进入故障模式并关闭;控制器故障处理程序。所有的非指令故障(I/O、任务看门狗)都将执行控制器故障处理程序(不调用程序故障例程)。

③检查清除主要故障必须遵循以下步骤:

a.根据主要故障的类型,执行相应的操作。先创建一个程序故障例程,每个程序都可以有自己的故障例程,当用户组态程序时可以指定故障例程。用户只有在利用编程软件改变程序组态时,才能改变故障例程,再创建控制器故障例程。控制器故障处理程序是一种可选任务,当主要故障不是指令执行故障或程序故障例程时则执行控制器故障处理程序。

b.创建一个用户定义结构体来存储故障信息。该结构体可以和用户用来存储主要故障信息的相同结构体,但是必须遵循一定格式(在此略去)。

c.检查故障类型及代码以确定产生了哪一种故障,并采取适当的措施。主要故障类型及代码见表1。

d.用户还可以利用控制器上的钥匙开关来清除主要故障。先把钥匙开关切换到 PROG 方式,然后切换到 RUN 方式,之后再切换回 PROG 方式。

2)次要故障处理

次要故障不影响控制器的运行,控制器可以继续执行,不过为了优化程序执行时间和确保程序精度,用户应该识别和修理次要故障。

①次要故障包括:a.指令执行,在执行逻辑时出现问题。b.其他,如任务看门狗、串行口、电池等。

②指令执行次要故障处理:a.创建一个用户定义结构体来存储故障信息,该结构体可以和用户用来存储主要故障信息的结构体相同,但是必须遵循一定格式,同处理主要故障中第2条定义相同,不再赘述。b.监控S:MINOR以确定次要故障何时产生。c.使用一条GSV指令即可获得当前程序(THIS)的MI—NORFAULTRECORD,指令中的目标(destina-tion)应该是用户在上面指定的用户定义结构体类型的标签。d.采取适当的措施来相应减少次要故障(典型的,如修改逻辑错误)。

③其他次要故障处理:a.创建一个DINT型标签用以保存FAULTLOG对象中的Minor-FaultRits(次要故障位)记录,次要故障类型及代码见表2。b.利用一条GSV指令即可获得FAULT—LOG对象中的MinorFaultRits(次要故障位)记录,目标(destina-tion)应该是用户创建的DINT型标签(方法同上)。c.查故障位以确定故障类型并采取适当的措施,一般来讲,次要故障不需要清除。

任务5.3　FAS及气灭系统

5.3.1　火灾自动报警系统安装前的布线检查

火灾自动报警系统的布线,应符合现行国家标准《电气装置工程施工及验收规范GB 50303》的规定。火灾自动报警系统布线时,应根据现行国家标准《火灾自动报警系统设计规范GB 50116—2007》的规定,对导线的种类、电压等级进行检查。详细检查要求如下:

①进场管材、型材、金属线槽及其附件应有材质证明或合格证,并应检查质量、数量、规格型号是否与要求相符合,填写检查记录。钢管要求壁厚均匀,焊缝均匀,无劈裂和砂眼棱刺,无凹扁现象,镀锌层内外均匀完整无损。金属线槽及其附件,应采用经过镀锌处理的定型产品。线槽内外应光滑平整,无棱刺不应有扭曲翘边等变形现象。

②配管前应根据设计、厂家提供的各种探测器、手动报警器、广播喇叭等设备的型号、规格、接线盒尺寸,使安装底盒与所安装的设备配套。在管内或线槽内的配线,应在建筑抹灰及地面工程结束后进行。在配线前,应将管内或线槽内的积水及杂物清除干净。因为有些暗敷线路若不清除杂物势必影响线路敷设质量,内有积水影响线路的绝缘。

③火灾自动报警系统应单独布线,系统内不同系统、不同电压等级、不同电流类别的线路,不应布在同一管或线槽的同一槽孔内。导线在管内或线槽内,不应有接头或扭结。导线的接头,应在接线盒内焊接或用端子连接。因管内或槽内有接头将影响线路的机械强度,另外有接头也是故障的隐患点,不容易进行检查,所以必须在接线盒内进行连接,以便于检查。

④火灾自动报警系统的管内穿线一定要保证有一定的余量,在穿线过程中要注意拉线不要用力过猛,且必须根据管径不同选择不同规格的护口,以免损伤线缆。从接线盒、线槽等处引到探测器底座盒、控制设备盒、扬声器的线路,当采用金属软管保护时,其长度

不应大于 2 m。

⑤在多尘和潮湿的场所,为防止灰尘和水汽进入管内引起导电,影响工程质量,管子的连接处、出线口均应做密封处理。

⑥管路超过下列长度时,应在便于接线处装设接线盒。(注:因管子太长和弯头太多,会使穿线时发生困难。)

管子长度有 3 个弯曲时。每超过 30 m、无弯曲时。

管子长度每超过 20 m,有 1 个弯曲时。

管子长度每超过 10 m,有 2 个弯曲时。

管子长度每超过 8 m。

⑦穿线管入盒时,为了保证管子与盒子不脱落,导线不致于穿在管子与盒子外面,确保工程质量,盒的内外侧均应套锁母。明敷设各类管路和线槽时,应采用单独的卡具吊装或支撑物固定。吊装线槽或管路的吊杆直径不应小于 6 mm。

⑧线槽敷设时,应根据工程实际情况设置吊点或支点,一般应在下列部位设置:

线槽始端、终端及接头处,直线段不大于 3 m 处。

距接线盒 0.2 m 处。

线槽转角或分支处。

⑨线槽接口应平直、严密,槽盖应齐全、平整、无翘角。并列安装时,槽盖应便于开启。管线经过建筑物的变形缝(包括沉降缝、伸缩缝、抗震缝等)处,一定要加装伸缩节,线槽一定要经过特别处理。为使线路不致断裂,从而提高系统运行的可靠性,应采取补偿措施,导线跨越变形缝的两侧应固定,并留有适当余量。

⑩火灾自动报警系统导线敷设后,应对每回路的导线用 500 V 的兆欧表测量绝缘电阻,其对地、线间绝缘电阻值不应小于 20 MΩ。

⑪应根据不同用途选不同颜色的导线加以区分,但相同用途的导线颜色应一致。电源线正极为红色,负极为蓝色。

⑫在穿线过程中要做好线标工作,保证接线人员能正确接线。在设备安装过程及设备接线时要保证接线的准确。所有线缆在连接设备时,线缆必须进行镀锡或压线帽压接牢固。

5.3.2　火灾报警控制器安装要求

火灾报警控制器(以下简称安装控制器)在墙上安装时,其底边距地(楼)面高度宜为 1.3 ~ 1.5 m,其靠近门轴的侧面距墙不应小于 0.5 m;落地安装时,其底边宜高出地坪 0.1 ~ 0.2 m。控制器应安装牢固,不得倾斜;安装在墙上时,应采取加固措施。引入控制器的电缆或导线,应符合下列要求:

配线应整齐,避免交叉,并应固定牢靠。

电缆线和所配导线的端部,均应标明编号,并与图纸一致,字迹清晰不易退色。

端子板的每个接线端接线不得超过 2 根。

电缆芯和导线,应留有不小于 200 mm 的余量。

导线应绑扎成束。

导线穿管后,应将管口封堵。

控制器的主电源应有明显引入线标志,应直接与消防电源连接,严禁使用电源插头。主电源应有明显标志。

控制器的接地应牢固,并有明显标志。

5.3.3 数据库编辑及联机操作的应用

根据系统配置及软件类型,按照现行国家标准《火灾自动报警系统设计规范GB 50116—2007》的规定及其他地铁相关要求进行数据库编辑和联机操作的应用。下面以西安地铁使用的 VeriFireTM 工具为例,对数据库编辑及联机操作的应用进行阐述。

(1)System Requirements(系统要求)

VeriFireTM 工具可运行于 Windows 98,Windows 2000,ME,NT 4.0 和 XP 等操作系统。

Minimum System Requirements(最低系统要求)

带 Service Pack 5 的 Windows98,ME,XP 及 NT 4.0,或带 Service Pack 1 的 Windows 2000(不支持 Windows 95)。

300 MHz 奔腾 II 处理器的个人电脑或笔记本电脑。

64 MB RAM(建议使用 128 MB)。

CD-ROM 光驱。

鼠标和键盘。

100 MB 可用磁盘空间。

XVGA 显示器。

显卡能支持到 1 024 * 768 的输出分辨率,并且颜色支持到 16 位。

一个串行(COM)端口。

带 VeriFireTM 工具的 DB9-NUP 电缆(Notifier P/N 75554)。

微软 Excel 2000 或以后的版本(使用电子制表功能)。

为了 VeriFireTM 工具画面的正确显示,请在控制面板中将显示器设置如下:

高色彩(16 比特)   1 024 * 768 分辨率   大号字体

(2)Running the Program 运行程序(如图 5-53 所示)

从 Windows 开始菜单,选择程序→VeriFire™工具→VeriFire™工具。

(3)VeriFire™工具编辑数据库

在编辑数据库过程中,屏幕上设定的参数既是 VeriFire™工具的可用选项,从控制菜单选择编辑新数据库选项或从工具栏选择▊▊▊选择联机工作或是脱机工作。

联机工作时,可以上传或下载数据库或下载应用程序代码,检查网络、NUP 端口以及软件版本数据,建立新数据库或使用原有的数据库,访问读状态(仅限 ONYX 系列火灾报警控制器)。登录并下载后,用 VeriFire™工具对数据库所作的修改才会生效。

切记,联机工作时必须:在控制器,NCA 或 NCM 上建立有效连接,若要将修改应用到控制器,必须输入正确密码,登录后,修改数据库或下载应用程序代码。脱机工作时,可以对打开的当前数据库进行操作,检测程序,生成报告。不需要密码。若要新建数据库,首

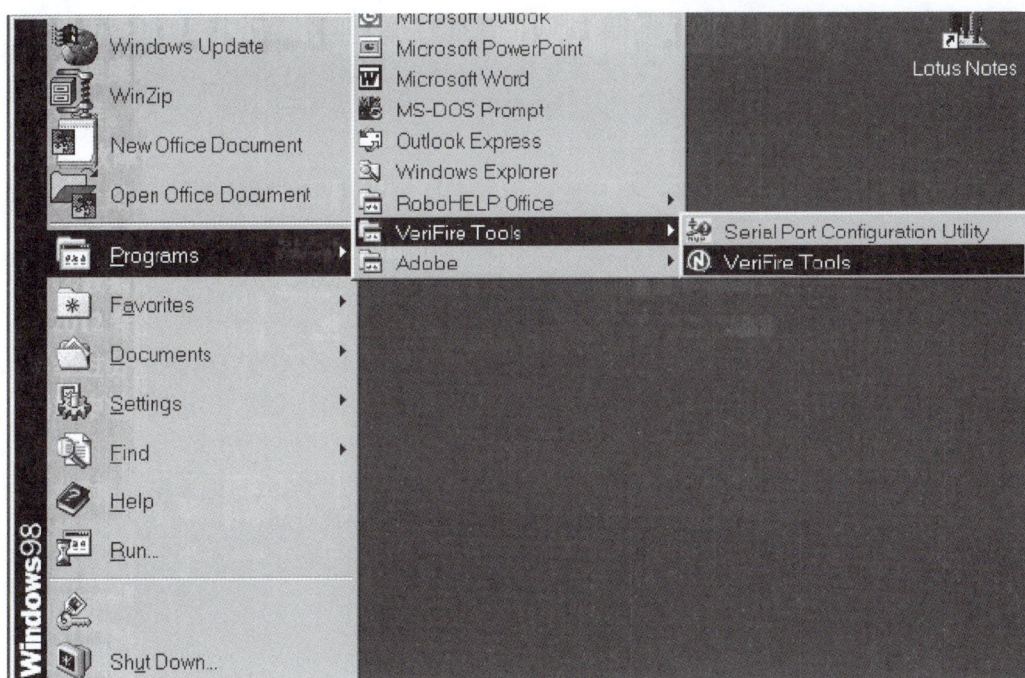

图 5-53　运行程序

先选择适当的设备型号,然后确定该设备的网络地址(节点地址)。若控制器单机工作,选择 STAND ALONE 选项,若要新建 NCA 数据库,必须键入有效网络地址。

若要对现有数据库进行操作,点击"Browse"按钮,找到正确的文件路径,也可以浏览个人电脑上的其他目录以确定已有的数据库,一旦选定了一个数据库,可以看到可用节点、硬件类型、硬件标签,以及数据库当前使用的软件版本。

选择要修改的节点,点击"OK"或者"OR"。

检查贴有 DATABASE/NODE MODIFICATIONS(数据库/节点修改)标签的对话框,将指定任务应用于选中数据库的目标节点。

(4)Hardware Connection(硬件连接)

联机模式下,VeriFire™工具可运行于独立的 PC 机和笔记本电脑中,该电脑的串行口需连接到控制器 CPU 或 NCM 的 NUP 口上。另外,VeriFire™工具也可运行于未安装过 NCS 的联网计算机中,两种工作方式的功能完全相同。

如果 VeriFire™工具连接到控制器的 CPU 卡上(直接连接),只有该控制器可被访问。如果 VeriFire™工具通过 NCM 连接到网络上(远程连接),那么网络上的所有控制器都可被访问。在访问网络上的任一节点进行数据修改前,必须键入正确的密码。

VVeriFire™工具亦可运行于装有 NCS 的计算机中。此时,VeriFire™工具只能在脱机模式下进行操作,并且必须用 NCS 来上传和下载应用程序代码和由 VeriFire™创建的数据库。

(5)Remote Connection(远程连接)

将 PC 机或笔记本电脑连接到 NCM,请使用下列上传/下载电缆(PN 75554):

①将 9 针串口头接到 PC 机任一可用通信端口。

②将另一端接到 NCM 的 NUP 端口。

③运行串行口配置工具,自动配置计算机通信端口,如果 VeriFire™工具通过 NCM 连接到网络上,那么网络上的所有控制器都可被访问。

(6) Direct Connection(直接连接)

将 PC 机或笔记本电脑连接到控制面板,请使用下列上传/下载电缆(PN 75554)。

①将 9 针串口头接到 PC 机任一可用通信端口。

②将另一端接到 NFS-3030,NFS-640 或 NCA 网络连接端口。

③运行串行口配置工具,自动配置计算机通信端口。

如果 NCA 作为 NFS-640 的显示器使用,那么两个设备都必须用 VeriFire™工具在其脱机编程模式下分开独立地进行编程。由于 VeriFire™工具计算机也要使用网络连接端口,所以 NFS-640 和 NCA 在编程时就必须暂时保持离线状态。如果 640/NCA 连接到网络,那么编程时就会有两个附加选项,一项是将 VeriFire™工具编程 PC 机连接到 NCM 板上的网络连接端口,另一项即通过另外一个网络节点对 NFS-640 进行编程。

当一根 NCA 电缆占用了 NFS-640 网络连接端口时,必须断开该连接,并对每个设备分别进行编程。

(7) Online vs. Offline(联机与脱机)的应用

VeriFire™工具可以工作在联机和脱机两种模式下:

1) Online Mode(联机模式)

联机时,VeriFire™工具直接和火灾报警控制器或相关设备连接。联机模式下,VeriFire™工具可作为独立的应用程序运行在笔记本电脑上,该笔记本电脑直接连接到控制器的 CPU 卡上或 NCM 上。若 VeriFire™工具连接到 CPU 卡上,则只有被连接的控制器可被访问。但是,如果 VeriFire™工具是通过 NCM 连接到网络上的,那么网络上的所有控制器都可被访问。在访问网络上的任一节点进行数据修改前,必须键入正确的密码。

2) Offline Mode(脱机模式)

脱机时,VeriFire™工具可以打开数据库访问编程信息,并且能将其保存到本地硬盘中。选择脱机模式时,可以对当前计算机内的任一数据库进行操作。另外,如果联机工作时出现通信故障,VeriFire™工具会自动转换到脱机模式。

(8) Change a Node's Password 改变节点密码(如图 5-54 所示)

每个节点的密码可在控制器上或用 VeriFire™工具进行设置,在控制器上修改现有密码,欲在控制器上修改现有密码,请参见相应手册的编程部分,用 VeriFire™工具修改现有密码。

欲用 VeriFire™工具修改现有密码,从控制面板上选择节点密码修改,或在工具栏上选

择图标  改变节点密码图标。

(9) Upload/Download Service(上传/下载服务)

上传/下载服务包括两个画面:安装和状态显示。

在安装画面上,可选择数据库或应用程序代码,选择应用程序代码后,还必须选择应用对象:控制器的 CPU、LCM 或 NCM 等。

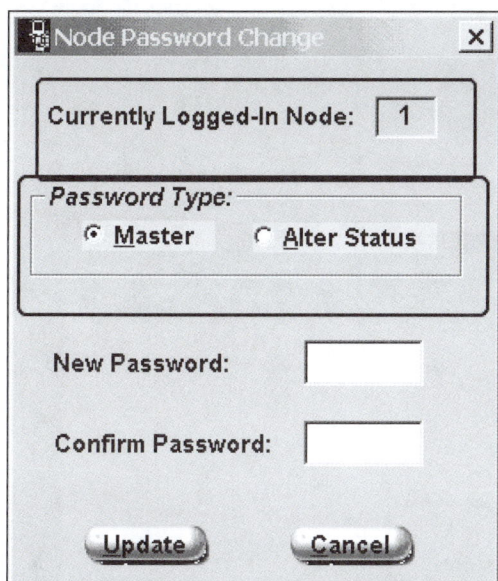

图 5-54　改变节点密码示意图

　　状态显示画面在上传/下载操作期间记录信息,显示操作的运行情况。该画面也可作为数据传输故障诊断的参考。

　　1)Upload(上传)

　　选择希望上传的火灾报警控制器,上传到 VeriFire™工具之前,必须选择或新建一个目标数据库来存储控制器上的信息,如果节点信息早已存在于目标数据库中,VeriFire™工具将提示覆盖确认信息。

　　上传一旦开始,VeriFire™工具就会显示一个状态条,上传的整个进度就显示在该状态条上。另外,VeriFire™工具还会向状态对话框内写入更多的信息。上传过程中,控制器会始终进行火灾和安全保护。

　　上传结束后,VeriFire™工具就会从控制器上获得全新的数据库时间标记。该时间标记作为基准信息存储在 VeriFire™工具的数据库内,下一次进行下载操作是即会执行。

　　2)Download(下载)

　　从当前在线节点中选中一个目标节点,以编程权限登录后,VeriFire™工具即可对控制器进行下载操作,该目标节点为下载操作的唯一对象。

　　在升级或降级之前,请首先阅读随软件提供的说明文档,以便获取必要的信息及提示。

　　下载一旦开始,VeriFire™工具就会显示一个状态条,下载的整个进度就显示在该状态条上。另外,VeriFire™工具还会向状态对话框内写入更多的信息。下载过程中,控制器的火灾和安全保护功能被暂时停止。

　　下载结束后,控制器重启并且初始化火灾和安全保护。请等待控制器完全重启完毕再进行下一节点的下载操作。

　　(10)Viewing Log Files 查看记录文件(如图 5-55 所示)

　　记录文件浏览器显示上传/下载以及安装历史纪录,以备诊断之需。

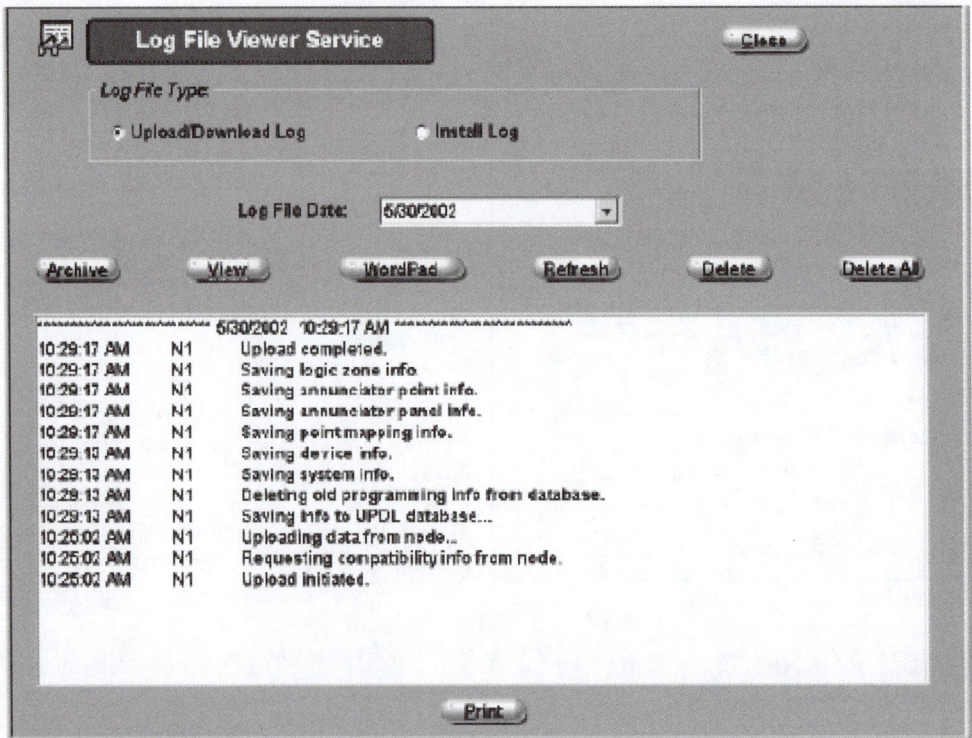

图 5-55　查看记录文件示意图

存档　　　　　将上传/下载信息、安装数据,以及调试信息压缩成 zip 文件

查看　　　　　将选中的记录文件显示在记录文件服务器屏幕上,写字板用 Microsoft 写字板打开记录文件,可对文件进行编辑和搜索查询

刷新　　　　　刷新记录文件数据列表

删除　　　　　删除当前记录文件

全部删除　　　删除全部记录文件

打印　　　　　打印当前记录文件

关闭　　　　　关闭记录文件服务器

(11) Monitoring your Network(网络监视)

1) Diagnostic Services(诊断服务)

这些服务只在联机模式下可用,监视网络之前,要求先标出一个网络上的节点,用该节点作为参考点。

2) Network Statistics(网络数据)

以选定节点为参考点,显示网络内的所有通信量。启动该项服务时,可以通过"node's eye view"选择查看整个网络或是其他选中的节点。检查"Reset All Nodes"选项,查看是否已清除数据统计屏幕上所有先前网络回应。

3) NUP Port Statistics(NUP 端口数据)

显示所有传输到或来自网络上各个节点的信息总数。这些服务提供的数据信息为 NOTIFIER 服务工程师使用。

（12）The VeriFire Tools Environment VeriFire 工具窗口介绍

1）Working in VeriFire Tools（使用 VeriFire 工具）

VeriFire™工具窗口就是修改节点数据的界面。点击欲了解的区域，如图 5-56 所示：

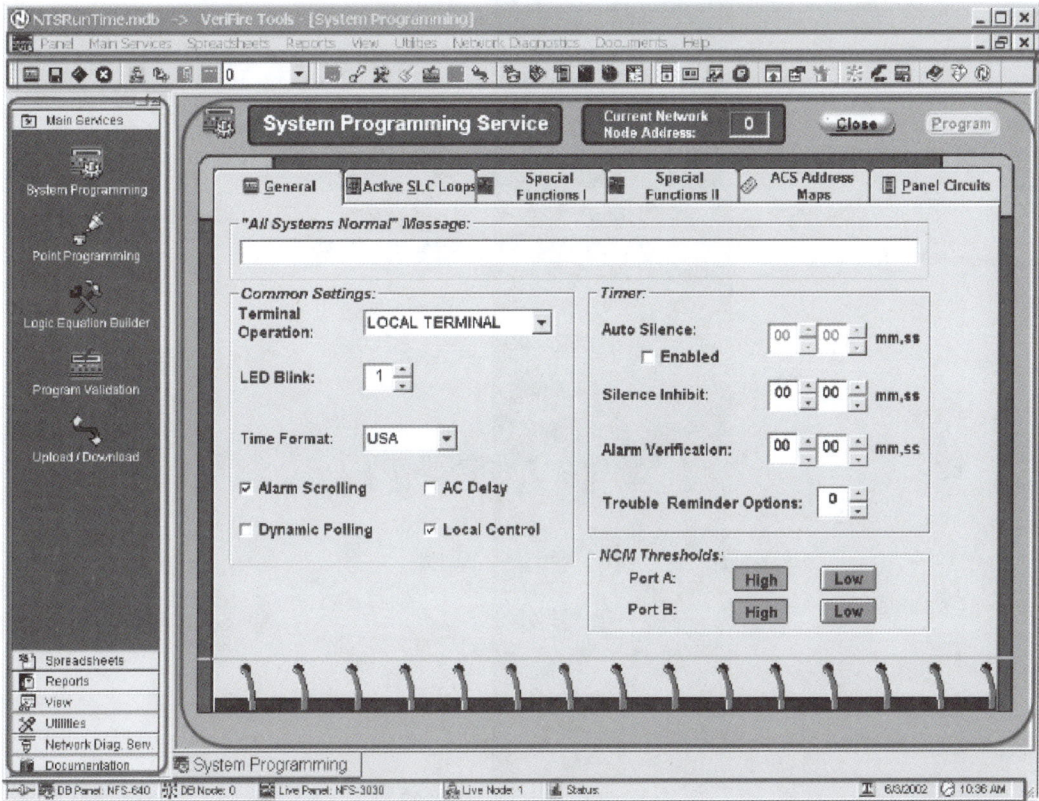

图 5-56　VeriFire™工作环境

2）The Menu Bar 菜单栏（如图 5-57 所示）

Panel	Main Services	Spreadsheets	Reports	View	Utilities	Network Diagnostics	Documents	Help
控制板	主要服务	电子表	报告	查看	配置设备	网络诊断	文档	帮助

图 5-57　菜单栏

菜单栏的下拉菜单允许访问所有 VeriFire™工具的功能。大部分功能和操作也可以通过快捷栏或工具栏进行访问。点击任一选项即会将该控制显示在前面。菜单栏上无法执行的项目显示为灰色。

3）The Toolbar 工具栏（如图 5-58 所示）

图 5-58　工具栏

工具栏上的控键用图标来表示，允许在应用中访问所有顶层程序。这些图标根据其功能进行分组，大部分可通过快捷栏或菜单栏访问。工具栏上无法执行的图标显示为灰色。

选择查看→自定义工具栏，或点击工具栏上的图标，可以自定义工具栏。

4）The Shortcut Bar 快捷栏（图 5-59）

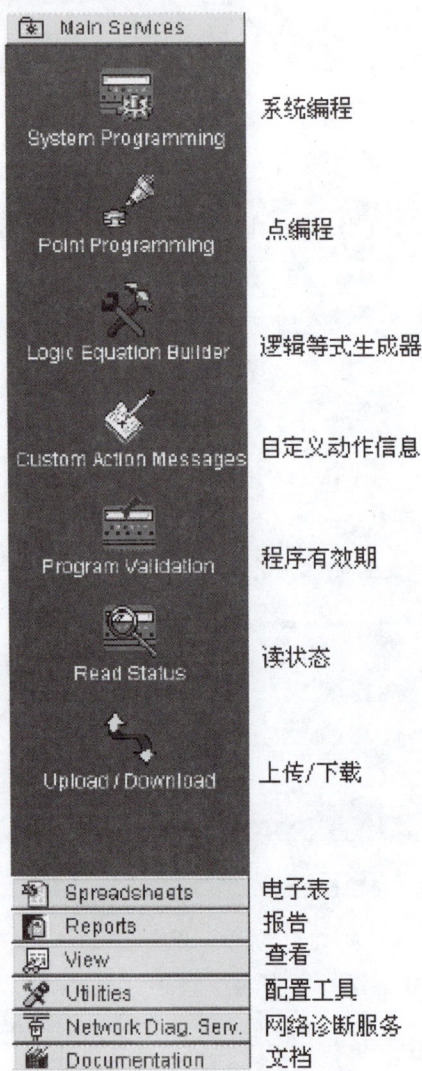

图 5-59　快捷栏

快捷栏中的命令按功能被分成若干组。点击任意一个命令便可进入相应的功能界面。在编辑阶段，有些函数功能无法使用，因此也看不到具有这些函数功能的图标。此处可见的许多功能也可通过菜单和工具栏来选择。

5）The Workbook Area（工作簿区）

工作簿区是连接被操作节点的界面。

许多通过菜单栏、工具栏或快捷栏激活的服务都表现为一系列表格。点击参数表格标签，可以使相应的表格成为当前激活工作区，可以通过这些参数表格添加、编辑或删除数据库信息。

工作簿区底部的标签代表了每一项打开的服务。点击服务标签就能激活该服务。VeriFire™工具会将当前使用的服务名称以及工作节点显示在工作簿区的顶端。只要点击工作簿区右上角的 CLOSE 按键，就可以快速方便地退出当前窗口。

5.3.4 火灾报警控制器编程

根据系统配置及软件类型,按照现行国家标准《火灾自动报警系统设计规范 GB 50116—2007》的规定,选择合适品牌的火灾报警控制器进行编程操作。下面以诺迪菲尔品牌的火灾报警控制器(NFS-3030)为例,对火灾报警控制器进行编程操作。

(1)System Programming 系统编程

1)General Ⅰ(如图 5-60 所示)

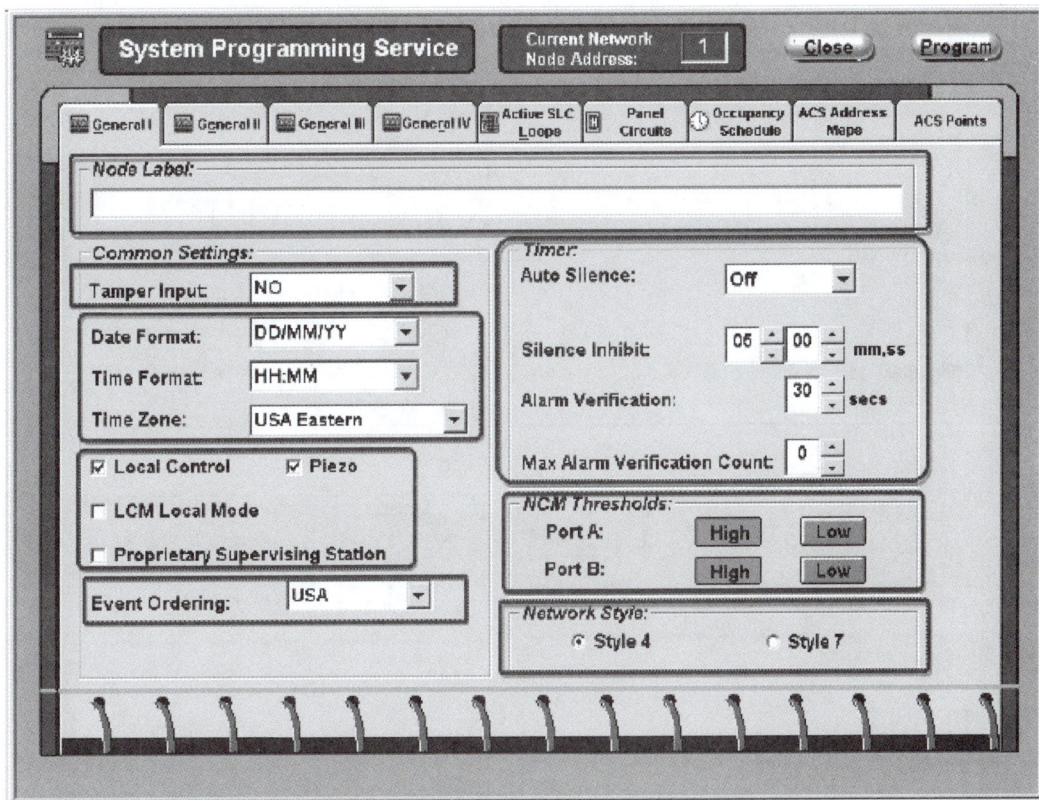

图 5-60 系统编程服务

使用首个通用系统表格可对 NFS-3030 的系统通用功能进行编程,关闭按钮关闭当前窗口,PROGRAM(程序)按钮将修改内容保存到 VeriFire™ Tools 数据库。

将信息输入到参数表格中修改节点测试。

2)General Ⅱ(如图 5-61 所示)

使用第二个通用系统表格在 NFS-3030 进行通用功能编程。

关闭按钮关闭当前窗口。

PROGRAM(程序)按钮将修改内容保存到 VeriFire™ Tools 数据库。

将信息输入到参数表格中修改节点。

3)General Ⅲ(如图 5-62 所示)

使用第三个通用系统表格在 NFS-3030 进行通用功能编程。

使用编程软件对火灾报警控制器编程

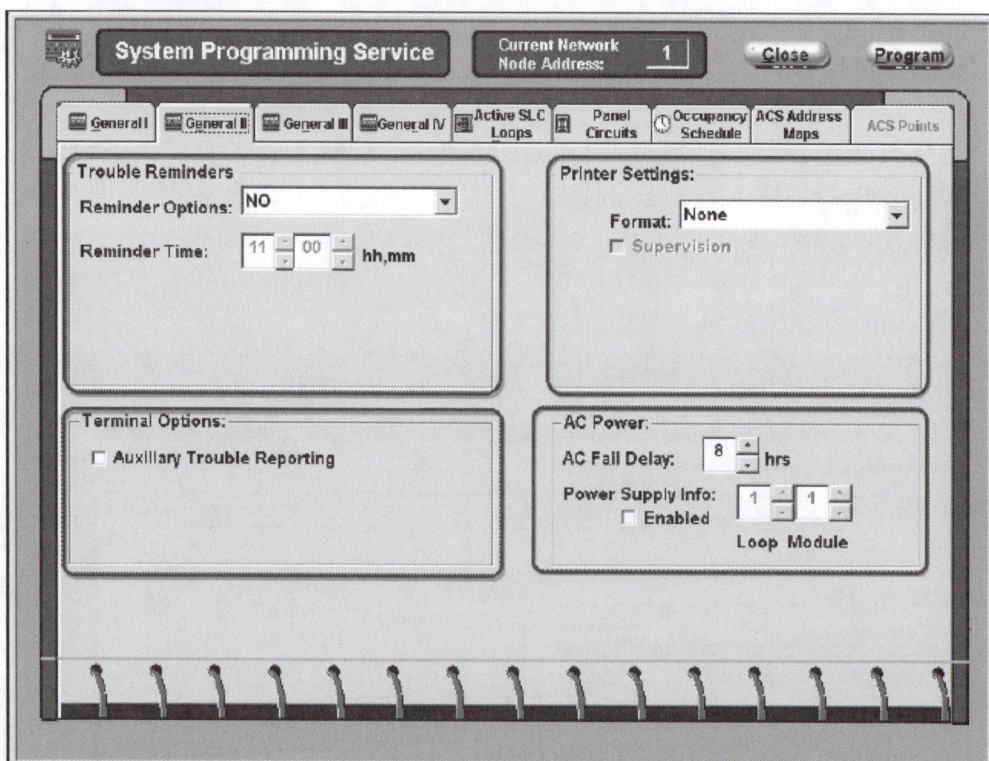

图 5-61 系统编程服务

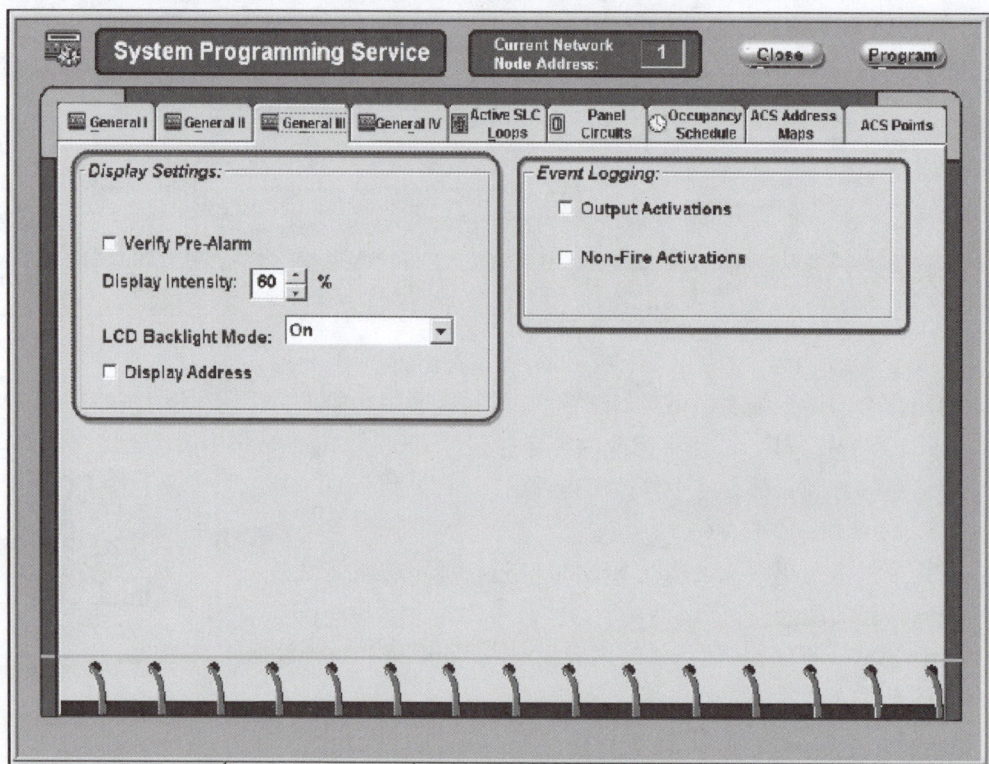

图 5-62 系统编程服务

关闭按钮关闭当前窗口。

PROGRAM(程序)按钮将修改内容保存到 VeriFire™Tools 数据库。

将信息输入到参数表格中修改节点。

4)General Ⅳ(如图 5-63 所示)

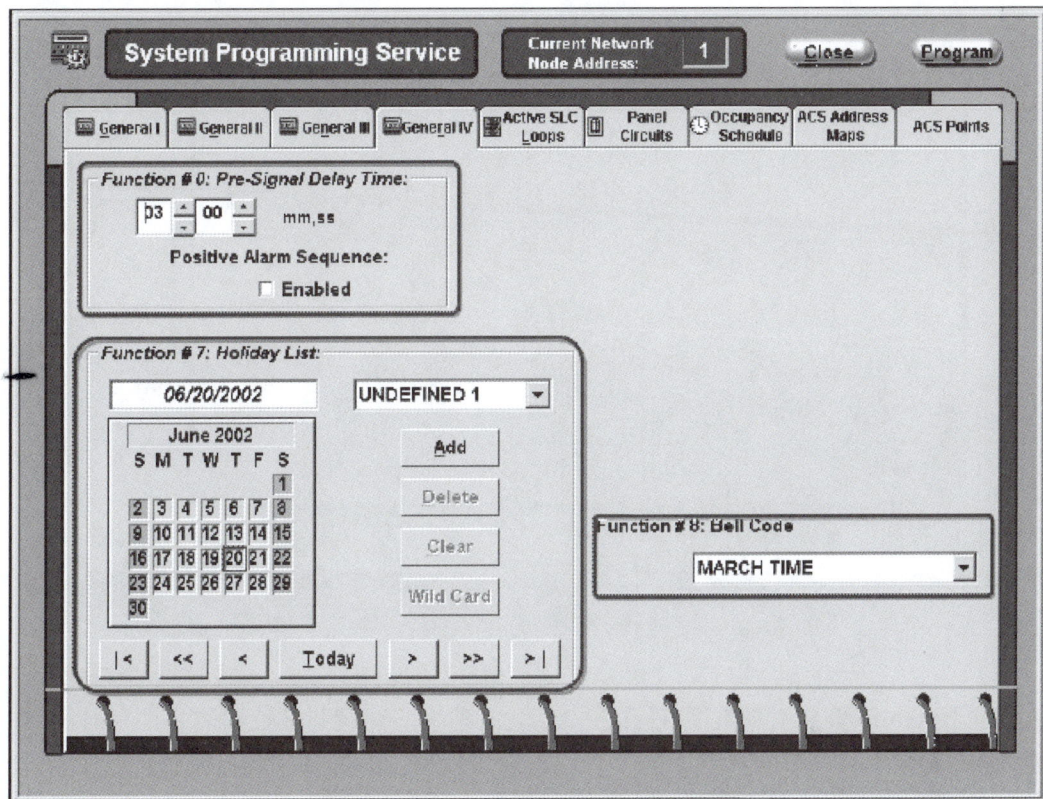

图 5-63 系统编程服务

使用第四个通用系统表格在 NFS-3030 进行通用功能编程。

关闭按钮关闭当前窗口。

PROGRAM(程序)按钮将修改内容保存到 VeriFire™Tools 数据库。

将信息输入到参数表格中修改节点。

(2)Panel Circuits 多线电路(如图 5-64 所示)

使用该表格在 VeriFire™工具数据库中对多线电路进行编程。

请使用该表格对节点进行修改。

关闭按钮关闭当前窗口。

PROGRAM(程序)按钮将修改内容保存到 VeriFire™Tools 数据库。

1)Occupancy Schedule(灵敏度自动调整时间表)

感烟探测器可以按照预先定义的时间表进行灵敏度自动调整,此类应用时,需要在探测器参数表中选择一个时间表,若选择 NONE 则表示无分配的时间表,探测器灵敏度也将不会自动调整。

系统可以预先定义十个时间表。

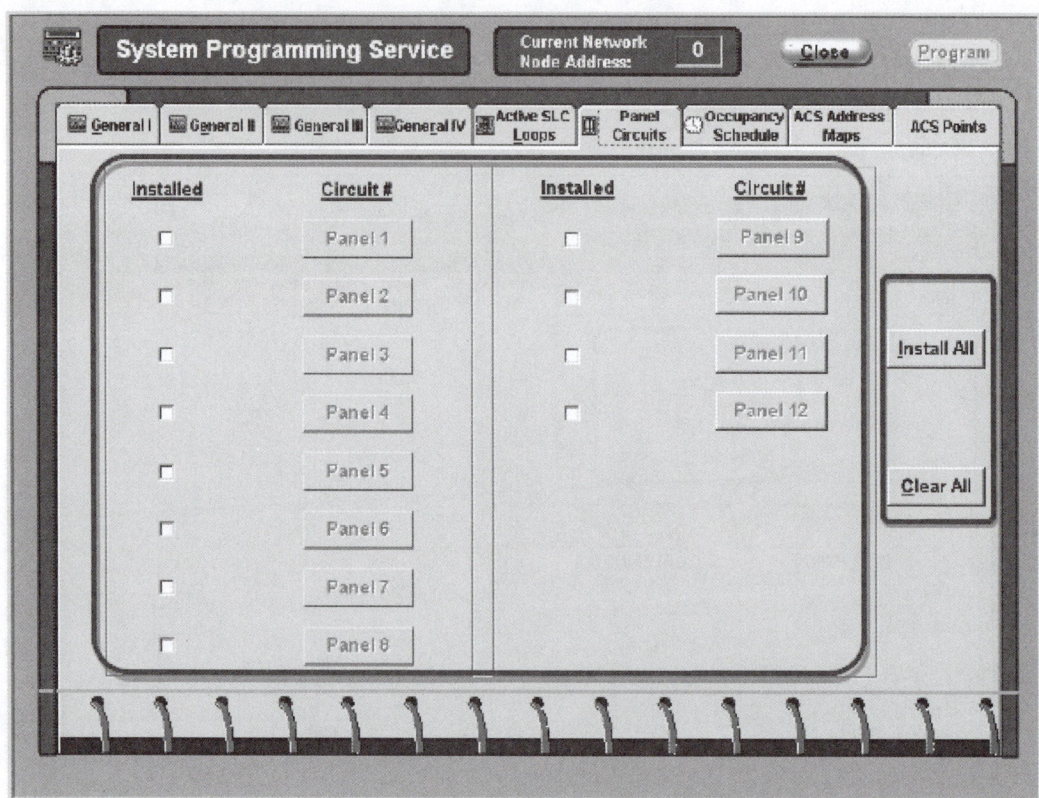

图 5-64　系统编程服务

欲于 NFS-3030 内对周占用时间表进行编程,请输入建筑物被使用的日期和时间,选择一周中的一天以及时间表序号。

在时间表定义时,需要用到功能 7 里定义的节假日的日期,并为节假日分配时间段,如图 5-65 所示。

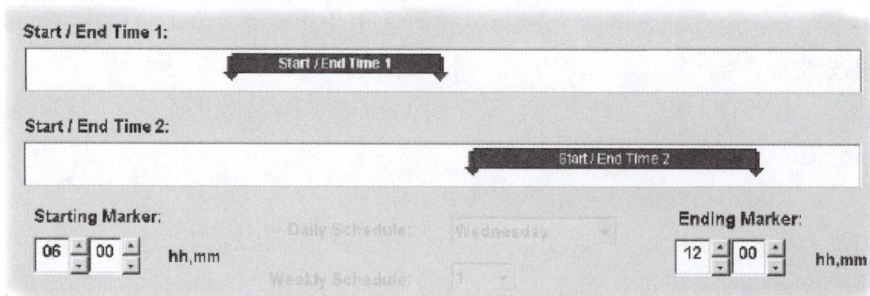

图 5-65　时间表的定义

每一天可有多至 2 个占用周期。

第一次输入占用周期,点击标有 START/END TIME 1 的区域,拉动标题栏右边,直到看到要选择的结束时间。将标题栏的左边朝左边拉动,直到找到要选择的开始时间。这样,在工作簿区的顶端,时间线就会以图形的形式显示开始和结束的时间。于同一天输入第二次占用周期,点击标有 START/END TIME 2 的区域,重复上述过程。可以通过突出强调并且修改 STARTING(开始)和 ENDING MARKER(结束标志)标题下的区域来调整开始结束时间。

改变占用次数,点击需要改变的占用周期区域,占用周期标题栏就会突出。欲修改开始、结束时间,可以拉动突出的标题栏的右边或左边,或者在 STARTING MARKER(开始标志)或 ENDING MARKER(结束标志)标题下的区域输入不同的开始、结束时间。

NEXT(下一个) 和 PRIOR(前一个)按钮可用于选择一周内的某一天。

DEFAULT(默认值)按钮将选中的日期占用周期恢复到默认设置(非占用)。

查看全部按钮允许以电子表格形式察看定义的时间表。

关闭按钮关闭当前窗口。

PROGRAM(程序)按钮将所作变动保存到 VeriFire™ 工具数据库。

2) ACS Address Maps(ACS 地址映射)

使用 ACS 地址映射表格将 ACS 设备映射到 NCA 或 NFS-3030。

每一个 ACS 设备可配置为不同类型的信号器,从下拉菜单选项中选择合适的类型。下列类型为可用类型,如图 5-66 所示:

一旦映射 ACS 设备,就可以将点分配到 ACS 点参数表格。

点击任一 ACS 按钮带出 ACS 点表格。

清除所有映射按钮将所有地址重置到默认值,并且删除所有映射点。

关闭按钮关闭当前窗口。

程序按钮将所作修改保存到 VeriFire™ 工具数据库。

图 5-66　可用类型

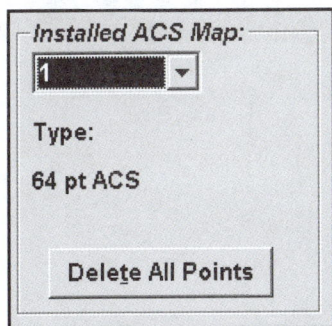

3) ACS Points(ACS 点)

使用该表格对 ACS 设备功能进行编程,为每一个在 ACS 地址映射表格内编程的 ACS 设备分配 ACS 点,如图 5-67 所示。

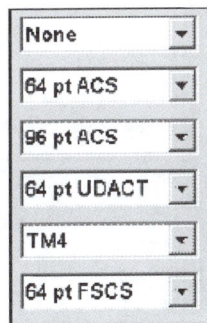

ACS Point	Function	Source
A1P1	None	N/A
A1P2	None	N/A
A1P3	None	N/A

Select the function and the source for each ACS point.

选择功能和每个ACS点源。

Navigate to a selected ACS Map by entering or selecting the Map number in the "Installed ACS Map" box. The selected map's annunciator type will be displayed.

于"安装ACS映射图"箱键入或选择映射号,从而选定 ACS映射图。选中的映射图信号器类型会被显示出来。

图 5-67　安装 ACS 映射表

删除所有点按钮将擦除每个点的功能和源。

关闭按钮关闭当前窗口。

程序按钮将所作修改保存到 VeriFire™ 工具数据库。

（3）Point Programming 点编程

1）etector Service Form 探测器参数表

使用探测器参数表添加、删除探测器，或修改已安装探测器的参数。

点击想要了解更多的区域，如图5-68所示。

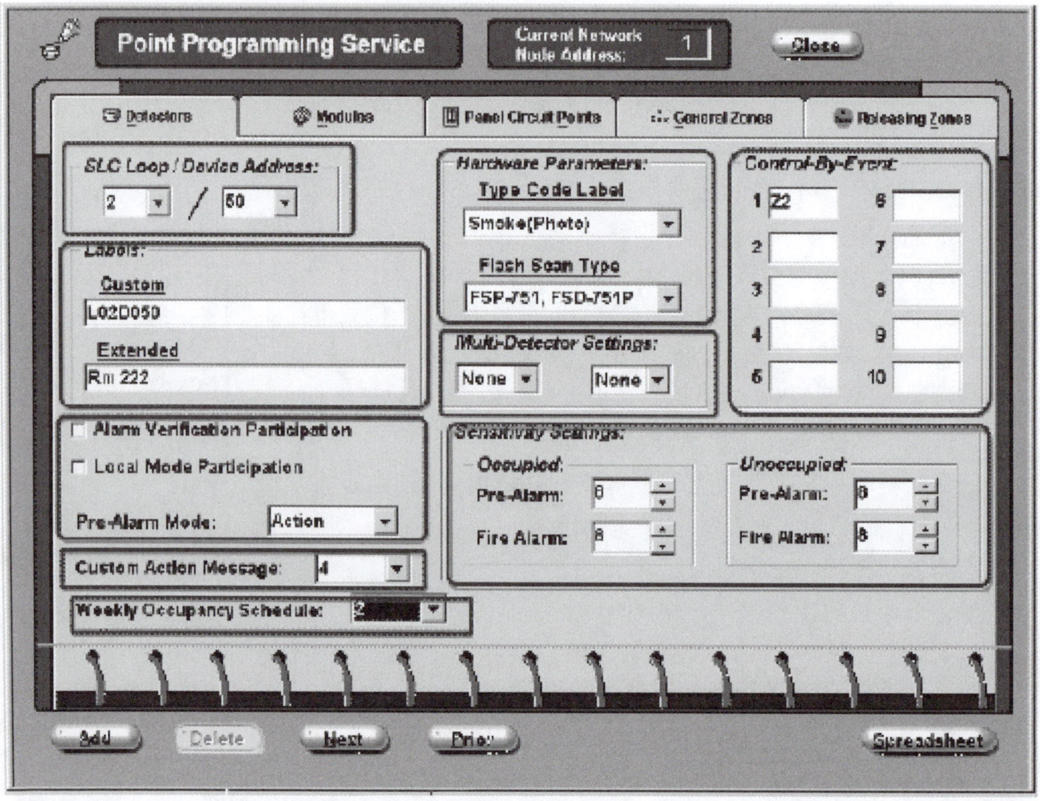

图5-68 探测器服务表

欲修改探测器，请将信息输入到参数表中。

ADD（添加）按钮将当前点添加到 VeriFire™工具数据库。

MODIFY（修改）按钮将所作改变保存到 VeriFire™工具数据库。

DELETE（删除）按钮删除 VeriFire™工具数据库当前的点。

NEXT（下一个）和 PRIOR（前一个）按钮允许进行单步调试。

SPREADSHEET（电子表格）按钮启动 MS EXCEL，并且显示 Excel 电子表格中的可编程探测器信息。

2）Module Service Form 模块参数表

使用模块参数表添加、删除模块，或修改安装了的模块的可编程参数，点击想要了解更多的区域，如图5-69所示。

欲修改模块，请将信息输入到参数表中。

ADD（添加）按钮将当前点添加到 VeriFire™工具数据库。

MODIFY（修改）按钮将所作改变保存到 VeriFire™工具数据库。

DELETE（删除）按钮删除 VeriFire™工具数据库当前的点。

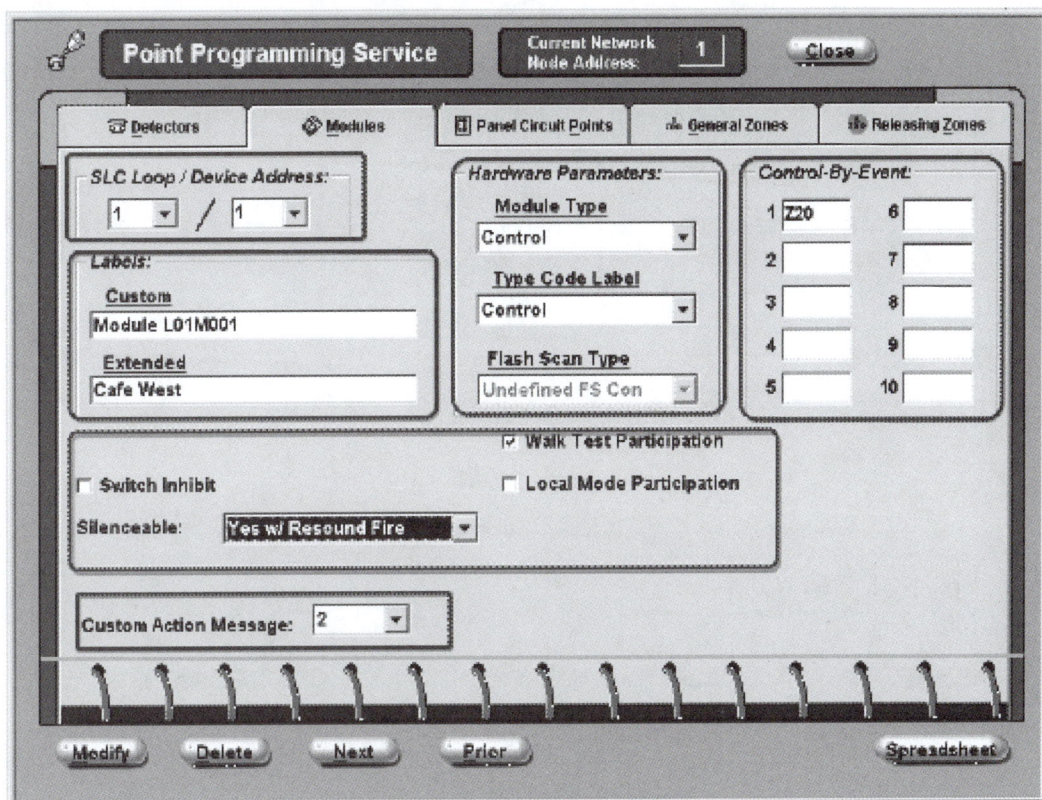

图 5-69　模块服务表

NEXT(下一个)和 PRIOR(前一个)按钮允许进行单步调试。

SPREADSHEET(电子表格)按钮启动 MS EXCEL,并且显示 Excel 电子表格中的可编程模块信息。

3)Panel Circuit Service Form 多线电路参数表

使用多线电路点参数表添加、删除或修改多线电路上点的参数,点击想要了解更多的区域,如图 5-70 所示。

欲修改多线电路点,请将信息输入到参数表中。

ADD(添加)按钮将当前点添加到 VeriFire™工具数据库。

MODIFY(修改)按钮将所作改变保存到 VeriFire™工具数据库。

DELETE(删除)按钮删除 VeriFire™工具数据库当前的点。

NEXT(下一个) 和 PRIOR(前一个)按钮允许进行单步调试。

SPREADSHEET(电子表格)按钮启动 MS EXCEL,并且显示 Excel 电子表格中的可编程多线电路点信息。

4)General Zone Form(通用区域参数表)

通用区域参数表格类似于"电子表格",用它可快速为通用区添加标签,可以编辑多至 1 000 个本地区域的标签,如图 5-71 所示。

选择 0—999 号区域中的任意区域编辑标签,最多 20 个字符。

虽然可以自定义标签,但是 0 区域通常使用默认标签,即"通用报警区域"。

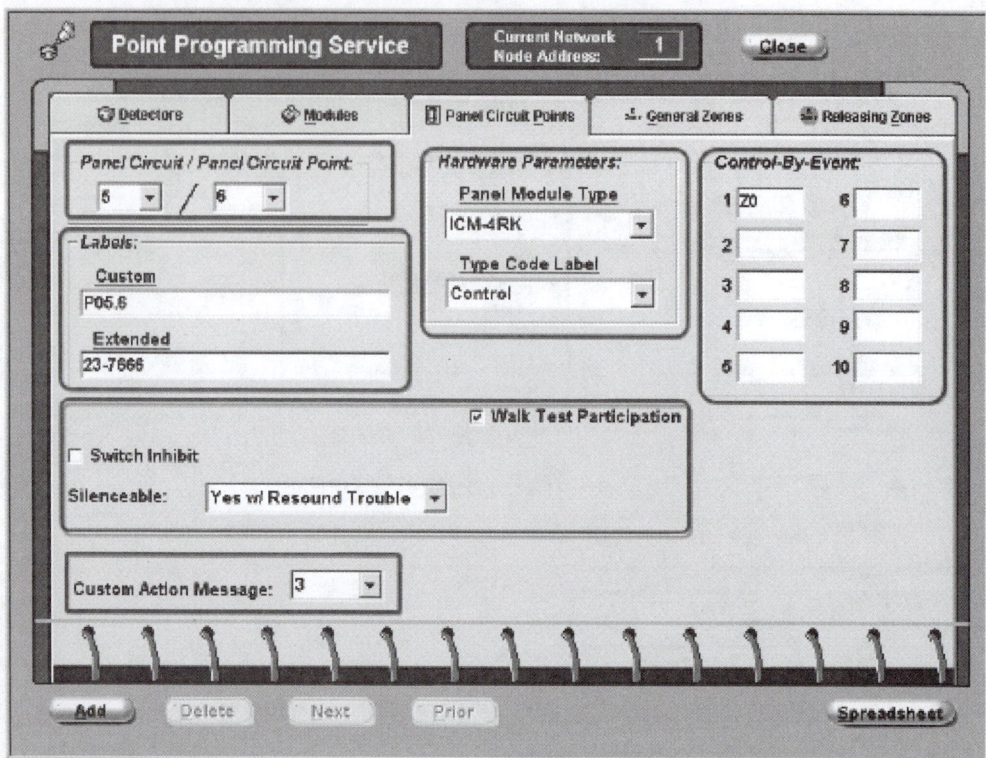

图 5-70　控制器电路服务表

图 5-71　通用区域表

MODIFY(修改)按钮将所作区域改变保存到 VeriFire™工具数据库。

CLEAR(清除)按钮将清除所有选中区域所有信息。

NEXT(下一个)和 PRIOR(前一个)按钮将依次选中区域。

5)Releasing Zone Form(释放区域参数表)

NFS-640 和 NFS-3030 控制器包括 10 个释放区域,这些区域可用于控制多至 10 个释放操作,每个区域独立运行,并且全部为可编程,使用这些释放区域参数表可对释放区域参数进行配置,如图 5-72 所示。

MODIFY(修改)按钮将所作改变保存到 VeriFire™工具数据库。

CLEAR(清除)按钮将释放区域还原到默认值。

NEXT(下一个)和 PRIOR(前一个)按钮允许进行单步调试。

SPREADSHEET(电子表格)按钮启动 MS EXCEL,并且显示 Excel 电子表格中的释放区域。

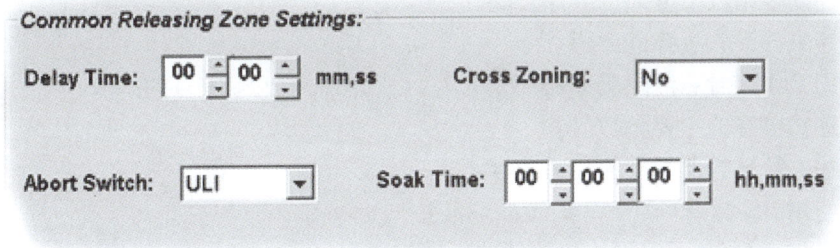

Program the Common Releasing Zone Settings for each releasing zone you would like to modify.
请对公共释放区域进行编程以修改释放区域。

图 5-72　释放区域参数表

6) Logic Equation Operators(逻辑等式运算符)， Logic Functions 逻辑功能。只要逻辑功能格式遵循下面列表，就可以任何需要的组合输入等式，输入完整等式后，就可执行错误检验，可能的错误原因有过多或过少括号、括号内操作数过多或过少以及未知功能和未知设备类型。

①The "AND" Operator "与" 运算符，每个操作数都为真，则结果为真。

举例：AND(Z2,Z5,Z9)，等式中的三个区域必须都动作，才可激活逻辑区域。

②"或" 运算符，只要任何一个操作数为真，结果为真。

举例：OR(Z2,Z5,Z9)，等式中三个区域中的任意一个激活，则逻辑运算结果为真。

③"非" 运算符，操作数状态取反(激活到停止或停止到激活)。

举例：NOT(Z2)，逻辑区域一直为真，直到 Z2 区激活为止，如果 Z2 激活，逻辑区域将被释放。

④"ONLY1" 运算符，如果操作数仅有一个为真，则结果为真。

举例：ONLY1(Z2,Z5,Z9)，如果 Z2、Z5 和 Z9 中仅有一个激活，则结果为真。

⑤"ANYX" 运算符，指定个数的操作数全为真时，运算结果为真。

举例：ANYX(2,Z2,Z5,Z9)，如果 Z2、Z5 和 Z9 中任意两个激活时，结果为真。

⑥"XZONE" 运算符，作为操作数的区域中有两个或更多输入设备激活时，结果为真。

举例：XZONE(Z2)，如果 Z2 中有两个或更多设备激活时，结果为真。

⑦"RANGE" 运算符，定义地址连续的设备的范围，该范围内最多 20 个连续地址。所定义的范围可作为操作数。

举例：AND(RANGE(Z1,Z20))，Z1 至 Z20 范围内的二十个区必须全部激活，结果才为真。

复习思考题

1. 说明交换机常见的 7 种故障。
2. 简述 Linux 操作系统包括的三种不同类型的进程。

3. 简述北客站权限分离的导库步骤。

4. 简述事件丢失故障的原因。

5. 使用 CLI 查看和清除服务器 192.1.7.1（管理口网段为 190）的故障。

6. 简述二极管的主要参数。

7. 简述电解电容器的检测相关内容。

8. 如何用 RSlogix5000 查看 BAS 故障信息？

9. 在 RSlogix5000 下清除主要故障的步骤？

10. 什么是 PID 控制？

11. 梯形图的逻辑原理？

12. 库文件及系统文件维护规定？

13. C306 自动重启故障原因分析及处理措施？

14. 请描述等式 DEL（＊＊：＊＊：30，＊＊：＊＊：25，AND（Z1，NOT（Z2）））的含义。

15. Working Online（联机操作）的连接方式有哪几种？

16. Online Mode（联机模式）的两种连接情况？

17. FAS 及气灭主机程序编写有哪两种？

18. Viewing Log Files（查看记录文件）有哪些项目？